Timothy J. Knab

Der Weg der Curanderos

TIMOTHY J. KNAB

DER WEG
DER CURANDEROS

Eine Reise
in die Geisterwelt Mexikos

Aus dem Amerikanischen
von Andrea Zapf

Goldmann Verlag

Die amerikanische Originalausgabe
erschien 1995 unter dem Titel »A War of Witches«
bei HarperSanFrancisco

Der Goldmann Verlag ist ein Unternehmen der
Verlagsgruppe Bertelsmann

1. Auflage
© 1995 Timothy J. Knab
© der deutschsprachigen Ausgabe 1997
by Wilhelm Goldmann Verlag
Satz: Uhl + Massopust, Aalen
Printed in Germany · Presse-Druck Augsburg
ISBN 3-442-30684-1

Für die weißhaarige Frau,
die darauf beharrte,
daß ich ihre Tradition annahm.

Tasocomatic Tonantzin

Inhalt

1

Entdeckungen

12. September 1974.
San Martín Zinacapan, Sierra de Puebla, Mexiko

Eine Frau mit einem roten Plastik-Regenumhang suchte sich einen Weg durch die schlammigen Rinnsale und Pfützen auf dem zerfurchten Pfad zu Don Inocentes Haus. Ich hatte den größten Teil des Vormittags mit dem alten Herrn drinnen gesessen, und er half mir bei der Übersetzung einer seiner phantastischen Geschichten, die ich einige Tage zuvor aufgenommen hatte. Don Inocente war ein Meistererzähler, ein unübertroffener Geschichtenerzähler. Dieser schmächtige, weißhaarige alte Mann konnte in einem Dutzend Stimmen sprechen; er flüsterte und schrie, und es schien, als rumpelten und rollten die Worte aus der Tiefe seines Wesens. Als einer der wenigen Meistererzähler in der Ortschaft konnte er die alten Geschichten, die von den Dorfbewohnern ehrfürchtig bewahrt wurden, lebendig machen.

Von meinem Platz aus konnte ich durch die offene Tür sehen, wie die Frau mit dem Regenumhang auf uns zukam. Es hatte ziemlich stark geregnet, deshalb hatten wir noch keine Besucher gehabt, die uns von unserer Arbeit abgelenkt hätten. In diesem Teil der Sierra de Puebla regnet es fast jeden Nachmittag, doch jetzt ließ die Sonne die ganze Landschaft gelb und grün leuchten.

9

Zweifellos würde die Frau unsere Arbeit an Don Inocentes Erzählung aufhalten. Ich war nicht gerade glücklich darüber.

Dem vollen Korb nach zu urteilen, den sie unter dem Umhang trug, kam sie vom Markt, und der Kleidung nach war sie wahrscheinlich auch in der Messe gewesen. Sie mußte aus San Andrés kommen, einem Nachbarort. Unter ihrem Umhang konnte ich einen rot-schwarzen handgewebten Gürtel sehen, der die voluminösen schwarzen Wollröcke zusammenhielt und dessen Muster nur in dieser Ortschaft angefertigt wurde. Auf dem Kopf trug sie ihren besten *quechquemetl,* ein dreieckiges Kleidungsstück aus der präkolumbischen Zeit, das man in diesem Teil der Sierra trägt. Es war aus feiner, weißer, hauchdünn gewebter Spitze, die sie wahrscheinlich selbst gefertigt hatte. Darunter türmte sie ihr *mecapal* hoch auf ihrem Kopf; er bildete eine Krone aus schweren Strängen violetter und tiefgrüner Wolle, die mit Haarsträhnen ihrer Vorfahren verflochten waren. Verknotet und hoch auf ihrem Kopf um die Haare gebunden, ergab das eine perfekte Tiara von mehr als dreißig Zentimetern Höhe.

Ihr Mann und ihre Kinder waren möglicherweise noch in Quetzalan, oder vielleicht waren die *niños* auf dem Weg nach Hause, beladen mit den Vorräten für die nächste Woche, während Papa sich in der Stadt noch einen *refino* genehmigte, den feurigen Zuckerrohrschnaps der Gegend. In dieser Kleidung war sie ebenfalls nicht nach San Martín gekommen, um andere Frauen zu besuchen und über die Nachbarn oder die bevorstehende Guajavaernte zu schwatzen; das konnte sie jeden Tag. Sie kam mit einer bestimmten Absicht zu Don Inocente.

»Mein liebster alter Onkel, mein verehrter *compadre,* unser verehrter kleiner Vater, bricht die Dunkelheit über den

Tag herein?« rief sie ihm mit singender Stimme ehrerbietig entgegen, als sie sich der Tür näherte. Nahuatl ist eng verwandt mit der klassischen Aztekensprache und ist höchstwahrscheinlich die Sprache der alten Tolteken. Da sich die Sierra Puebla am Rand des alten Reiches befindet, geht der hiesige Dialekt sparsamer mit ehrerbietigen Wörtern um und orientiert sich mehr an den Formen der modernen Aztekensprache; dennoch ist eine angemessene Wortwahl noch immer von großer Bedeutung. Sogar hier nennt man den Führer *tatoani* – »der Sprecher«, »Meister des Worts«, »derjenige, der etwas sagt«. Diese Frau verwendete die elegantesten Wendungen, die sie kannte, so entschlossen war sie, Inocente zu sprechen. Das würde unsere Arbeit ernsthaft aufhalten, aber ich konnte nichts dagegen tun.

Don Inocente erhob sich von der niedrigen Bank vor dem Familienaltar, der den Hauptraum der Hütte dominierte. Er fuhr sich mit der Hand durch die weißen Haare und tastete sich den vor mir stehenden Tisch entlang, auf dem sich meine Notizen und der Kassettenrecorder befanden. Dann stand er da, so als wollte er sehen, wer da kam. Seine schwachen Augen waren jedoch so trüb, daß er außer hellem Licht und Dunkelheit kaum etwas wahrnehmen konnte.

»Komm in mein armseliges Haus, meine kleine Tochter«, antwortete er, jedoch mit weit weniger Schnörkeln als die Besucherin.

Die Frau kam herein, und ich erhob mich vom Tisch an der Wand. Inocente tastete sich zu seinem Sitzplatz vor dem Altar zurück. Ich duckte mich unter der Laterne hindurch, die von der rauchgeschwärzten Decke hing, und sah auf die beiden herab. An diesem Nachmittag würde es mit der Übersetzung wahrscheinlich nicht weitergehen.

Ich ging hinaus und setzte mich auf eine niedrige Bank

unter dem Dachvorsprung; nur eine dünne Wand aus alten Brettern trennte mich von den beiden. Ich zündete eine Zigarette an und ließ meinen Blick über die Straße schweifen. Auf dem Nachbargrundstück waren Hühner und ein Schwein zu sehen, das in der Erde herumwühlte, ein abgemagerter gelber Hund mit eiternden Wunden kratzte sich, und zwei Kinder spielten in den schlammigen Pfützen. Auf der anderen Seite, westlich, Richtung Quetzalan, waren Berge, in deren suptropischem Klima vereinzelt Kaffeesträucher unter einem Baldachin von hohen Bäumen wuchsen. In ein paar Monaten würden die leuchtendroten Kaffeebohnen reif sein. Die Sonne war jetzt ganz herausgekommen und ließ die weißen und grauen Wolken bauschig und elegant erscheinen.

Don Inocente war mir als Heiler, Knocheneinrichter und professioneller *raconteur* vorgestellt worden. Er und Doña Rubia, eine charmante alte Zauberin, waren der Ansicht, sie müßten mich mit den Sitten und Gebräuchen der Dorfbewohner vertraut machen. Wie auch die anderen Leute in San Martín glaubte Don Inocente, daß ich Nahuatl nicht gut beherrsche und daß er daher in meiner Gegenwart ungestört über alles mögliche sprechen könne. Aber ich hatte während meines Studiums der Anthropologie und Geschichte an der staatlichen Universität in Mexiko City und in der Zeit, als ich in Cholula, einer Stadt nahe der Stadt Puebla, gelebt hatte, zwei andere, ähnliche Dialekte der Aztekensprache gelernt, so daß ich einem Gespräch zumindest in groben Zügen folgen konnte. Auf diese Weise lernte ich dazu, und die Leute waren in meiner Gesellschaft unverkrampft. Mein Kassettenrecorder lief noch, während ich dasaß und rauchte, in die Berge schaute und dem Gespräch, soweit ich es verstehen konnte, lauschte.

Ich fragte mich, warum die Frau, die sich so aufwendig herausgeputzt hatte, Don Inocente sprechen wollte. Inocente war bekannt als ein Mann, der die traditionellen Heilkünste beherrschte; wahrscheinlich war sie einfach eine Hilfesuchende. Der Alte hatte eine florierende Praxis, so daß wir ständig unterbrochen wurden. Manche Patienten behandelte Inocente sofort, indem er sie abklopfte und massierte und ihnen verschiedene Kräutertees verordnete. Für manche betete er und brachte Opfer an seinem Altar. Er »tat für sie, was er konnte«. Anderen sagte er, sie sollten an einem anderen Tag wiederkommen. Ich hoffte, daß die Frau heute zu denen gehörte, die ein andermal wiederkommen sollten, damit wir mit unserer Übersetzung vorankämen. Konzentriert lauschte ich durch die dünne Wand ihrem Gespräch.

»So, meine gute Frau, was führt Euch in mein Haus?« fragte Inocente.

»Oh, könnte ich doch zu Ihnen sprechen, Herr, von all den Dingen, die meinem bescheidenen Haus widerfahren sind«, begann die Frau. »Sie, Herr, der Sie so klar sehen« – ich stellte mir vor, wie sie in die vom grauen Star getrübten Augen Inocentes sah –, »Sie müssen sehen, was mir und meinen Kindern und meinem bescheidenen Haus widerfahren ist. O bitte, Herr!«

»Meine gute Frau«, fragte der Alte, »sind Sie vielleicht die Tochter meines verehrten *compadre* José? « Er verhielt sich förmlich, wie unter *compadres*, den Ritualverwandten, üblich. Die trüben Augen des Alten konnten den Gürtel nicht sehen, der darauf schließen ließ, daß sie aus San Andrés kam, aber er mußte an ihrem Dialekt erkannt haben, daß sie keine Sanmartina war. Schnell erklärte sie, daß er ihr von einem gemeinsamen entfernten Verwandten empfohlen worden sei, dem Inocente einmal geholfen hatte. Sie war also gar keine *comadre,* dennoch bediente sie sich weiter der archaischen Redeweise, um dem alten Mann den größtmöglichen Respekt zu erweisen.

»Meine gute Frau, was kann denn Ihrem bescheidenen Haus widerfahren sein, das Sie veranlaßt, den weiten Weg hierher zurückzulegen, um einen kleinen alten Mann aufzusuchen?« fragte er. Inocente wußte inzwischen wahrscheinlich genau, warum sie hier war und auch, was sie wollte. Aber offensichtlich hatte er beschlossen, sich ihre Geschichte anzuhören, bevor er sich ans Werk machte. Er fragte sie, was für ein Problem sie habe.

»Es geht um meine Tochter«, antwortete sie stockend und begann auf äußerst umständliche Weise mit der Erklärung.

Ihre Tochter war vor kurzem mit einem jungen Mann aus dem Indioviertel von Quetzalan durchgebrannt. Jetzt arbeitete der Junge als Maurer in Puebla, der entfernt gelegenen Hauptstadt des Bundesstaats, und nach der hiesigen Tradition waren sie damit so gut wie Mann und Frau. Die Mutter und ihr Mann hatten versucht, für ihre Tochter eine angemessene Ehe im eigenen Dorf zu arrangieren. Es sei wahrhaftig eine Tragödie, erklärte sie, denn sie hätten schon geglaubt, einen fleißigen Kandidaten gefunden zu haben, der bei der Ernte und beim Pflanzen helfen würde. Sie bräuchten die Hilfe, besonders beim Kaffee, fuhr sie fort, aber nun habe ihre undankbare Tochter sie hintergangen und sei durchgebrannt. Jetzt hätten sie nichts.

Aber noch schlimmer sei, fuhr die Frau fort, daß der junge Mann, der ihre Tochter geraubt habe, einige ihrer Hühner und eine kleine Geldsumme aus dem Haus gestohlen habe, als er mit ihr davonlief. Ihre Tochter habe damit natürlich nichts zu tun, versicherte sie Inocente.

Ich hielt es für sehr wahrscheinlich, daß die Tochter nicht unmaßgeblich an dem Fluchtplan mitgewirkt hatte, als sie erfuhr, was die Eltern da gegen ihren Willen arrangiert hatten. Der Verlust ihrer Tochter war ein schwerer wirtschaftlicher Schlag für die Familie, da ein Schwiegersohn in der Regel mindestens ein Jahr lang den Eltern der Frau hilft, bevor er einen Hausstand gründet oder mit seiner Frau zu seinen eigenen Eltern zurückkehrt. In manchen Fällen bleibt der Mann der Tochter sogar freiwillig für immer bei seinen Schwiegereltern, was für diese gewaltigen Zuwachs an Arbeitskraft bedeutet.

Das junge Paar war sicher nicht spontan durchgebrannt, vermutete ich, denn man mußte Busfahrkarten ein paar Tage im voraus kaufen. Als die Frau weitererzählte, wurde mir klar, daß ich den jungen Mann flüchtig kannte; er war einer der Maurer, die im Auftrag des Erziehungsministeriums das neue Schulhaus in San Andrés gebaut hatten. Ich wußte auch, daß der für das Projekt verantwortliche Architekt ihm eine Stelle in Puebla besorgt hatte und daß er schon ein paar Monate dort verbracht hatte, bevor er mit dem Mädchen durchbrannte. Hier handelte es sich also sicher nicht um einen Fall von Brautraub, wie die Frau Don Inocente weismachen wollte, obwohl solche Fälle in der Gegend nicht ungewöhnlich waren. Langsam wurde die Unterhaltung interessant, und ich bedauerte nicht mehr, daß wir unsere Übersetzung unterbrochen hatten. Gespannt hörte ich zu.

Als sie ihre herzzerreißende Geschichte beendet hatte, fragte Inocente: »Was, meine gute Frau, wünschen Sie, daß diesem jungen Mann zustoßen soll?«

Sofort antwortete sie: »Ein bißchen was Schlimmes, ein bißchen was Böses, o Herr.«

»Oh, Sie wollen Gerechtigkeit für die Sache, die sich in Ihrem bescheidenen Haus zugetragen hat?« hakte Inocente nach.

»Gerechtigkeit« war sehr wichtig, wenn jemand die Hilfe der Herren der Dunkelheit in Anspruch nehmen wollte. Wenn »sie«, die Herren, sahen, daß man ein gerechtes Anliegen vorbrachte, konnten sie verheerendes Unheil unter den Lebenden anrichten – natürlich mit Hilfe einer Hexe oder eines Zauberers. Ich hatte vom »bösen Auge des Neids« und von den »Nachtwinden« gehört, aber während meiner Ausbildung hatte ich den Eindruck gewonnen, daß die Hexerei in der Sierra de Puebla nicht viel mehr als Sympathiezauber war. Ich dachte, die Wirkung basiere im Grunde auf dem festen Glauben des Auftraggebers, des »Hexers« und deren Opfer. Wenn jeder glaubte, daß es funktioniert, dann funktionierte es auch. Direkten Einfluß konnte der Hexer dabei nur über eine geschickte Flüsterkampagne nehmen, indem er bösartige Gerüchte darüber verbreitete, daß das Opfer »verhext« worden sei.

Doch dann begann der Alte aufzuzählen, was er alles arrangieren könne, das »ein bißchen böse« war. Zuerst klang es wie das Standardrepertoire, das ich schon im Unterricht und bei meinen Feldstudien kennengelernt hatte. Andererseits hatten Forscher vor mir bemerkt, daß San Martín einen ziemlich üblen Ruf als Ort der Hexen hatte, weil es dort in den zwanziger und dreißiger Jahren zu einer Reihe von Todesfällen gekommen war, die man den Hexen des Dorfes zuschrieb. Das wurde auch von Anthropologen wie den Cordrys in den vierziger und Ross in den fünfziger Jahren erwähnt.

Selbst im nahe gelegenen Quetzalan hielten Leute, die keine Eingeborenen waren, San Martín für einen gefährlichen Ort. Auch wenn sie nichts auf die Geschichten von Hexereien gaben, weil das etwas war, was »diese Indios« sich gegenseitig antaten, wurde doch darüber geredet. Ich dachte an Doña Rubia, Inocentes *comadre*, und die schrecklichen Erzählungen über ihre Träume, in denen sie sich bemühte, verhexte Seelen zu retten. In den fünf Jahren, die ich schon in diese Gegend kam, hatte ich zumindest zwei Leute kennengelernt, von denen es hieß, sie seien durch Hexerei gestorben. Eine Frau, die ich nach Quetzalan zu dem dort ansässigen Apotheker »Doktor« Morán brachte, schien jeden Lebenswillen verloren zu haben, als sie erfuhr, daß sie verhext worden war. Das konnte ein Sympathiezauber und Suggestion gewesen sein, aber was ich eben gehört hatte, überzeugte mich, daß mehr dahintersteckte, als ich und meine Kollegen vermutet hatten.

»Die bösen Winde, die den Schatten des Todes mit sich tragen, wehen meist von Norden nach Süden. Da Puebla im Süden liegt, könnte ihn vielleicht einer der Winde treffen; dann kommt Ihre Tochter wieder nach Hause. Das ist jedoch ein gefährliches Unterfangen, weil die bösen Winde nicht leicht zu lenken sind. Sie könnten auch ihr Herz durchbohren; denn wenn sich der Schatten des Todes einmal herabsenkt, kann er jeden treffen. Wehen die Winde aus der Höhle der Fledermäuse, breiten sie sich aus und treffen jeden«, warnte Inocente.

Es wurde immer spannender, und ich strengte mich an, alles zu verstehen, obwohl der Kassettenrecorder noch mindestens eine halbe Stunde weiterlaufen würde und ich das Gespräch noch einmal anhören konnte.

»Der ›Schatten des Todes‹«, fuhr der Alte fort, »nimmt den ›dunklen Schatten‹ des jungen Mannes, sein *ecahuil,* tief unten. Er tötet sein *nagual,* und dann folgt sein *tonal,* seine

Seele, auf jeden Fall nach – hinab in die Unterwelt. Dann ist er so gut wie tot. Aber zuerst muß ich seinen ›wahren Schatten‹ sehen, wenn ich ihn nehmen soll. Wir könnten ihm allerdings auch die ›Blume der Dunkelheit‹ auflegen.«

»Blume der Dunkelheit« war eine Metapher für die Gestalt und die Form der Unterwelt, soviel wußte ich, aber in diesem Fall handelte es sich um ein kleines Stück eines dicken, schwarzen Blattes. Er versicherte der Frau, es sei ein *yohualxiuit,* ein »Blatt der Dunkelheit«, und keine *hoja santa,* ein »heiliges Blatt«. Auf die glatte Blattseite, die Oberfläche, die man berühren konnte, wurde eine Mischung aus Harz und Ton gestrichen. Auf der anderen Seite wurde etwas geriebener Obsidian mit dem Pflanzengift vermischt und mit einem Leim aus der Scheinknolle einer einheimischen Orchidee befestigt. Das Ganze wurde mit einem anderen dünnen Blatt und einer weiteren Schicht Kleber bedeckt. Mit dieser »Blume«, so erklärte er der Frau, müsse man sehr vorsichtig umgehen. Man »gab« sie dem Opfer entweder bei einer Umarmung oder indem man ihm auf den Rücken klopfte und »pflanzte« sie möglichst direkt unterhalb des Genicks. Selbst wenn das Opfer sie bemerkte, bevor das Gift wirkte, wußte es nun, daß ihm eine Hexe auf den Fersen war. Und dann wirkte die Macht der Suggestion und der Angst ebenso durchschlagend wie die »Blume« selbst. Damit endete die Weisheit der Anthropologen.

»Dann könnte ihn noch die ›Nacht des Todes‹ heimsuchen«, fuhr Inocente fort. »Sie bringt die Dunkelheit der Höhle in sein Herz und seine Seele – *yollo* und *tonal* – und befördert beide in die Unterwelt – *talocan.* Dafür brauche ich irgend etwas von ihm: Haare, Fingernägel oder ein Kleidungsstück, am besten Unterwäsche.« Er benutzte dafür das archaische Wort »Lendenschurz« auf Nahuatl. »Diese

Sachen lege ich in der Nacht aus. Dann müssen Sie auf seiner *petate*, seiner Schlafmatte, die Asche dieser Sachen verstreuen, die ich mit Kopal für die Herren verbrenne. Dann wird sich die ›Dunkelheit der Nacht aus der Höhle des Herren‹ seines Herzens bemächtigen, und es wird nicht lange dauern, bis sein Herz für immer in der Dunkelheit der Erde bleibt. Das ist aber gefährlich, denn wenn er bei Ihrer Tochter schläft und sie eine Matte teilen, kann es auch sie erwischen.«

Dann beschrieb Inocente noch eine andere raffinierte Technik, bei der man die Kleider des jungen Mannes mit einem Puder bestäubte, für den man das Harz einer anderen einheimischen Pflanze, der sogenannten Jaguarspfote, mit feingemahlenem Ton vermischte. Der Puder war nur sehr schwer zu entfernen und verursachte schwere Hautreizungen und offene Wunden. Ob er allerdings giftig genug war, um den Tod herbeizuführen, konnte Inocente nicht mit Sicherheit sagen. Er versicherte der Frau jedoch, daß der junge Mann sehr leiden würde.

»Genauso geht es mit den ›Blumen des Todes‹, die man ebenfalls ins Schlafzimmer legen muß. Aber sie würden auf jeden Fall beide erwischen, wenn sie die Matte teilen.« Verschmitzt brachte Inocente eine sexuelle Anspielung an. »Die Dunkelheit der Nacht würde sie dann verschlingen. Sie würde ihre Seelen holen und sie beide für immer vereinen.«

Bei den »Blumen des Todes« handle es sich um einen Puder aus einer tödlichen weißen Blume, erklärte Inocente unheilvoll. Man zerstoße die Blume und vermische sie mit feinem weißen Kalksteinstaub. Atme das Opfer die Pulvermischung ein, so weile es nicht mehr lange auf dieser Erde. Es ruhe für immer.

»Dann gibt es noch das ›böse Auge‹ und den ›Schatten des

Todes‹, aber dafür müßte ich nach Puebla gehen«, fügte er hinzu. »Setzt man sie ein, sind ihre gemeinsamen Tage vorbei, und Ihre Tochter muß nach Hause kommen. Bei den anderen Methoden reicht es, wenn Sie Ihre Tochter mit den Dingen, die ich Ihnen mitgebe, besuchen. Das wird genügen, um die Kerze des jungen Mannes auszulöschen, ihn sein Leben aushauchen zu lassen.

Wenn es Ihnen wirklich um Gerechtigkeit geht, werden die Herren der Erde sie gewähren, wenn man sie auf die richtige Art und Weise darum bittet. Die Hochheilige Erde ist gerecht. Wenn der junge Mann das alles mit bösem Herzen getan hat, wenn er Ihre Tochter, Ihre Kleine, wirklich geraubt hat, dann gewähren uns die dort in der Erde Gerechtigkeit. Sie werden ihn von hier oben fortholen. Vielleicht sollten wir den ›Nachtwind‹ sich um den jungen Mann kümmern lassen«, schloß Inocente.

»Und was ist der ›Nachtwind‹, o Herr?« fragte die Frau.

»Sie geben Ihrer Tochter ein paar Kerzen und Duftharze, die ich für Sie vorbereite. Sagen Sie ihr, das sei für ihn, damit er einen kräftigen Sohn zeuge. Das müßte das Ende seines Weges sein. Sie muß dafür sorgen, daß er sie anzündet, wenn sie nicht zu Hause ist. Das wird ihm den ›Nachtwind‹ bringen. Der ›Nachtwind‹ ist im Rauch. Er ist undurchdringlich und schwarz wie die Nacht und kommt von der ›Nachtblume‹, *yohualxochit*. Wenn sie sich öffnet, entläßt sie die Dunkelheit der Höhle in die Welt.

Ich mische dafür die Säfte der Nachtblume mit den Kerzen und mache daraus ein Duftharz, dessen Rauch dafür sorgt, daß er nie mehr das Tageslicht erblickt. Es muß in einem kleinen Raum angezündet werden, vielleicht bei ihrem Altar«, schlug Inocente vor. »Wenn Sie Ihrer Tochter sagen, es sei für ein kräftiges Kind, dann macht er es vielleicht. Dann wird die Kerze des Diebs ausgelöscht.« Der Alte kicherte.

Die Pflanze, von der Inocente sprach, enthält ein starkes Nervengift, und mir wurde klar, daß ihr Rauch die Atmung lähmen oder zumindest das Atmen sehr erschweren würde, wenn man sie in einem geschlossenen Raum anzündete. Und ich hatte immer gedacht, »Nachtwind« wäre eine nette Metapher für einen Sympathiezauber!

»Das wäre nur gerecht«, erwiderte die Frau und sagte, sie sei sicher, daß ihre Tochter das Geschenk annehmen werde. Nach einigen förmlichen Höflichkeiten standen die beiden auf und kamen zur Tür.

»Das macht dann zehn Pesos, bitte«, sagte Inocente. »Ich bereite heute abend alles auf meinem Altar vor. Kommen Sie in fünf Tagen wieder.« Die Frau holte einen Schein aus ihrer Bluse und gab ihn dem Alten.

Ich lehnte an der Wand, noch immer verblüfft über das, was ich da gehört hatte, versuchte aber, mir nichts anmerken zu lassen. Inocente steckte das Geld in seine Hemdtasche und verabschiedete sich mit einem Kopfnicken von der Frau. Dann drehte er sich zu mir um, lächelte und sah mich mit seinen blinden Augen an. Auf Spanisch sagte er: »Ist es nicht ein Glück, daß es hier nur noch *curanderos* gibt und keine Hexer mehr?«

Dieser nette alte Mann, der während meines Aufenthalts im Dorf so hilfsbereit gewesen war, war nicht nur ein Heiler, er war des Mordes fähig! Er war mein Vertrauter im Dorf, und zusammen mit seiner Gefährtin Doña Rubia, die auch eine *curandera* war, hatte er mich in seiner Sprache unterrichtet und mir beigebracht, wie man sich als richtiger Sanmartino verhält. Jetzt machte er sich heimlich über mich lustig!

Mit einem selbstgefälligen Lächeln fuhr Inocente fort: »Weißt du, früher einmal gab es hier viele Hexen. Puh! Massenhaft Hexen, Dutzende, Hunderte, überall, und dann haben sie sich gegenseitig umgebracht, wie jeder weiß. Es gab einmal eine Zeit, da war dieser Ort für seine Hexen berüchtigt. Sie waren überall und richteten viel Böses an.«

Die Frau entfernte sich, und er winkte mich ins Haus herein. Drinnen beugte ich mich über den Tisch und schaltete so leise wie möglich den Kassettenrecorder aus. Auf der anderen Seite tastete sich Inocente zurück zu seinem niedrigen Hocker vor dem Altar. Er griff hinter sich nach einer Flasche *yolixpa* und zwei Gläsern. *Yolixpa* heißt wörtlich soviel wie »angesichts des Herzens«; es ist ein starker Kräuterlikör der Gegend, der ähnlich wie Chartreuse schmeckt.

»Du weißt ja«, fuhr er fort, als wir uns wieder setzten, »in diesem Ort gab es einmal viele Hexen, aber sie haben sich alle mit ihren eigenen bösen Taten ausgerottet. Hier! Wärm dir das Herz, und sie können deine Tage nicht verdunkeln«, sagte er, schenkte ein und reichte mir ein kleines Glas mit grünlichem Schnaps.

Er machte eine Pause, um sich selbst einzuschenken, trank einen Schluck und fuhr fort, mir von den bösen Dingen zu berichten, welche die Hexen früher in San Martín angestellt hatten. Er erzählte von seinen Erinnerungen an den sogenannten *guerra de los brujos,* den Krieg der Hexen. Seine Erzählung war recht zerrissen, dann aber auch wieder detailliert und lieferte sogar eine kurze Liste der Opfer. Zerrissen waren auch meine eigenen Gefühle; ich schwankte zwischen echtem Ärger und Begeisterung für das, was ich soeben erfuhr. Ich schrieb wie besessen mit. Don Inocentes Gesicht wurde lebhaft, während er von den alten Zeiten erzählte, und wir genehmigten uns noch ein paar Gläser.

Schließlich beendete er das Gespräch mit der erneuten Beteuerung, daß Hexerei eine Sache der Vergangenheit sei.

»Was für ein Glück, daß die Hexen jetzt alle tot sind, oder? Sie waren verdammt böse Dinger. Wirklich böse Dinger«, wiederholte er mit Nachdruck.

Als ich die zehn Kilometer zurück nach Quetzalan ging, wo ich wohnte, ordneten sich meine Gedanken, und ich wünschte, ich hätte die Unterhaltung zwischen Don Inocente und der Frau nicht richtig verstanden. Vielleicht hatten sie ja nur in Metaphern geredet, vielleicht sollte der junge Mann gar nicht von seiner Schwiegermutter umgebracht werden. Andererseits wußte ich, daß einiges sehr wohl wirken würde. Bei den »Winden aus der Fledermaushöhle«, die Inocente erwähnt hatte, mußte ich an zwei junge Archäologen in Yucatan denken, die kürzlich an der Fledermauskrankheit erkrankt waren. Die Fledermauskrankheit trat in der Sierra recht häufig auf, und angeblich beherbergten verschiedene Höhlen Sporen, die für die Krankheit verantwortlich sind. Von all diesen Höhlen hieß es, sie seien Hexenhöhlen. Bei beiden Archäologen war zuerst die Fehldiagnose Tuberkulose gestellt worden. Als in Mexiko City endlich erkannt wurde, daß es sich um die Fledermauskrankheit handelte, war es für einen von ihnen bereits zu spät. Der andere trug einen bleibenden Lungenschaden davon.

Ich brannte darauf, mir die Kassette noch einmal anzuhören, sobald ich ins Hotel zurückkam. Als ich in meinem Zimmer war, steckte ich den Recorder ein und setzte die Kopfhörer auf, damit niemand mithören konnte. Der Hotelboy und alle Zimmermädchen sprachen Nahuatl, und Polo, der Aushilfskellner, hatte mir sogar öfter beim Übersetzen geholfen. Damals war mein Nahuatl noch nicht so fließend wie heute, aber es reichte aus, um mit Hilfe meines Wörterbuchs den größten Teil des Gesprächs zu verstehen. Noch immer konnte ich nicht glauben, was ich hörte. Ich spielte die Kassette ein weiteres Mal ab und notierte mir dabei Wörter und Redewendungen, die ich nicht kannte. Ich hatte keine Ahnung, was ich tun sollte. Inocente oder einen der anderen *curanderos* konnte ich nicht um Hilfe bitten. In der Sierra sprechen sich Neuigkeiten schnell herum, und wenn jemand mitbekam, was ich da zufällig aufgenommen hatte, dann war das meine letzte Reise hierher, da ich keine weiteren Informationen bekommen würde. Es gab einen Nahuatl-Lehrer, aber nicht hier, sondern in Mexiko City, der seine eigenen Gründe hatte, hierher nicht zurückzukehren. Ich wußte, daß er mir mit den Stellen, die ich immer noch nicht verstand, helfen konnte.

Nachdem ich mir das Ganze drei- oder viermal angehört hatte, war ich sicher, daß ich hier auf etwas sehr Unheimliches und Komplexes gestoßen war. Ich dachte an den jungen Maurer, der möglicherweise ein Opfer der »Gerechtigkeit der Unterwelt« werden würde. *Talocan* existierte für Inocente wirklich, er war ein Mittelsmann dieser Kräfte. Und die »Blume der Dunkelheit« war auch keine Metapher.

Natürlich würde ich den Jungen warnen. Ich war fassungslos und beunruhigt darüber, so etwas Ernstes auf die leichte Schulter zu nehmen. Ich wußte, ich würde einen Weg finden, selbst wenn ich den Lehrer oder einen anderen Freund an der Universität hinzuziehen mußte. Ich mußte allerdings sehr vorsichtig sein. Für die meisten meiner Akademiker-Kollegen wäre der Gedanke, daß die Unterwelt der Azteken keine vage, lückenhafte, mit mißverstandenen katholischen Bruchstücken durchsetzte Vorstellung war, bestenfalls unorthodox. Das lag daran, daß sie sich immer nur auf Spanisch mit den *curanderos* unterhalten hatten. *La santisima tierra*, »die heilige Erde«, und *el infierno*, »die Unterwelt«, aber auch »die Hölle«, waren in der Übersetzung schon halb zu christlichen Vorstellungen geworden. Hier, am Rand des alten Reichs, war die alte Religion der Azteken noch lebendig. Die Eroberung hatte sie nicht ausgelöscht.

Ich blickte hinaus in die Dunkelheit und auf die Plaza auf der anderen Straßenseite.

In den Werken von Fray Sahagún, einem spanischen Priester aus dem sechzehnten Jahrhundert, hatte ich gelesen:

Der Hexer, naoalli, der Formenverschieber, ist ein Mann des Wissens, ein Weiser, er besitzt alles…

Der gute Hexer ist ein Beschützer, ein Wächter des Herzens, er besitzt alle Menschen…

Der böse Hexer macht schlimme Dinge, macht Dinge böse, verschiebt die Form der Wörter…

Was hatte es zu bedeuten, wenn der Hexer gleichzeitig ein Heiler war? In den fünf Jahren, die ich nun in die Sierra kam, hatte ich miterlebt, wie Inocente, Rubia und die anderen *curanderos* einige wunderbare Heilungen bewirkten. Bedeutete das, daß die Hexer noch immer kurierten, indem sie die Unterwelt um »Gerechtigkeit« anriefen, kurierten sie die Leiden der Erde, ihre Mutter und ihren Vater, durch Mord?

Kurz vor dem Morgengrauen schlief ich endlich ein.

2

Die Höhle

Zwei Jahre Später. 10. Juli 1976.
Sierra de Puebla, Mexiko

Quetzalan liegt am Ende der geteerten Bergstraße. Die große Steinkathedrale, welche die Stadt, mit ihren weißverputzten Häusern beherrscht, wird langsam überwuchert. Seit dem Bau der Kirche versucht der Dschungel sie zurückzuerobern. Kleine Bäumchen sprießen aus den Ritzen des großen Turms, und die hohe Luftfeuchtigkeit läßt schwarze Pilze und Flechten wuchern, wodurch die Kathedrale aus der Ferne wie die Verzierung auf einer vergessenen Hochzeitstorte aussieht.

Die Stadt liegt östlich über der Küstenebene von Veracruz am Rand der Kaffeeanbaugebiete, wo sich die Berge zum zentralen Hochland von Mexiko erheben. Hier im Dunst des Nebelwalds befindet sich eine fast vergessene Welt, in der die Farne größer als die Häuser werden und Zaunpfähle zu Teilen von Bäumen. In der Regenzeit ist es heiß und dampfig, und die Feuchtigkeit tropft von den wuchernden Pflanzen.

Den grandiosen Gartenanlagen, Parks und Orchesterpavillons sieht man doch an, daß Quetzalan gegen Ende des letzten Jahrhunderts ein Handelsknotenpunkt war. Doch die Zeit ging nicht spurlos an ihr vorüber, die Stadt verlor an Bedeutung, und andere Gegenden stehen inzwischen im Rampenlicht. Die meisten der ehemals herrschaftlichen Häuser werden inzwischen nur noch von einem immer kleiner werdenden Kreis alter Männer und Frauen bewohnt. Die Jungen zieht es fort. Doch am Markttag, wenn die Indios aus der Umgebung kommen, um mit ihren Produkten Handel zu treiben, gibt die Stadt noch immer ein leuchtendes Bild ab. Doch die Pracht ist vergangen, der Kaffeeboom ist endgültig vorbei.

Bei dem schlechten Wetter hatte ich fast einen ganzen Nachmittag für die Fahrt von Mexico City bis hierher gebraucht. Als ich ankam, war es dunkel und es regnete. Ich lenkte meinen Jeep um die letzte Kurve in die Stadt hinein und holperte über das Kopfsteinpflaster. Über mir auf der Hangseite türmten sich die weiß verputzten Häuser und die grauen Steinhäuser mit ihren großen, vorspringenden Dächern. Die steilen Straßen, die zwischen ihnen hindurchliefen, endeten oft an einer Treppe. Ich folgte der Hauptstraße vorbei an der Kathedrale, deren enormer Turm zwischen den Wolken in der Dunkelheit verschwand.

Wie die meisten Städte der Gegend war auch Quetzalan ursprünglich nach der Kosmosvorstellung der alten Azteken angelegt worden. Der Platz vor der Kirche wird von einer *axis mundi* im Zentrum ausgehend strahlenförmig in vier Teile geteilt. In der Mitte steht ein großer, aus einem einzigen Baum gehauener Mast, der achtzehn Meter in die Höhe ragt und ebenfalls das Zentrum der darunterliegenden Unterwelt durchbohrt. Am Fest des heiligen Franziskus, das Anfang Oktober begangen wird, werfen sich *voladores,* fliegende Tänzer, an Seilen von der trudelnden Spitze des Mastes herab und vollführen so ihren althergebrachten rituellen Abstieg auf die Erde. In jeder Stadt der Sierra wiederholt sich dieses Schema: der Himmel, die vier Richtungen auf der Erde und die Unterwelt. In der Umgebung gelegene Höhlen werden als Eingang in die Unterwelten jeder einzelnen Stadt gesehen. Sie alle verbinden sie zu einer großen Unterwelt, die sich unter der gesamten Erdoberfläche erstreckt.

Ich fuhr in der Dunkelheit weiter durch die Stadt, bis ich zu dem unbefestigten Weg kam, der nach San Martín und weiter in die Berge führte. Mitarbeiter von *National Geographic,* die gerade dort in der Gegend arbeiteten, hatten mich darüber informiert, daß Doña Rubia, die *comadre* Don Inocentes, schwer erkrankt sei, womöglich sogar im Sterben liege. Rubia war meine Vertraute und Ratgeberin, von ihr hatte ich sogar noch mehr über das Volk der Nahua und das Heilen gelernt als von dem alten Inocente. Nach allen Informationen, die ich an dem Nachmittag, als der Kassettenrecorder mitlief, zufällig von Inocente erfahren hatte, und nach den Berichten der Journalisten über Rubias Zustand, folgerte ich, daß es hier nicht mit rechten Dingen zuging, daß Hexerei im Spiel war.

Rubia war stets freundlich und großmütterlich gewesen, sie war eine ausgezeichnete Köchin und eine bekannte *curandera.* Nachts reiste sie regelmäßig nach *talocan,* die Unterwelt ihrer aztekischen Ahnen, um dort Heilung für die erkrankten Seelen der Hilfesuchenden zu finden. Vielleicht ging es auch bei ihr hin und wieder nicht ganz ohne Hexerei ab, aber sie war diesem Thema immer ausgewichen und hatte mir versichert, daß alle Hexen schon lange tot seien.

Anders als Inocente, der die katholische Kirche freundlich zur Kenntnis nahm, war Rubia fromm und glaubte an die Macht der Heiligen und *Jesucristo.* Das Evangelium, Gebete und die Rituale der Kirche spielten für sie eine wichtige Rolle, und sie war aktives Mitglied der örtlichen Katholischen Aktionsgruppe.

Rubia vereinte zwei Welten in sich: In der Gemeinschaft spielte sie die traditionelle Rolle einer *curandera*, trug aber gleichzeitig westliche Kleidung, was die meisten Frauen in San Martín nicht taten. Unter den modernen Baumwollkleidern aus Quetzalan trug sie aber immer eine traditionelle Bluse und *naguas,* die langen Röcke ihrer Ahnen. An der schwarzen Perlenschnur, die sie um den faltigen Hals trug, erkannte man die Heilerin mit Kenntnissen in den traditionellen Heilmethoden. In San Martín tragen sogar Hunde und Kinder in der Regel etwas Rotes, um sich damit vor dem bösen Blick zu schützen. Aber Rubia trug nie Rot. Sie fürchtete sich nicht vor dem bösen Blick.

Ich dachte viel über sie nach, als ich den unbefestigten, kurvigen Weg durch die Sierra fuhr. Ich fragte mich, warum Inocente sich damit begnügt hatte, meine Fragen zu beantworten, während Rubia bis tief in die Nacht hinein redete. Durch ihre auf den ersten Blick langatmigen Ausführungen erschloß sich mir nach und nach ein immenses Wissen über Kräuter, Heilmethoden und die Götter, und ich bekam tiefe Einblicke in das persönliche und soziale Umfeld der Menschen im Dorf. Rubia machte es Spaß, mir das alles beizubringen und mich auf Nahuatl mit der Bedeutung ihrer Gebete und ihren Traumausflügen vertraut zu machen. Sie bestand auch darauf, daß ich mitkam, wenn sie heilte. Ich wußte nicht, warum die alte Frau ihr ganzes Wissen so bereitwillig mit mir teilte.

Es wurde immer später, und nach einer halben Ewigkeit, die so lang gar nicht gewesen sein konnte, kam ich in San Martín an. Im strömenden Regen fuhr ich die verlassene, schlammige Hauptstraße entlang. Einige Läden, die in Familienhand waren, hatten noch geöffnet. Aus ihren Türen, die zur Straße hin offen standen, schien etwas Kerzenlicht. Abgesehen davon war es stockdunkel, da der Strom wie üblich ausgefallen war. Ich parkte meinen Jeep hinter der Kirche, stieg aus und mied dabei die Wassermassen, die aus kaputten Regenrinnen vom Dach herabschossen. Rubia wohnte im dritten Haus hinter dem Kirchplatz. Unter meinem undichten Schirm überquerte ich den Platz und ging den Berg hinauf zu Doña Rubias schlichtem, weiß verputzten Haus.

An ihrer Eingangstür zündete ich mir eine feuchte Zigarette an und sagte dann laut den traditionellen förmlichen Gruß in der Sprache der Azteken: »Die Nacht ist gut. Ich suche die Sonne.« Das war gleichzeitig die Bitte, ins Haus eingelassen zu werden. Der Tabakrauch sollte die *ajmotocnihuan* fernhalten, »jene, die nicht deine Brüder sind«, boshafte übernatürliche Wesen aus der Unterwelt, die mich womöglich in der Dunkelheit begleitet hatten. »Möge das kommende Licht der Sonne die Dunkelheit vernichten«, fuhr ich fort.

Ich hörte eine Bewegung im Haus und wußte, daß Lupe, Doña Rubias rundliche Schwiegertochter mittleren Alters, langsam und vorsichtig die Tür entriegelte. Lupita, deren Mann in Aguascalientes unterrichtete und deshalb dort lebte, kümmerte sich um die weise Alte, führte ihr den Haushalt und kochte für sie. Offensichtlich hatte sie nicht damit gerechnet, daß so spät am Abend noch Besuch kam. Die Leute in San Martín gingen selten so spät noch aus, denn die Welt der Dunkelheit war immer hungrig nach neuen Seelen.

»Ich möchte unsere Großmutter besuchen«, sagte ich, als

sie die Tür öffnete. Rubia wurde von allen im Ort »unsere Großmutter« genannt.

Noch während ich mit Lupe redete, hörte ich, wie Rubia mit schwacher Stimme aus der Küche fragte, was denn los sei. Lupe sah zuerst erstaunt aus. Sie hatte gerade die Kerzen angezündet und zu dieser Stunde offensichtlich nicht mit einer blassen, bärtigen Erscheinung von einem Meter achtzig an der Tür gerechnet. Als ich mich jedoch dafür entschuldigte, so gefährlich spät zur Stunde der Unterwelt hier anzukommen, huschte ein Erkennen über ihr Gesicht.

»Mach die Tür auf und laß ihn rein. Das ist der ›Baummann‹«, hörte ich Rubia im Hintergrund. Viele im Ort nannten mich so, zum einen, weil ich auf der Suche nach seltenen Pflanzen und Orchideen oft auf hohe Bäume kletterte, zum anderen wegen meiner Größe. »Mach Feuer für einen Kaffee«, befahl sie schwach.

Wir gingen in die Küche, wo Lupe mit frischem Zunder das Feuer wieder anfachte. Rubia lag im hinteren Teil der Küche auf einer Pritsche und versuchte, sich auf einem abgemagerten Arm aufzustützen. Ihr tief zerfurchtes Gesicht war blaß, ihre Augen kohlrabenschwarz. Die schneeweißen Haare, sonst immer ordentlich geflochten, hingen ihr jetzt zerzaust über die Schultern. Eine knochige Hand streckte sich mir zum Gruß entgegen. Sie schien wirklich schwer krank zu sein. Nachdem ich Rubia begrüßt hatte, setzte sie sich mit Mühe auf. Sie fragte mich nach Neuigkeiten aus Mexico City; ich wollte wissen, was es im Dorf Neues gab. Man konnte die Krankheit förmlich riechen, und Doña Rubia atmete kurz und pfeifend. Schließlich fragte ich sie: »Was meint Arturo dazu?«

Arturo war ein Arzt aus Quetzalan, der manchmal mit Rubia zusammenarbeitete, und von dem ich wußte, daß er sie behandelte. Rubia übte zwar selbst die traditionellen Heilmethoden aus, hatte aber auch großes Vertrauen in die westliche Medizin. Wenn es ihr angebracht schien, empfahl sie ihren Patienten, sich an einen der Ärzte zu wenden, und diese wiederum verwiesen gelegentlich Patienten an sie.

Sie zeigte mir die Medikamente, die sie bekommen hatte, doch die meisten waren nicht angebrochen.

»Und Don Inocente?« fragte ich. »Was hält er davon?«

»Inocente sagt, es sind die Hexen, und er kann nichts machen.«

Ich fragte sie, ob sie glaube, sie könne die Ursache ihrer Krankheit selbst finden – in ihren Träumen. In den vergangenen zwei Jahren hatte ich mir viele ihrer Traumgeschichten von epischen Schlachten in der Unterwelt angehört, in denen sie versuchte, den Herren der Dunkelheit die verlorenen Seelen ihrer Schützlinge wieder abzuringen. Das war jetzt eine neue Wendung.

»Ich selbst kann nicht viel gegen die Hexen ausrichten«, sagte sie. »Die sind zu stark, und ich bin im Moment so schwach.«

Rubia konnte ihre Seele in der Unterwelt der Ahnen nicht alleine finden. Wenn Inocente recht hatte und es sich wirklich um Hexerei handelte, würde der Kampf um ihre Seele, den sie mit der Hexe führen müßte, sie wahrscheinlich umbringen. Rubias Meinung nach war es besser zu hoffen, daß die Hexe irgendwann einen Fehler machen würde, wenn sie die Herren der Dunkelheit um Hilfe bat. Denn wenn sie einen Fehler machte, würden sich die Herren der Hexe bemächtigen.

Wir unterhielten uns noch kurze Zeit, aber ich spürte, daß die Alte sehr erschöpft war. Schließlich fragte ich sie: »Großmutter, kann ich einige Worte des Lichts sagen, bevor ich mich hinaus in die Dunkelheit der Nacht wage?« Ich wollte kurz an ihrem Altar darum beten, daß ihre verlorene Seele gefunden würde, und um den Schutz meiner eigenen bitten, bevor ich mich in die Nacht hinausbegab.

Sie war sichtlich erfreut und bat Lupe, am Altar etwas *copal* und die Kerzen anzuzünden. Ich folgte Lupe durch die Seitentür der Küche in den abgedunkelten Hauptraum des Hauses.

Auf dem Altartisch standen im schwachen Licht einer Votivkerze frische, weiße Blumen in einer alten Vase. Daneben sah ich ein Päckchen mit starken »Alas«-Zigaretten aus schwarzem Tabak, fünf kleine mit Wasser gefüllte Gläser, einige noch frische Tortillas und eine kleine Schüssel mit gekochten Bohnen und Soße arrangiert. Jeder Familienaltar in San Martín ist ein Miniaturkosmos. Als Lupe die Kerzen auf dem Tisch anzündete – dem Teil des Altars, der die Erde darstellte – sah ich die Bilder von Verwandten, Bekannten, den Jungfrauen und Heiligen, welche den Himmel darstellten. Einige von ihnen, wie zum Beispiel San Guillermo vom Rotweinglas, waren der Kirche völlig unbekannt. Unter dem Altartisch befand sich die Region der Unterwelt, dort waren Relikte der Ahnen vergraben. Das konnten vorkolumbische Tonscherben sein, Knochen und schwarze Splitter aus Obsidian. In einer Truhe darüber verwahrte man Haare und Kleidungsstücke von verstorbenen Verwandten.

Ich stimmte ein kurzes Gebet auf Nahuatl an, laut genug, daß Rubia mich hören konnte. Danach rief sie mich mit schwacher Stimme noch einmal in die Küche zurück. »Kannst du bei Einbruch der Dunkelheit wiederkommen?« stammelte sie. Sie meinte den folgenden Nachmittag.

Ich versicherte ihr, daß ich kommen würde. Aus diesem Grund war ich ja von Mexico City hergefahren. Dann ging ich hinaus. Es hatte zu regnen aufgehört, und alles war still. Die Insekten hatten ihr Zirpen nicht wiederaufgenommen. Ich ging zu meinem Jeep und fuhr nach Quetzalan zurück, wo ich übernachtete.

Ich glaubte, genug gesehen zu haben, um Bescheid zu wissen. Ihre ausgezehrte Gestalt, das Pfeifen, wenn sie zu sprechen versuchte, der unnatürliche Glanz in ihren Augen, das alles hatte ich schon einmal bei den beiden Archäologen aus Mexico City gesehen, die sich mit der Fledermauskrankheit angesteckt hatten.

Am nächsten Morgen ging ich als erstes zu Dr. Arturo. Seine Eltern leiteten das Hotel Rivoli. In besseren Tagen hatten sich dort die Stadtbäder befunden. Das Hotel lag neben der Plaza. Ich wohnte auf der gegenüberliegenden Straßenseite im »Las Garzas«, das einst ein Privathaus und jetzt der »eleganteste« Gasthof der Stadt war.

»Na, wen haben wir denn da! Wie geht es Ihnen? Waren Sie die ganze Zeit in Mexico City?« Dr. Arturo begrüßte mich mit einem herzlichen *abrazo*, statt mit einem Händedruck.

»Mama! Papa! Seht, wer da ist! Der Professor aus Mexico City!« rief er. »Was führt Sie wieder hier hoch in die Sierra?« fragte er, als seine Eltern aus der Küche kamen, wo sie gerade frühstückten.

»Es ist wegen Rubia.«

»Ihr geht es nicht besonders. Waren Sie schon bei ihr?« fragte Arturo.

Als wir uns hinsetzten und uns unterhielten, brachten Arturos Eltern, Doña Elvira und Don Victor, uns süße Brötchen und Kaffee. Sie freuten sich ebensosehr wie er, mich zu sehen. Wir redeten eine Weile über Mexico City und die

Universität, aber dann fragte ich: »Wie steht's mit der alten Dame, Arturo?«

Er berichtete mir von Rubias Symptomen, daß er Tuberkulose diagnostiziert habe und welche Behandlung er für angemessen hielt. Allerdings sei er verwundert darüber, daß die Behandlung nicht wirke. Ich dachte an all die ungeöffneten Medikamente bei Rubia, aber statt Arturo darüber zu informieren, erzählte ich ihm, was Rubia selbst über ihre Krankheit dachte.

Im vergangenen Jahr hatte ich meine Kenntnisse über Hexerei angewandt, um Arturo bei der Behandlung von zwei verhexten Dorfbewohnern zu helfen. Beide Fälle erwiesen sich als ziemlich komplizierte Vergiftungen. Da ich dies erkannt hatte, war seine Behandlung erfolgreich gewesen. Deshalb vertraute Arturo auch jetzt meinem Urteil in dieser Angelegenheit. Wir wußten beide, daß man Hexerei nicht auf die leichte Schulter nehmen durfte.

»Arturo, erinnern Sie sich, was ich Ihnen letztes Jahr von den beiden Studenten erzählt habe, bei denen TB diagnostiziert wurde? Als man dann herausfand, was es wirklich war, war es für den einen zu spät, und der andere hat es gerade noch geschafft. Die zwei hatten die Fledermauskrankheit!«

Arturo sah mich an, und dann dämmerte es ihm. »Natürlich«, sagte er, »die glänzenden Augen«.

Die Fledermauskrankheit wird von Schimmelpilzen hervorgerufen, die in einigen Höhlen auf dem Kot ganz bestimmter Fledermausarten wachsen. Wenn der Guano trocknet, wird er verweht. Warum manche Höhlen und Fledermäuse harmlos sind und andere tödlich, weiß man nicht. Ich hatte von einigen »Hexen«-Höhlen in der Umgebung von San Martín gehört, aber niemand würde dort hingehen, es sei denn, er hätte Böses im Sinn. Falls Rubia in eine dieser Höhlen gegangen war, was ich bezweifelte, dann wäre sie vorsichtig gewesen. Es war unwahrscheinlich, daß sie die Krankheit durch Unachtsamkeit bekommen hatte; jemand mußte sie ihr ins Haus gebracht haben. Arturo und ich wußten, was zu tun war. Wir wußten auch, daß wir es mit jemandem wie Rubia nicht leicht haben würden.

Auf dem Weg zur Apotheke, wo ich ein Desinfektionsmittel besorgen wollte, beschloß ich, daß ein bißchen moderne Chemie die Sache erleichtern würde. Und so bat ich Martín, den Apotheker, unter anderem um einige Kristalle reinen Jods, die er mir in einem kleinen, braunen Fläschchen aushändigte. Für das Desinfektionsmittel schlug er mir vor, im Büro der Antimalaria-Kommission, die sich am Stadtrand befand, eine Sprühflasche auszuleihen. Die Kommission versprühte seit Jahren in jeder Behausung Mexikos Gift gegen Moskitos – vom Nationalpalast bis zur bescheidensten Indiohütte –, und es war ihr gelungen, die von den Stechmücken ausgehende Malaria-Gefahr in ganz Mexiko zu bannen.

Ich ging direkt hinüber zu Doña Rubias Haus. Rubia saß auf der Treppe in der Sonne, als ich kam. Behutsam und in Worten, die sie verstehen konnte, erklärte ich ihr, was ich gekauft hatte und was ich jetzt damit zu tun beabsichtigte. Mit den medizinischen Tests, die ich aus Mexico City mitgebracht hatte, war die Bestätigung der Diagnose kaum ein Problem. Aber wie erwartet, wehrte Rubia sich vehement gegen die Desinfektion des Hauses. Sie wollte nichts auf Lupes Haushaltsführung kommen lassen und war nicht bereit zuzugeben, daß das Haus nicht sauber sei. Als Lupe nach Hause kam, nahm ich sie beiseite und erklärte ihr, was getan werden mußte.

»Ich wollte den alten Plunder schon lange rausräumen«,

sagte sie. »Das ist ein guter Grund, mal richtig zu putzen.«
Lupe hatte das Problem gelöst.

Ich erklärte ihr, was aus dem Haus entfernt werden mußte, bevor ich es desinfizieren konnte. Dann stellte ich eine kleine Menge Stickstofftrijodid her. Als wir das Haus ausgeräumt hatten, streute ich etwas von der Verbindung auf den Boden. Stickstofftrijodid ist äußerst instabil und wenn es trocken ist, läßt sein eigenes Gewicht es explodieren. Bevor ich das Haus mit dem Desinfektionsmittel einsprühte, bat ich Lupe um einen Besen und kehrte den Boden, um ihr beim Saubermachen »zu helfen«. Die Wirkung war spektakulär!

Überall, wo ich kehrte, explodierte die Verbindung. Rubia saß teilnahmslos auf der Treppe. Lupe war ziemlich erschrocken, und die Nachbarn liefen aus allen Richtungen zusammen. Als die Explosionen ein Ende nahmen, desinfizierte ich das gesamte Haus. Es kam mir vor, als würde das ganze Dorf dabei zusehen. Als ich fertig war, hatte meine moderne Hexerei alle davon überzeugt, daß das Haus jetzt vollständig von bösen Geistern befreit war – alle außer Rubia. Sie kannte alle Methoden der Hexen, aber so etwas hatte sie mit ihren achtzig Jahren noch nie gesehen.

»Glaubst du, sie sind weg? Glaubst du, das war eine Hexe? Ich hab noch nie gesehen, daß sie sowas machen«, sagte sie geradeheraus und war dabei überzeugt, daß ihre Erfahrung der Maßstab aller Dinge war.

Wir brachten sie zurück ins Haus, doch als wir drinnen waren, bestand Rubia darauf, sich vor den Familienaltar im vorderen Zimmer zu setzen und sich nicht wieder auf ihre Pritsche in der Küche zu legen. Mit Hilfe der Nachbarn brachten wir alles schnell wieder ins Haus, und Lupe machte sich ans Aufräumen, während ich alles trockenwischte, was noch feucht von dem Desinfektionsmittel war. Der Desinfektionsgeruch warf einen um, verflüchtigte sich aber bald. Zum Abschluß brachte Lupe weiße Lilien, die Rubia mochte, weil sie vor den Nordwinden schützten. Als ihre Schwiegertochter die Blumen auf den Altar stellte und die Votivkerze anzündete, begann Rubia plötzlich mit einer Stimme zu sprechen, die von weither zu kommen schien.

»Kennst du die Worte der heiligen Erde?« Ihre Stimme klang, als käme sie aus einer anderen Welt. Sie zog die Worte in die Länge und ließ sie nachklingen.

Mir war der Schrecken in die Glieder gefahren. Ich antwortete, daß ich natürlich wisse, wie man betet. Sie selbst hatte mich ja lange darin unterwiesen. Ich wußte, wie man den Herren der Erde und dem Himmel Opfer darbrachte.

»Nein!« sagte sie mit Nachdruck, noch immer mit der seltsamen Stimme, wie von weither. »Wie man wirklich betet, in der Höhle betet, mit Herz und Seele betet. Du sagst nur… die Worte. Du kennst nur meine Worte! Du sagst sie wie ein Gebet, aber du betest nicht wirklich. Du hast keinen Grund zu beten. Du machst es mir nur nach. Du gibst ihnen deine Worte, aber du gibst ihnen nicht dein Herz und deine Seele. ›Sie‹ werden dir nicht helfen ohne dein Herz und deine Seele. Das ist ›ihr‹ Speis und Trank. Die Seele ist es, die sie wollen.« Sie rügte mich für meine kläglichen Versuche, ihre und Inocentes Gebete an die Herren der Unterwelt nachzuahmen.

»Du warst schon einmal in der Höhle. Du weißt, wie man ›ihnen‹ Geschenke darbietet. Du weißt, wie man ihnen gibt, was ihnen zusteht«, beharrte sie und sah mir in die Augen. »Du mußt ihnen dein Herz und deine Seele geben. Jetzt! Du mußt es für mich tun. Du mußt dich von ihnen durch ihre Welt der Dunkelheit führen lassen. Das ist ihre Nahrung, die Nahrung, die ihnen fehlt. Ich bin alt und schwach. Trotz all meiner Gebete finden sie mein *nagual* nicht, sie geben mir mein *tonal* nicht zurück. Ich brauche dein Herz, dein *yollo*, deine Seele, dein *tonal*. Das ist ihre Nahrung. Du mußt für mich in die Höhle gehen. Finde die Hexen, wenn du kannst!«

Ich war sprachlos. Wie sollte ich das tun?

Wenn Rubia auf Hexenjagd ging, tat sie das in ihren Träumen.

Sie sah, wie mir zumute war. »Wir können alles besorgen, was du dort in der Höhle brauchst. Du kannst heute abend gehen. Du mußt ihnen dein Herz und deine Seele anbieten.«

Ich spürte, daß ich keine andere Wahl hatte. Ich dachte an die ziemlich grausigen Methoden ihrer aztekischen Vorfahren, die für die Götter lebenden Opfern das schlagende Herz herausgerissen hatten. In die Höhle zu gehen und ihnen mein Herz und meine Seele anzubieten, war keine erfreuliche Aussicht.

Die Sache, auf die ich mich da eingelassen hatte, schien undurchführbar. Aber vielleicht war sie es gar nicht. Ich hatte eine ganze Menge von der alten Dame gelernt. Sie hatte immer wieder betont, daß ich heilen lernen müsse, aber ich hatte abgewehrt. Dafür brauchte man einen Glauben an ihre Welt, den ich nicht hatte. Ich war Anthropologe, Beobachter, ich konnte mich nicht an diesen Sachen beteiligen und daran glauben. Um das zu tun, mußte man sich der Welt der Ahnen und ihren Kindern, den heute lebenden Sanmartinos, verpflichtet fühlen. Konnte ich diese Verpflichtung übernehmen? Ich hatte keine Ahnung, was auf mich zukommen würde, aber ich konnte nicht zurück.

Die Liste der Opfergaben, die es zu besorgen galt, war ziemlich lang, aber das meiste war im Dorf problemlos zu be-

kommen. Als erstes ließ Rubia Lupe Kienholz von der Oko-
tefichte abbrechen, für den Fall, daß ich ein Feuer oder eine
Fackel brauchte; das war ihr lieber als eine Taschenlampe.

»Paß auf, daß du da unten nicht einschläfst, sonst kommen sie raus und fressen dich. Sie essen unser Fleisch, und
sie haben immer Hunger«, warnte sie mich.

»Wir brauchen fünf Zigarren und fünf Päckchen Alas.«
Das waren ihre Lieblingszigaretten. »Dann noch ein Päckchen für dich zum Rauchen und eines für mich. Lupe, hol
fünf verschiedene Arten von Blumen und Blättern aus dem
Garten«, kommandierte sie.

Ich ging ein paar Häuser weiter zu Don Pedro und kaufte
Zigaretten, Kerzen, ein Päckchen starken, dunklen Tabak
aus der Gegend und eine Flasche *aguardiente*, Zuckerrohrschnaps.

Lupe machte inzwischen Tortillas warm und kochte einen
kleinen Topf *atole*, einen Maisbrei, gewürzt mit Chillies und
epazote, das sollte ich mit in die Höhle nehmen. Der Geruch
von gekochtem Mais breitete sich im Raum aus. Rubia hatte
schon einen reichlichen Vorrat an *copal,* einem Duftharz
vorbereitet und so setzte ich mich zu ihr an den Tisch und
drehte die fünf Zigarren, die ich während der Nacht rauchen sollte. Tabak und Harz mußten ständig glimmen, um
die dunklen Herren der Hochheiligen Erde zu besänftigen
und uns vor ihnen und möglicherweise der Fledermauskrankheit zu schützen. Solange man Tabak hatte, konnte
einem nichts passieren, so hatte man mir gesagt.

»Jetzt haben wir also fünf Blumen, fünf Blätter, fünf
schöne, dicke Bohnen und fünf Tortillas, dazu noch *atole*
und genug *aguardiente*, das müßte reichen um die ›Dinger‹ in der Höhle abzufüllen, wenn du nicht zuviel davon
trinkst.« Jetzt hatten wir alle Zigarren gedreht. Rubia be-

schrieb mir in allen Einzelheiten, wie die Opfergaben zu arrangieren waren und in welcher Reihenfolge ich die Gebete sagen mußte, um mir die Hilfe der Herren zu sichern und meine eigene Seele zu schützen.

Mir dämmerte langsam, daß die Gebete und Handlungen in der Höhle leicht dazu führen konnten, daß ich im Dorf der Hexerei angeklagt wurde.

Rubia schickte ihre Schwiegertochter los, um noch das letzte, was mir für den Höhlenbesuch noch fehlte, zu besorgen: ein schwarzes Huhn. »Du brauchst unbedingt einen Boten«, sagte sie. »Sie müssen ein Herz kriegen. Das ist ihre Nahrung. Wenn du keinen Boten hast, nehmen sie womöglich dein Herz. Ein schwarzes Huhn ist genau das richtige; ein Nachtvogel ist der passende Bote.«

Das schwarze Huhn zu bekommen, war alles andere als einfach. Es gab nämlich nicht mehr viele Hühner in San Martín, da vor etwa einem Jahr die meisten einer Krankheit zum Opfer gefallen waren. Lupe brachte einen jungen, fast schwarzen Hahn. Niemand hatte ihr ein Huhn verkauft, da Hühner wegen der Eier viel zu wertvoll waren. Sie trug den Hahn an den sorgfältig verschnürten Beinen und stellte ihn auf den Tisch, wo er um sich blickte und Haltung zu bewahren versuchte. Morgen um diese Zeit würde der Vogel im Topf landen. Er schien das zu wissen und taxierte bedächtig jeden Fluchtweg. Rubia nahm ihn vom Tisch und stellte ihn wie einen Gegenstand in die Ecke.

»Dann muß das eben unser Nachtvogel, unser Bote, sein. Nicht viel dran, das sie essen könnten, aber sie wollen nur den Samen und das Herz, das ist alles. Das Fleisch kriegen wir, nicht die ›Dinger‹ in der Höhle. Jetzt haben wir alles«, sagte sie und zählte nochmals all die Dinge auf, die ich mit in die Höhle nehmen mußte.

Sie ließ Lupe eine *petate*, eine große Matte, bringen und packte alle anderen Sachen sorgfältig darin ein. Dann erklärte sie mir noch einmal ganz genau, wie alles abzulaufen hatte, wie die Opfergaben arrangiert werden mußten, in welcher Reihenfolge die Gebete zu sagen waren, wann ich die Kerzen anzünden und wie ich das eigentliche Opfer darbringen sollte. Dann kamen Anweisungen, was ich zu tun und zu lassen hatte, wenn ich fertig war.

Als wir die Straße, die zur Höhle führte, entlangfuhren, war es schon dunkel. Lupe hatte sich zögernd bereit erklärt, mitzukommen und mir den Weg zu zeigen. Wir waren beide lange nicht mehr bei diesem speziellen Eingang in die Unterwelt gewesen, und er wurde auch von den Dorfbewohnern nicht häufig benutzt. Einmal im Jahr brachte jede Familie Opfergaben zur Höhle und legte sie vor dem Eingang auf der Erde ab. Nur sehr selten ging jemand in die Höhle hinein. Im Höhleneingang zu beten, galt bereits als gefährlich und man ließ es lieber sein. Manche Sanmartinos verließen lieber erst gar nicht das Haus, sondern legten die Opfergaben unter den Familienaltar, da die kalten, bösen Winde des Nordens, die aus der Höhle kamen, schnell Krankheit und Tod bringen konnten.

Lupe war besorgt, weil sie ihre Schwiegermutter allein gelassen hatte, und wollte zurück ins Dorf laufen, sobald wir bei der Höhle angekommen waren. Während der Jeep über den dunklen Weg ruckelte, wurde mir bewußt, daß es mir egal war, ob meine Unternehmung albern und absurd wirkte. Die Krankheit war real. Ich konnte Rubia die Ergebnisse der medizinischen Tests zeigen, und sie würde sie wahrscheinlich sogar verstehen. Aber für sie war es die Seele, die verloren und in Not war, und es würde ihr nicht besser gehen, bis ich ihren Anweisungen gefolgt war. Der diffuse Zusammenhang zwischen real und irreal brachte mich gründlich durcheinander. Zum zweiten Mal, aber diesmal aus anderen Gründen, fiel es mir in der Sierra schwer, den Begriff »Metapher« im üblichen anthropologischen Sinn zu gebrauchen.

Endlich erreichten wir den Pfad zur Höhle. Er war fast zugewachsen und im Dunkeln kaum begehbar.

»Jetzt geht's los«, sagte Lupe. Sie half mir, meine »Ausrüstung« den gewundenen, schmalen Pfad entlang zur Höhle zu tragen. »Vorsicht«, ermahnte sie mich, »sie sind hier überall.« Sie meinte die Übernatürlichen, welche die Unterwelt bewohnten. Wir rauchten beide ständig, um auch diejenigen von ihnen, die vielleicht im Unterholz lauerten, abzuschrecken. Am Ziel angekommen, spürten wir den kühlen Wind aus der dunkel klaffenden Höhle, die den Eingang zur Unterwelt bildete. Das die Höhle umgebende Gestrüpp warf im Licht unserer Taschenlampe Schatten, die wie riesige Zähne aussahen. Auf einer Seite der Höhle lag ein enormer Felsblock, der offensichtlich vor langer Zeit von der Decke heruntergefallen war. Das war der Erdaltar.

Als wir die Hälfte der Sachen zur Höhle gebracht hatten, fand Lupe, daß sie ihre Pflicht getan habe, und wollte nach Hause gehen. »Unsere Großmutter wartet auf mich«, erklärte sie. Sie wollte einfach nicht in der Nähe der Höhle sein, denn sie fand Rubias Riten sehr gefährlich und war nie interessiert gewesen, sich selbst darauf einzulassen. »Jetzt ist es an der Zeit, dich mit ›denen‹ allein zu lassen. Sei vorsichtig!«

Endlich hatte ich alles in die Höhle getragen. Ich zündete die Fackel an und schaltete die Taschenlampe aus. Seltsame Schatten sprangen im tanzenden Licht umher, manchmal ließen sie alles riesig wirken, dann wieder verdunkelten sie alles, so daß man kaum etwas erkennen konnte. Ich faltete die *petate* auseinander und breitete sie auf dem Boden aus, der mit altem Kerzenwachs und schwarzen Flecken von verbranntem *copal* von unzähligen Opferungen und Gebeten übersät war. Ich bemerkte auch schwarze Obsidiansplitter und viele *tepalcates*, vorkolumbische Tonscherben, außerdem verkohlte Knochen. Das waren alles Opfer für die Hochheilige Erde. Ich band den jungen Hahn an einen Pfahl in der Nähe des Felsblocks, um ihn zur Hand zu haben, wenn ich ihn brauchte. Er beobachtete alles, was ich tat.

Jede meiner Bewegungen hallte durch die Höhle. Meine ersten Grußgebete kamen als Echos, die an einen antiken Chor erinnerten, zurück. Alle Stimmen suchten mit mir nach dem Grund, warum ich hier war. Die Ahnen der Sanmartinos hatten dies seit Generationen getan. Ich dachte an die Religion meiner eigenen Vorfahren; sie wären entsetzt, mich hier an diesem heidnischen Ort zu sehen.

Ich brachte die Opfer in der von Rubia vorgeschriebenen Reihenfolge dar – jede Opfergabe in der für die Erde angemessenen Weise –, indem ich sie so weit ich konnte in den schwarzen Schlund der Höhle warf, in die Eingeweide der Erde, welche die Opfer verschlangen. Ich hörte entfernte Echos und einmal hörte ich Wasser spritzen.

Die Kienholzfackel, die Rubia mir mitgegeben hatte, wärmte mich und gab mir während dieser Prozedur Licht, wohingegen der kühle Wind die Kerzen, kaum daß ich sie angezündet hatte, wieder ausblies. Das war jedoch ein gutes Zeichen – die Herren der Unterwelt hatten meine Worte gehört.

Der schwarze Hahn beobachtete mich neugierig, während ich die Gebete auf Spanisch und Nahuatl aufsagte.

Hin und wieder stieß er ein lautes Krähen aus, das durch die Höhle hallte. Seine Federn schimmerten im schwachen Licht. Er hatte schon lange »die Papierfahne und den Federkopfschmuck« bekommen – eine aztekische Metapher für einen, der als Opfer ausgewählt wurde.

Die Sache mit dem Vogel schob ich bis ganz zum Schluß auf, aber es mußte getan werden. Rubia hatte mir zwar genau gesagt, was zu tun war, aber das machte es nicht einfacher. Ich wußte, daß wir ihn zu guter Letzt essen würden und daß Rubias rituelle Versöhnung mit der Erde genaugenommen nur eine Essensvorbereitung war. Vielleicht war an der absurden Theorie der Proteinerlangung als ein Grund für die Opferungen mehr Wahres, als ich zuzugeben bereit war. Aber vielleicht schmeckten die Opfer auch einfach gut, oder Tod und rituelle Gewalt waren in der traditionellen Welt die Würze des Lebens, wie ein anderer Anthropologe als Erklärung anbot.

Rubias Anweisungen waren recht genau. Ich packte den sich wehrenden, flatternden Vogel und versuchte, ihm mit meinem Taschenmesser die Brust vom Hals abwärts aufzuschlitzen. Er wollte sich freikämpfen, aber das Blut und der Inhalt seines Kropfs schossen heraus. Doch dann konnte ich die Anweisungen nicht weiter befolgen. Es gelang mir nicht, durch die Brust des Vogels das Herz zu erreichen. Ich drehte den Hahn und schnitt mit dem Messer weiter, um die Eingeweide zu entfernen, die ich mit der Hand herausriß, bis ich endlich nach oben greifen und das Herz fassen konnte. Es hatte aufgehört zu schlagen. Alles im Inneren fühlte sich heiß und glitschig an. Ich riß den Körper weiter auf, riß das Herz von den umgebenden Gefäßen ab und warf es in die Höhle, den Herren der Erde zurufend, es sei mein eigenes.

Dann mußte ich den Vogel rupfen. Es ist immer einfacher,

die Federn von einem gerade erst getöteten Hahn zu entfernen, und Rubia, die erfahrene Köchin, wollte, daß ich ihn gerupft nach Hause brachte. Mir waren die Nahua-Gebete entfallen, und während die Federn flogen und das Blut spritzte, rupfte ich vor mich hin und murmelte wild entschlossen Ave Marias und das Vaterunser aus meiner katholischen Kindheit. Was für eine Schweinerei das war! Die schwarzen Federn klebten vor mir auf dem Boden an den warmen Eingeweiden, der Geruch des Duftharzes erfüllte die Luft, die Fackel brannte gierig, und das Blut an meinen Händen und Armen wurde beim Trocknen klebrig.

Endlich war die Tortur vorbei, und ich konnte es kaum erwarten wegzukommen. Die meisten der Opfer waren dargebracht, aber es würde noch ein paar Stunden dauern, bis es hell wurde, doch ich wollte nicht in der Dunkelheit den unwegsamen Pfad zum Jeep zurückgehen. Ich war heiser vom ständigen Beten und Rauchen, also löschte ich die Fackel, um sie für den Morgen aufzusparen, und legte mich auf die feuchtkalte *petate*.

Ein unruhiger Schlaf überkam mich, in dem sich Träume und halbwache Halluzinationen abwechselten.

3

Der Heiler

Nach dem Aufwachen sammelte ich schnell alles ein, wickelte es in die *petate* und tastete mich aus der Höhle. Es war noch früh am Morgen, doch die Sonne schien bereits, und in den Bäumen schwatzten lebhaft grüne Papageien. Ich stolperte den Pfad entlang, fiel einmal hin und schlug mir das Knie auf. Endlich konnte ich in den Jeep klettern und schaffte es irgendwie, zurück in die Stadt zu fahren. Ich ignorierte die neugierig blickenden Leute, parkte an der Plaza und ging den Berg hinauf. Ich war schmutzig, meine Kleider starrten vor Schweiß und angetrocknetem Blut, und ich war völlig zerschlagen.

Don Inocente saß mit Rubia auf der Treppe in der Sonne. Rubia schien heute morgen viel munterer zu sein. Mit lebhaftem Gesicht und wachen Augen unterhielt sie sich mit Inocente. Sobald ich in Hörweite war, fragte sie mich:

»Hast du je in deinen Träumen in *talocan* etwas gesehen, das groß und schwarz ist?«

Es war nicht gerade der passende Moment für den Versuch, mich an meine Träume zu erinnern. Ich stand mitten auf der Straße und wußte, ich hätte in der vergangenen Nacht nicht schlafen sollen. Viel hatte ich auch nicht geschlafen. Warum fragte sie mich jetzt nicht nach dem Opfer und wie alles gelaufen war? Ich reichte ihr den übel zugerichteten Hahn. Sie begutachtete ihn kurz, und es sah aus, als ob sie sich ekelte. Sie gab ihn dann Lupe, die aus der Küche gekommen war, um zu sehen, was los war.

»Wenigstens hast du ihn gerupft«, sagte Rubia. »Ich denke, Lupe wird uns etwas Leckeres aus unserem Boten kochen.« Lupe starrte bestürzt auf den zerfledderten Hahn.

Ein paar neugierige Kinder kamen und gafften. Ich fühlte mich eher wie Don Quixote als wie der Heilige Timothy, der Bezwinger der Unterwelt.

»Im Traum gibt es natürlich viel«, kam ich auf ihre Frage zurück.

»Und war da etwas Großes, Schwarzes, das dich im Traum gejagt hat?«

»Die jagen doch immer nach *tonals*«, warf Inocente ein, »vielleicht haben sie ihn die ganze Zeit gejagt.«

»Nein, ich will wissen, ob da eine Hexe war, eine *nagu-alli*, die es auf mich abgesehen hat«, entgegnete Rubia.

»Natürlich ist es eine Hexe. Ich hab dir doch gesagt, daß eine Hexe hinter dir her ist. Das muß es sein«, sagte Inocente.

»Irgendwas hat mich jedenfalls erwischt, meine Seele, meinen Atem, mein *tonal*«, sagte sie unter pfeifendem Husten.

»Und ich muß wissen, ob er ›die Dinger‹ gesehen hat. Denn wenn er ›die Dinger‹ nicht sehen kann, kann er mir überhaupt nicht helfen«, beharrte Rubia. »Also, hast du von einem großen, schwarzen Tier geträumt, das dich gejagt hat?« fragte sie.

»Nein, in letzter Zeit nicht«, antwortete ich und dachte an einen Alptraum aus meiner Kindheit, als wir auf einer Farm in Wisconsin lebten, »aber vor sehr langer Zeit habe ich geträumt, daß ich von einem Stier gejagt werde.«

»Da siehst du's.« Sie sah Inocente an. »Ich habe mir gleich

gedacht, daß er die *nagualli* dort sehen würde, und das hat er auch. Er kann sich nur nicht erinnern, was er gesehen hat.«

»Vielleicht war das nur ein Schreck, ein *susto*, als er noch ein Kind war«, sagte Inocente. »War jemand hinter deiner Seele her? Warst du damals krank?« fragte er mich.

»Nicht, daß ich wüßte«, antwortete ich dem Alten. Lupe brachte mir einen Stuhl nach draußen, damit ich mich setzen konnte. Ich nahm ihn dankbar an.

»Haben deine Eltern dich danach nicht zu einem Heiler gebracht?«

»Unsere Heiler sind mehr wie Arturo«, erklärte ich, während ich mich setzte und hoffte, daß Lupe uns einen Kaffee bringen würde. »Man geht zu ihnen, wenn man krank ist, und sie geben einem Tabletten oder stechen einen mit einer Nadel. Sie bringen keine Opfer dar, sie beten nicht und erzählen auch nicht von ihren Träumen, wie ihr es tut.«

Ich hatte inzwischen genug Heilungen gesehen und Traumgeschichten gehört, um zu wissen, worauf Inocente hinauswollte. Er glaubte, eine Hexe habe mich in den Alpträumen meiner Kindheit erschreckt und ich litte nun unter dem Seelenverlust. Das war eine häufige Krankheit im Dorf, und ich hatte schon oft miterlebt, wie sie von Rubia und Inocente geheilt wurde. Rubia war immer entgegenkommender geworden, was mein Interesse an ihren Künsten anging, und bestand bald darauf, daß ich sie begleitete, wenn sie kranke Kinder zu Hause besuchte. Dort unterhielt sie sich angeregt den ganzen Nachmittag und arrangierte verschiedene Opfergaben auf dem Familienaltar. Dann betete sie zu den Heiligen und der Heiligen Erde und ging schließlich nach Hause, um die verlorene Seele des Kindes in einem Traum zu finden. Inocente und Rubia wollten nun von mir wissen, ob ich die Merkmale der Hexerei in meinen Träumen erkennen könne.

»Siehst du, das hab ich mir gedacht. Sie jagen ihn schon lange«, sagte Rubia, »aber hinter seiner Seele ist keiner her.«

»Wenn er noch hier bei uns ist, muß er seine Seele gefunden haben, sonst könnten sie ihn nicht erschrecken und sie ihm entreißen«, meinte Inocente.

»Wenn sie ihn als Kind nicht erschreckt und ihm die Seele entrissen haben, dann hat er sie ziemlich fest im Griff.« Rubia drehte sich zu mir und fragte: »Hast du den Stier oft gesehen? Siehst du ihn immer noch manchmal?«

Endlich kam Lupe mit dampfenden Schalen, gefüllt mit dem dickflüssigen, süßen Kaffee der Sierra. Ich dachte kurz nach, während ich in den Kaffee blies, um ihn abzukühlen.

»Ich kann mich kaum noch daran erinnern. Ich weiß nur noch, daß er groß und schwarz und furchteinflößend war und daß ich oft Alpträume von ihm hatte.«

»Der Stier war ganz schwarz?« wollte sie wissen.

»Ich denke schon«, antwortete ich, »aber das war vor vielen Jahren. Ich kann mich nicht mehr richtig erinnern.« Der Kaffee wirkte inzwischen Wunder in mir.

»Siehst du, es war wirklich eine Hexe«, sagte Rubia zu Inocente. »Es gelang ihr nicht, ihn so zu erschrecken, daß sie ihm die Seele entreißen konnte, und so hat sie ihn in Ruhe gelassen. Seine Seele und sein Herz sind fest zusammengebunden, die Stricke halten gut.«

»Das kann schon sein, aber vielleicht war es auch nur sein eigenes *nagual*, sein Tier, das er gesehen hat«, beharrte Inocente.

»Glaube ich nicht«, erwiderte Rubia, »aber möglich ist es. Ich habe seine Tierseelen jedenfalls noch nie in *talocan* gesehen.«

»Ich auch nicht. Meinst du, er kennt es und weiß, was sein *nagual* ist?« fragte Inocente Rubia.

»Wahrscheinlich nicht«, sagte sie, »und wir wollen ihn nicht verschrecken. Einmal hatte ich ihn etwas verschreckt, da ist er monatelang nicht mehr hierhergekommen.«

Rubia spielte auf das Jahr 1974 an, als sie mir zum ersten Mal von ihren Traumreisen und Gebeten an die Unterwelt erzählt hatte. Danach hatte ich Mexiko für fast ein Jahr verlassen und mein Promotionsstudium begonnen. Sie hatte geglaubt, ihre Erzählungen von der Unterwelt hätten mich für immer vertrieben, und war entzückt, als ich im folgenden Sommer mit gesteigertem Interesse wieder ins Dorf kam. Damals fing sie an, mich einige der Gebete zu lehren und mir von ihren Träumen zu erzählen.

»Und was siehst du sonst noch in deinen Träumen?« tastete Rubia sich vor. Bisher hatte sie mich noch nie nach meinen Träumen gefragt.

»Ich weiß nicht«, antwortete ich. Mir wurde langsam wärmer. »Ich denke nicht viel darüber nach, wenn sie nicht gerade ganz außergewöhnlich sind. Sie sind jedenfalls nicht so interessant wie deine Träume.«

»Dummes Zeug«, sagte Rubia, »deine Träume sind genauso, wie die von jedem anderen. Du mußt nur erkennen, was du wirklich siehst. *Talocan* ist ein Land der Abend- und Morgendämmerung, wo nichts wirklich klar ist. Es ist immer neblig, und man weiß nie genau, was vor einem liegt. Es stimmt, daß man dort in der Welt der Nacht niemanden kennt, aber alle, die vor dir lebten, sind jetzt dort. Es ist die Welt unserer Ahnen und auch deiner. Wenn du dem ›guten Weg‹ folgst, findest du viele Verbündete dort in der Welt der Nacht.«

»Und auch eine Menge Hexen!« warf Inocente ein.

»Von den Dingern, den Hexen, sind viele da, die *nahualli*, aber wenn du dem ›guten Weg‹ folgst, findest du viele Freunde und Brüder, die dich beschützen. Zuerst mußt du lernen, an welche Orte du in *talocan* gehen kannst. Du mußt dem Weg folgen, den uns die Ahnen gezeigt haben, und ein gutes Leben führen. Wenn du wie wir betest und ihnen Geschenke machst, wird dir in der Welt der Träume nichts passieren. Du wirst beschützt von den Herren der Dunkelheit und von deinen Ahnen. Letzte Nacht hast du ihnen dein Herz angeboten. Jetzt mußt du herausfinden, ob sie dir erlauben, in ihrer Welt der Dunkelheit zu sehen. Lupe!« rief sie. »Bring ihm noch mehr Kaffee!«

Du mußt heute morgen die Heiligen in der Kirche um Hilfe bitten. Ihr heiliges Licht hilft, dich zu beschützen. Du mußt hinüber in die Kirche gehen und den Heiligen Michael und den Heiligen Johannes, das Licht des Morgens und des Abends, um Hilfe bitten. Der Heilige Martin und der Heilige Jakobus können dir auch helfen. Jeder von ihnen braucht Kerzen, Blumen und ein bißchen Geld. Dann kommen deine Ahnen. Hast du Fotos von ihnen?« In ihrem Eifer erinnerte sie mich an meine Mutter, wenn sie eine Einkaufstour organisierte.

»Nein, habe ich nicht«, antwortete ich.

»Ich zeig dir hier, wie du zu ihnen betest. Es ist einfach. Du brauchst ein paar Sachen, die sie da unten haben wollen, aber dabei kann dir Lupe helfen. Du brauchst nicht noch einen Hahn. Der hier reicht für heute. Wir geben ihnen ein bißchen was davon in Chilpotzontli-Soße«, sagte sie schlau. Auf diese Weise wollten sie und Lupe also den Hahn von letzter Nacht zubereiten. Hähnchen war etwas ganz Besonderes im Dorf, weil es nicht viele Hühner gab und die Leute selten Fleisch aßen. Es war viel zu teuer.

»Er muß aber wissen, welcher Teil von ihm in die Dunkelheit geht«, bemerkte Inocente.

»Das weiß er schon«, sagte Rubia, und dann fragte sie mich: »Wo ist der Teil, der in die Nacht geht?«

»Also«, fing ich tief ausatmend an. »Es ist in uns allen, genau hier.« Ich benutzte die korrekten Wörter in Nahuatl. »Der Lebensfunke geht in der Nacht umher.«

»Er weiß es!« rief Inocente. »Du hast ihm schon viel beigebracht. Ich hab ihm das nicht gesagt.«

»Natürlich hast du das, Inocente«, erwiderte ich. »Du hast immer gesagt, daß das *tonal* in die Nacht hinausgeht.«

»Nein, das muß die alte Hexe gewesen sein, die dir das verraten hat«, witzelte er.

Das ließ Rubia nicht auf sich sitzen. »Wer hext hier am meisten, du altes Ekel!« Dann forderte sie mich auf: »Erzähl dem alten Hexer von den Seelen, die nachts auf Reisen gehen.« In diesem Moment unterbrach uns Lupe mit neuem Kaffee. Die Azteken haben eine komplizierte Vorstellung von der Beschaffenheit der Seele, und zum zweiten Mal an diesem Vormittag war ich froh über Lupes Erscheinen.

Ich zündete mir eine Zigarette an, versuchte den Kaffee etwas abzukühlen und lehnte mich auf dem wackeligen Stuhl zurück. »Was ich über Seelen weiß«, fing ich an. »Wenn ich alles, was ihr mir erzählt habt, richtig verstanden habe, hat jeder Mensch drei Seelen. Zunächst einmal das Herz, *yolo*, das dem Körper Leben und Bewegung gibt. Ohne das Herz ist der Körper reglos, er bewegt sich nicht, man ist tot.

Dann gibt es *tonal*. Das ist der Lebensfunke, die Hitze, die den Körper antreibt. *Tonal* ist das erste Licht der Morgendämmerung, wenn wir geboren werden; der Lichtstrahl ist das erste Gesicht der Sonne, das wir sehen. Es ist unser Geschick, unser Schicksal. Aber der Körper ist nicht immer in der Lage, sein *tonal* zu behalten. Bei einem Sturz oder durch einen plötzlichen Schlag auf den Kopf kann es durch den Schreck aus dem Körper entweichen. Und nachts kann es in den Träumen zum Beispiel in die Unterwelt reisen. Es kann von Hexen gefangen werden oder von den Kreaturen, die dort unten leben, den *ajmotocnihuan* – jenen, die nicht unsere Brüder sind.«

Ich nahm einen tiefen Zug von meiner Zigarette und stürzte den heißen Kaffee hinunter. Ich bemühte mich, die richtigen Ausdrücke auf Nahuatl zu finden. Ich drehte mich zu Lupe um und gab ihr meine Schale, damit sie mir Kaffee nachgoß.

»Dort unten in der Unterwelt«, fuhr ich fort, »gibt es auch ein Tier, das gleichzeitig mit uns geboren wurde, am selben Tag, im selben Augenblick. Jeder von uns hat es. Es kann ein Tiger sein, ein Hund oder ein anderes Tier. Wir haben das gleiche Schicksal wie dieses Tier. Wir sind unter demselben Gesicht der Sonne geboren. Wir teilen dasselbe *tonal*. Diese Tiere sind die *naguals,* die vom Herrn der Tiere in großen Pferchen in *talocan* gehalten werden. Der Herr der Tiere sorgt für seine Tiere und beschützt sie, und er hilft denen, die ihm dabei beistehen. Auf diese Weise beschützt er auch uns, so wie die Herren der Hochheiligen Erde uns hier auf der Erde ernähren und erhalten. Alles, was dem *nagual* eines Menschen passiert, passiert auch seinem Herzen und seinem Körper.«

Lupe brachte frischen Kaffee. Ich stellte die Kaffeeschale auf die Steintreppe und blickte in Rubias durchdringende schwarze Augen.

»Und warum halten sie die *naguals* dort?« fragte mich Inocente.

Die beiden zerbrechlichen Alten – er fast blind und sie an der Schwelle des Todes – waren erbarmungslose Inquisitoren. Ich fühlte mich ein bißchen so wie früher, als ich vor den Priestern und Nonnen den Katechismus aufsagen mußte.

»Weil immer mal wieder ein *nagual* entkommt«, antwortete ich. »Und das kann sehr gefährlich sein. Ist das *nagual* verletzt oder tut eine Hexe ihm etwas an, dann passiert dem Menschen genau das gleiche. Wir haben alle unser eigenes Herz, aber wir teilen *tonal* mit unserem *nagual*. Ich weiß nicht viel über *nagual*, das Tier, aber es scheint mir ein Teil der Seele zu sein. Ich glaube, es teilt *tonal* mit einer Person, oder?« Ich war immer noch sehr unsicher und fühlte mich wie damals, als ich als Meßdiener das Glaubensbekenntnis auf Latein aufsagen mußte – alles war so unwirklich und abstrakt. Ich konnte es nur, wenn ich mir die Unterwelt als Wirklichkeit vorstellte. Für Inocente und Rubia war das selbstverständlich; mir fiel es nicht so leicht. Der Glaube meiner Kindheit hatte sich schon lange verflüchtigt.

»Klingt, als könnte er vielleicht doch in *talocan* sehen«, kommentierte Inocente.

»Er scheint zu wissen, daß es *yollo*, also sein Herz ist, das ihm das Leben hier auf der Erde schenkt«, sagte Rubia mehr zu mir als zu Inocente. »*Yollo* ist das Herz, das zur Erde zurückkehrt, wenn das Leben zu Ende ist. Und das Herz ist der Samen, der Kern des Lebens. Aus ihm erwächst das Leben. In der Hitze und im Licht der Sonne keimt und wächst *tonal*. *Tonal* gibt uns bei der Geburt unser Leben, unser Geschick und unser Schicksal. *Tonal* ist der Teil von uns, der überall hingeht. Es lebt in *talocan*, es lebt auf der Erde, in *talticpac*. Es lebt im Himmel, in *lihuicac,* aber damit es ihm auf der Erde oder im Himmel gutgeht, braucht es die Sonne.

Tonal ist der Lebensfunke, der uns ausmacht. Er macht dich zu dem, was du bist, und mich zu dem, was ich bin. *Nagual* ist das andere Selbst. Es ist das andere Ich oder das andere Du, und ihr teilt euer Leben und euer *tonal*. Du mußt das *nagual* kennen, und du mußt es mit *tonal* finden; denn dein *tonal* ist es, das in deinen Träumen umhergeht. Du mußt wissen, was dein *tonal* sieht, wenn du *nagual*, das Tier, finden willst«, erklärte sie mir.

»Du mußt mehr als einen Traum über den schwarzen Stier gehabt haben«, fuhr Rubia fort. Glaubte sie, der Stier sei mein *nagual?*

»Ich... ich kann mich nicht erinnern, Rubia. Als Kind habe ich öfter von ihm geträumt, aber jetzt schon seit vielen, vielen Jahren nicht mehr.«

»Klingt, als würden ›sie‹ seine Träume in der Dunkelheit ihrer Nachtwelten behalten«, sagte sie zu Inocente. »Wahrscheinlich muß er etwas Besonderes tun, um die Träume zurückzubringen und die Last ans Licht zu holen. Er muß einen Weg finden, sie mit ihrer Erlaubnis herauszuholen. Die *alpixque* könnten das, aber er muß ihnen am Wasser Opfer darbringen.« Sie nahm eine lose Strähne ihrer weißen Haare und streckte sie zurück in die geflochtenen Zöpfe.

»Die *tepehuane*, das Bergvolk, könnten auch helfen«, sagte Inocente. »Diese ›Dinger‹ sind einfach überall.«

»Er war doch gestern abend in der Höhle, und sie sollten zufrieden sein mit dem, was er ihnen gegeben hat. Sie haben den Samen, das Herz von unserem leckeren kleinen Nachtvogel gekriegt«, sagte Rubia. »Ich verstehe aber nicht, warum er nie etwas in der Welt der Dunkelheit gesehen hat. Er träumt wie jeder andere auch. Er kann sich nur nicht daran erinnern.«

»Weißt du, vielleicht ist er einfach noch nicht aus der

Höhle zurückgekehrt«, warf Inocente ein. »Vielleicht haben sie ihn geschnappt und sein *tonal* da unten behalten. Womöglich sitzt er hier bei uns, und sie haben trotzdem sein *tonal* in der Dunkelheit.«

»Was hast du da drinnen gemacht?« wollte Rubia wissen.

»Ich habe gebetet und die Opfer so dargebracht, wie du es mir gezeigt hast.«

»Du hast die ganze Nacht gebraucht, nur um die Gebete aufzusagen?« fragte sie ziemlich ungläubig.

»Na ja, es hat eine Weile gedauert, bis ich den Hahn für dich gerupft hatte«, erklärte ich ihr.

»Gerupft! Du hast ihn auseinandergerissen und fast gehäutet. Das kann nicht besonders lange gedauert haben.«

»Hatte er genug Tabak bei sich?« fragte Inocente.

»Natürlich«, erwiderte Rubia.

»Ja, aber gab es genug Rauch, um die anderen die ganze Nacht von ihm fernzuhalten?«

»Sicher, wenn er nicht aufgehört hat zu rauchen. Du hast doch die ganze Nacht gequalmt, es gab genug Rauch, oder?«

»Ja, ja«, erwiderte ich, »nur gegen Morgen, nachdem ich den Hahn gerupft hatte, da bin ich ein bißchen müde geworden.«

»Du bist doch nicht etwa da drinnen eingeschlafen? Ich hatte dich doch gewarnt, daß sie dort unser Fleisch fressen. Du bist doch nicht wirklich eingeschlafen, oder?«

»Na ja, gegen Morgen habe ich vielleicht ein paar Minuten vor mich hin gedöst«, gab ich zu.

»Da haben wir's«, rief Inocente. »Sie haben ihn erwischt und behalten ihn. Jetzt müssen wir noch eine verlorene Seele in der Dunkelheit suchen. Er ist gar nicht mehr herausgekommen.« Er machte eine Pause. »Vielleicht haben sie ihn ja doch nicht geschnappt. Aber ich bin sicher, daß sie ihn sich gut angesehen haben, und jetzt wollen sie bestimmt mehr als nur eine Geschmacksprobe von unserem Nachtvogel. Er kann nicht in die Höhle zurückgehen. Wenigstens jetzt nicht, wenn ›die Dinger‹ auf ihn warten. Sie würden ihn dann sicher kriegen. Es sieht so aus, als müßte er herausfinden, ob seine Seele letzte Nacht geraubt wurde. Er muß im Traum zurück in die Höhle gehen, aber er muß dabei hier vor dem Altar schlafen, wo er sicher ist. Wenn er sein *tonal* noch hat, muß er zurück nach *talocan*. Er muß heute nacht träumen. Doch dafür muß er mehr mitnehmen als nur Gebete. Sie haben schon den Hahn. Das reicht denen in der Höhle zum Essen. Vielleicht können wir sie ja betrunken machen.«

»Er hat gestern abend schon ein wenig *aguardiente* mitgenommen, aber heute nacht braucht er einen ganzen Liter«, sagte Rubia. »Du mußt heute nacht im Traum in die Höhle zurückgehen und selbst den Weg hinaus finden.

Wenn die da unten wirklich dein *tonal* haben, bleibt dir nicht mehr viel Zeit hier auf der Erde. Wenn du eingedöst bist, haben sie dich zumindest gut angesehen. Jetzt mußt du es auf dich nehmen, ihnen zu dienen. Du mußt ihnen Dinge anbieten, die sie in der Dunkelheit brauchen, sonst behalten sie dich, und dann ist dein Weg beendet und dein Licht hier auf der Erde wird ausgelöscht.« Sie fing an zu keuchen. Die Aufregung am frühen Morgen hatte sie erschöpft.

Dennoch fuhr sie fort: »Wenn du glaubst, daß du nach all dem von ihnen loskommst, irrst du dich. Sie finden deine Seele. Du mußt jetzt lernen, dich in ihrer Welt der Nacht zurechtzufinden. Ein Liter *aguardiente* müßte für heute nacht genügen, denke ich, aber du brauchst mächtige Hilfe, um nach *talocan* hinein- und dann wieder herauszukommen.

Du mußt die Heiligen besuchen, du brauchst ihre Hilfe«, sagte sie und hustete erneut. »Lupe kann die Opfergaben besorgen, und du mußt rüber zu Don Pedro gehen und einen Liter *aguardiente* kaufen.«

»In Ordnung, aber jetzt mußt du dich ausruhen«, sagte ich nachdrücklich.

Die Dringlichkeit, mit der Doña Rubia mir Anweisungen gab, machte mich ziemlich nervös. Noch nie hatte sie mir mit solchem Nachdruck gesagt, was ich tun mußte. Sie wollte mit mir in die Dorfkirche gehen, aber Lupe und ich bestanden darauf, daß sie zu Hause blieb und sich schonte. Inocente schien das allerdings egal zu sein, und ich fragte mich warum.

Ich ging alleine in die Dorfkirche von San Martín, wie Rubia mir befohlen hatte, und betete den größten Teil des Vormittags. Ich betete auf Spanisch, Latein und Nahuatl. Ich sagte das Glaubensbekenntnis, das Ave Maria und das Vaterunser auf, woran ich mich aus meiner Zeit als Ministrant noch erinnerte. Rubia mochte die alten lateinischen Gebete. Es bestand eine große Verwandtschaft zwischen ihnen und ihren Gebeten auf Nahuatl, die mir immer mehr bewußt wurde. Nach den Gebeten hinterließ ich bei fast jedem Heiligen der Kirche eine Opfergabe.

Als ich zurückkam, war Inocente schon gegangen, und Lupe hatte den Hahn für die *comida* gekocht. Sie hatte auch alle notwendigen Opfergaben besorgt und sie ordentlich auf Doña Rubias Altar gestapelt.

Rubia erhob sich von ihrer Pritsche und kam zum Mittagessen. Während des ganzen Essens, das wir am Tisch vor ihrem Altar einnahmen, bestand Rubia darauf, mich in allen Einzelheiten darüber aufzuklären, wie die Herren der

Unterwelt anzureden seien. Man mußte sie bitten und gleichzeitig bestechen, damit sie meine Seele nicht behielten beziehungsweise ihre Schützlinge losschickten, sie zu suchen. Rubia war offensichtlich sehr besorgt. Es stand gar nicht zur Debatte, ob ich überhaupt ein Diener der Herren der Unterwelt werden wollte. Es ging nur darum, wie es zu geschehen hatte.

Es war schon später Nachmittag, als Inocente mit seinem Sohn Lucas zurückkehrte.

»Steht alles auf dem Altar?« fragte der alte Seher, dessen Augen nicht mehr gut genug waren, um zu erkennen, was dort lag.

»Ich muß noch den *aguardiente* besorgen«, antwortete ich, »aber sonst ist alles da. Tabak, Blumen, Duftharz und zu Essen Chilpotzontli, ein paar Tortillas und auch Bohnen.«

Rubia hatte die Bilder der Heiligen auf ihrem Altar umgestellt, so daß der Heilige Michael und der Heilige Johannes mehr im Vordergrund standen, aber das konnte Inocente nicht sehen.

Rubia kam aus der Küche und sagte zu ihm: »Machst du dich jetzt an die Arbeit und fängst an zu beten, oder willst du nur dasitzen?« Mir befahl sie: »Geh jetzt zu Pedro und hol die Flasche Schnaps. Wir fangen mit dem Beten an, bevor das heilige Licht verschwunden ist, danach kannst du in der Dunkelheit zu arbeiten anfangen.« Damit meinte sie, daß ich dann anfangen könne zu träumen. Ich war froh, daß mir nicht noch eine schlaflose Nacht bevorstand.

Als ich mit der fast vollen Flasche zurückkam, waren Rubia und Inocente schon mitten in einer langen Litanei für die Herren der Erde und des Himmels. Ich ging zu ihnen in das dunkle Altarzimmer, und zu dritt beteten wir mehrere

Stunden. Abwechselnd mit den Gebeten brachten wir Opfer dar, indem wir abgebrochene Zigaretten und kleine Gläschen Schnaps in das schwelende Rauchfaß auf dem Altar kippten, so daß es anschließend ekelhaft roch und laut zischte. Dann reichten wir eine neue Flasche herum und füllten unsere kleinen Gläser. Zwischendurch stellten wir neue Tropfwachskerzen zu den vielen anderen Kerzen, die bereits auf dem Altar standen. Ihr heißes Wachs lief in Rinnsalen über das frische Wachstuch, das Rubia für diese Nacht auf den Tisch gelegt hatte. Dann beteten wir weiter, tranken und rauchten. Durch die offene Küchentür sah man, wie die Farbe des weißen Putzes im schwächer werdenden Licht der untergehenden Sonne von Gelb zu Orange wechselte.

Es wurde Abend, und die Glut in der Feuerstelle beleuchtete die Küche schwach. Als es so dunkel war, daß wir nichts mehr erkennen konnten, schaltete Lupe nicht die nackte Glühbirne ein, die von der Decke hing, sondern zündete fünf Kerzen an und verteilte sie in der Küche. In diesem Schummerlicht bereitete sie unser Essen, und wir boten kleine Stücke davon dem Feuer an. So schritt der Abend fort. Als wir fertig waren, war es schon weit nach zehn, und wir waren alle ziemlich betrunken.

Wir gratulierten uns überschwenglich zu unserem Tun, aber ich hatte das Gefühl, daß damit auch ein gewisses Unwohlsein überspielt werden sollte. Ich war zu betrunken, um darüber nachzudenken. Inocentes getreuer Sohn half ihm zur Tür hinaus, und die beiden gingen schwankend den Weg zu ihrem Haus hinab.

Rubia deutete auf die Bank im Hauptraum, in dem der Altar stand. Auf dieser Bank hatte ich immer geschlafen, wenn ich abends nicht mehr nach Quetzalan zurückkehren konnte. Sie war mir lieber als die Strohmatten, die immer voll beißwütiger Insekten waren, was Rubia aber nie zu bemerken schien.

»Nach so vielen Gebeten, helfen die *alpixque*, ›die Wasserwesen‹, dir sicher«, redete sie mir gut zu.

In meinem Kopf drehte sich alles.

Rubias letzte Worte in jener Nacht waren: »Aber paß auf, daß sie dich nicht dabehalten.«

4

Talocan

Der beißende Rauch des Fichtenharzes hing in der Luft und vermischte sich mit dem des Tabaks. Eine einzelne Votivkerze brannte die ganze Nacht auf dem Altar und warf unheimliche bewegte Schatten auf die Bilder der Heiligen und Vorfahren.

Ich wachte in dieser Nacht oft im gelben Schein der Kerze auf. Das schwache Licht, das die Heiligen und Ahnen umflackerte, bildete einen Kontrast zu der absoluten Dunkelheit unter dem Altar, wo die Herren der Erde wohnten. Diese Eindrücke und die Ereignisse des Tages gingen in meine Träume ein und beeinflußten sie, da bin ich sicher; aber es kamen auch andere Dinge vor, die ich nicht klar erkennen konnte und an die ich mich auch nicht richtig erinnerte.

Da war die Höhle der vergangenen Nacht. Der große, klaffende Schlund der Erde, durch den ich eingetreten war. Die Kathedrale der Hochheiligen Erde, wo der Chor meiner Gebete und Lieder widerhallte. Das zischende und knisternde Geräusch des Harzes erweckte in mir rauchige Bilder von alten Gewölben, Kapellen und Schreinen. Als ich einmal aufwachte, erinnerte ich mich daran, wie ich im Traum als Junge ministriert hatte. Einer der anderen Meßdiener war vom vielen Rauch und der Litanei eines anstrengenden, nicht enden wollenden Hochamts mit Dankgebeten ohnmächtig geworden. Als ich in meine Träume zurückkehrte, stand eine riesige, furchterregende Gestalt in einem prachtvollen rotgoldenen Priestergewand vor mir. Der Priester legte mir die Hand auf die Schulter und warf mich in einen Wirbel von unbekannten Gesichtern.

Vor mir lagen Häuser und Paläste. Ich entfernte mich von der Fassade einer Kirche, die der Kathedrale des Heiligen Franziskus in Quetzalan ähnlich sah. Ich erinnerte mich, wie ich im Nebel dunkle, kopfsteingepflasterte Straßen entlangging, die ich früher schon oft gegangen war, aber es war keine Menschenseele zu sehen und es gab kein Licht.

Aus der Dunkelheit kam ein Mann, der die weiße Kleidung der Einheimischen trug. Sein Gesicht war nicht verzerrt, wie die anderen Gesichter in meinen Träumen. Es war nicht klar zu erkennen, aber seine Augen tanzten wie die Inocentes. Er hatte einen kurzen schwarzen Schnurrbart wie mein Großvater und glänzende schwarze Haare. Der Kleidung nach mußte er ein Sanmartino sein, aber mir war er unbekannt.

Er rief mir etwas auf Nahuatl zu. Zuerst konnte ich ihn nicht hören, obwohl er eindeutig schrie. Endlich verstand ich ihn.

»Xihuiqui nican! Komm her!« rief er.

»Wohin?«

»Hierher! Hierher! Hierher!« Er bewegte den Kopf und die Lippen, wie es die Sanmartinos für gewöhnlich tun.

Ich war verwirrt und zögerte. Vielleicht träumte ich gar nicht, sondern sah nur halb die tanzenden Schatten der riesigen weißen Blumen an der Wand hinter Rubias Altar. Doch dann wirbelte ich hinter dem kleinen Mann her, ohne daß ich etwas dazu beitrug. Wir schienen durch die neblige Traumwelt zu fliegen, umgeben von Sträußen aus weißen

Blumen. Es gab keine verzerrten Gesichter mehr, keine dunklen Felsen, keine Paläste, Türme oder Kathedralen. Jetzt waren überall Blumen und die üppige Vegetation, welche die Hügel von Quetzalan umgibt – die Kamelien aus Dr. Morans Garten und die Orchideen seiner Nachbarin Señora Salazar.

Wir machten auf einem grasbewachsenen Hügel halt, und nach und nach wurde die Umgebung erkennbar. Ich sah, wie ein Dutzend kleine Dörfer auf den benachbarten Hügeln die Nacht mit ihrem Licht erleuchteten.

Die rätselhafte kleine Gestalt wollte, daß ich mich setzte, was ich dann auch tat.

»Ich wohne hier«, sagte er. »Hier habe ich mein Haus, da drüben steht es.«

Ich streckte mich. Der harte Boden, auf dem ich saß, war steinig und unbequem.

»Komm hier rüber!« sagte er, aber ich traute der Sache nicht. Vielleicht lag das an Rubias und Inocentes Geschichten über die *ajmotocnihuan*, »jene, die nicht unsere Brüder sind«, und von denen es heißt, daß sie die Leute in Höhlen locken.

»Wie heißt du?« rief ich zu ihm hinüber, aber er verschwand langsam in der Dunkelheit. Ich glaubte zu hören, wie er »Cruz« rief. Dann war ich auf einem Hügel voller Knochen. Wo ich auch hintrat, knirschten Knochen und Schädel unter meinen Füßen. Es war dunkel, und als ich den Hügel hinunterrannte, sah ich Funken und hörte Klagegeschrei. Ich fiel in eine wirbelnde Spirale, und die Schädel und Knochen waren überall um mich herum. Der Lärm war so laut, daß ich mich hin- und herwarf, aber ich konnte nicht aufwachen. Ich sah den großen, haarigen Priester in seinem goldenen Umhang wieder und all die Gesichter, die ich schon früher in der Nacht gesehen hatte. Die beiden Meßdiener trugen ein weiteres prächtiges Gewand für den dunklen Priester. Ich lief von der Kathedrale weg und zurück in das jetzt verlassene Dorf. Ich stolperte über das Kopfsteinpflaster und sah, wie sich die großen Häuser und Paläste in Indiohütten verwandelten. Ich befand mich auf dem Pfad durch die großen Farne, auf dem ich jeden Morgen von Quetzalan nach San Martín ging. Ich wachte langsam auf und sah, daß es noch dunkel war.

In der Küche hörte ich Lupe zu den drei Feuerböcken sprechen – den drei Steinen, auf denen ihre Töpfe und die tönerne Pfanne standen –, damit sie ungefährdet das morgendliche Feuer anzünden konnte. Das Klappern ging weiter, und dann geschah das tägliche Wunder, der Kaffee kam. Überschwenglich bedankte ich mich bei der freundlichen Frau. Lupe zog sich wieder in die Küche zurück, und ich hing meinen Gedanken nach. Mit krummem Rücken kauerte ich auf der harten Bank und trank. Langsam begann das Licht durch die Ritzen der noch verriegelten Tür in den fensterlosen Raum zu dringen. Ich fragte mich, wie ich Rubia von meinen Traumerlebnissen berichten sollte. Schließlich kam ich zu dem Schluß, daß die einzelnen Episoden und nicht die chronologische Abfolge der Ereignisse der Ansatz zum Verständnis meines Traums waren. Ich wußte, wie man Traumgeschichten erzählt, und gestaltete, noch immer im Halbschlaf, eine akzeptable Erzählung, die meine Mentorin verstehen würde.

Ich hörte Rubia nach mir rufen und stolperte eilig in das hintere Zimmer. Sie saß mit einem Kissen im Rücken auf ihrer Pritsche und ließ sich von Lupe die Haare flechten. Das Zimmer roch noch immer nach Krankheit, aber es schien ihr schon viel besser zu gehen.

»Du hast also geträumt. Na, dann erzähl mal!« sagte sie. »Setz dich her!« Sie zeigte auf einen niedrigen Hocker. Ich setzte mich und rieb mir die Augen.

»Also«, fing ich an, »da war die Höhle.« Ich brach ab und begann noch einmal: »Der Traum begann in einer Höhle. Ich glaube, es war dieselbe Höhle, in der ich letzte Nacht war. Da war eine riesige klaffende Öffnung und der Felsbrocken war von Kletterpflanzen überwuchert.«

»Jaaaa«, kommentierte Rubia und zog das Wort in die Länge. Das war die Art, mit der man in der Sierra den Geschichtenerzähler um mehr Informationen bat. Und dann erzählte ich ihr die Geschichte in allen Einzelheiten, so wie es bei den Nahua üblich ist.

»Die Kletterpflanzen waren Zähne, die oben von der Höhle herabhingen. Drinnen war es pechschwarz. In der Höhle war es finsterste Nacht ohne Mond und Sterne. Die riesigen Felsen waren schwarz vom Ruß. Es war ein Ort der Nacht, nicht der Nacht dieser Erde, sondern der ewigen Nacht.«

»Ja, das ist die Dunkelheit von *talocan*«, sagte Rubia. Siehst du, du kennst also den Weg in die Hochheilige Erde. So gelangt man in ihre Welt der Dunkelheit. Jetzt mußt du lernen, dort zu sehen und dich in der Dunkelheit zurechtzufinden.« Sie war offensichtlich sehr erfreut. »Und jetzt erzähl mir, was du da drinnen sonst noch gesehen hast.«

»Also, da drinnen war es wie in einer großen, dunklen Kathedrale und es wurde gebetet. Überall war Rauch. Ich habe das Taufbecken und die Schreine gesehen, sie waren rußgeschwärzt. Der Rauch war durchdringend und warf einen fast um. Ich kniete am Altar, und da stand ein sehr großer Priester mit einem riesigen goldenen Umhang und sang. Der Priester stand vor mir, und ich konnte nur seinen

Rücken sehen. Da waren auch andere, alle in Weiß und Schwarz, und haben gebetet, aber ich konnte sie nicht verstehen. Der Altar war hoch und glänzte, nicht golden, aber vielleicht silbern. Er blitzte, aber ich konnte bei dem Rauch nicht viel erkennen. Einer der Meßdiener fiel um. Alle außer mir haben gebetet, und dann drehte sich der Priester um. Er war groß und schwarz, hatte enorme Augen, und er warf mich in die betenden Gesichter. Alles drehte sich, und dann war ich vor der Kathedrale auf der Straße.«

»Was haben sie in der Kathedrale gemacht?« fragte sie eindringlich. »War es eine Totenwache? Eine Totenwache mit Kerzen, eine *velada*? So fangen die da unten Seelen und behalten sie. Sie halten eine Totenwache für die Seele, bis derjenige stirbt, und dann essen sie sein Fleisch. Das ist ihre Nahrung in der Welt der Dunkelheit. Wir ernähren uns von der Erde, und dann ißt die Erde uns. So geht das da unten.«

»Nein, es war keine Beerdigung und keine Totenwache«, antwortete ich. »Es war eher ein Hochamt oder eine Segnung mit viel Rauch und Duftharzen.«

»Als du rausgekommen bist, warst du da in einem Dorf oder in einer Stadt?« wollte sie wissen.

»Zuerst sah ich Paläste und Stadthäuser, aber als ich weiterging, war da nur noch die Straße mit dem Kopfsteinpflaster. Nirgends war Licht.«

»Wie bist du da hingekommen?« fragte sie. »Bist du zu Fuß gegangen oder haben dich die Winde fortgeweht? Bist du vom Wasser getrieben worden?«

Darüber hatte ich gar nicht nachgedacht. Wie bewegte man sich im Traum fort? Es schien Rubia sehr wichtig zu sein, und ich sagte ihr, daß mich wohl die Winde fortgeweht hätten, denn ich konnte mich nicht erinnern, über das Kopfsteinpflaster gelaufen zu sein.

»Siehst du, sie haben dich mitgenommen. Die Winde haben dich aus der Kathedrale geholt und haben dir ihre Stadt gezeigt. In der Welt der Dunkelheit gibt es vierzehn Dörfer, vierzehn Kleinstädte, vierzehn Bezirksstädte. Im Herzen von *talocan*, im Zentrum der Blume der Nacht, gibt es ein Dorf, eine Kleinstadt, einen Verwaltungssitz, eine Bezirksstadt und eine Hauptstadt. Da mußt du hin, wenn du den Wahren Taloc, den Herrn der Welten der Dunkelheit, finden willst. Wir nennen ihn *ipalnemoani*, ›der, von dem wir das Leben haben‹«, sagte sie und benutzte damit denselben Ausdruck, den die Azteken im sechzehnten Jahrhundert verwendet hatten.

Lupe war jetzt mit Rubias Haaren fertig und machte ihr das Bett. Rubia saß kerzengerade und redete weiter.

»Er gibt uns das Leben hier auf der Erde und gewährt uns Gerechtigkeit. Er ist unsere Nahrung und unser Beistand. Um zu ihm zu gelangen, mußt die die vier Seiten von *talocan* finden und dann das Herz der Welt der Dunkelheit.« Sie sagte das in demselben Tonfall, mit dem sie ein Gebet aufsagte, doch mit solcher Dringlichkeit, daß ich spürte, das war ihr wahrer Glaube. »Und wo bist du in der Stadt hingegangen? Es war kein Dorf und keine Bezirksstadt, aber es gab eine Kathedrale mit einem Hochamt. Es muß eine Art Verwaltungssitz gewesen sein. Du hast also einen wichtigen Ort gefunden, an dem sie in der Erde leben, und sie wollten dich nicht dabehalten oder aufessen. Vielleicht lernst du noch, gut zu träumen.«

Jetzt war ich sehr stolz und fuhr fort: »Als ich die Straße entlangging, schrumpften die großen Häuser und Paläste und glichen nun eher den Häusern hier in San Martín, mit strohgedeckten Dächern und Mauern aus Naturstein. Dann traf ich auf der Straße einen Mann mit einem kleinen

Schnurrbart, und er rief mir etwas zu. Ich glaube, sein Name war Cruz oder so ähnlich.«

»Was?« fiel sie mir ins Wort. »Er hat dir seinen Namen gesagt! Dann war er keiner von ›ihnen‹. Das müssen wir Inocente erzählen. Du darfst niemandem sagen, daß du solche Leute dort gesehen hast. Inocente kann dir sagten warum. Du mußt sehr vorsichtig sein. Was hat der Mann zu dir gesagt?«

»Er hat gesagt, ich solle mit ihm kommen.« Jetzt erzählte ich nicht mehr die Geschichte, sondern versuchte nur noch zu erklären, was passiert war.

»Ich bin dem Mann gefolgt, und wir kamen an den Blumen vorbei, riesigen weißen Blumen, und dann waren wir auf einem Hügel, von dem aus ich andere Dörfer in der Nacht sehen konnte. Der Mann sagte, sein Haus sei in der Nähe und ich solle mit ihm kommen. Ich wollte nicht. Du hast mir so viele Geschichten darüber erzählt, wie ›sie‹ einen in die Höhle locken und dann fressen. Deshalb wollte ich nicht mitgehen.«

»Wenn er einen Namen hatte, war er sicher keiner von denen. Wenn der Mann in *talocan* wohnt, ist er wohl nicht mehr am Leben, aber Inocente wird mehr darüber wissen«, sagte sie und stand langsam auf. »Muß der Vorfahre von jemandem sein, aber von wem? Es gibt hier viele Leute, die Cruz heißen. Warum wollte er, daß du mitkommst?« murmelte die Alte vor sich hin, mehr zu sich selbst, so als würde sie laut denken.

Sie rief Lupe, die jetzt in der Küche war, zu: »Ich gehe mit Timoteo rüber zu Inocente.«

Im Gehen nahm sie eine alte Schultertasche, ein paar Zigaretten vom Altar und eine Kerze mit. Dann wickelte sie noch eine Handvoll Duftharz in ein Stück Bananenblatt.

»Gehen wir«, sagte sie. »Du mußt mir über die Steine helfen, die auf dem Weg liegen. Ich bin schwach, aber Inocente
muß das erfahren. Er kann uns sagen, was wir tun müssen.«

Es war ein sonniger Morgen, und nur ein paar Wolken
hingen über den Hügeln, die das Dorf umgaben. Als wir aus
Rubias Haus traten, das nur wenige Schritte vom Zentrum
entfernt liegt, starrten uns die Leute an. Wir müssen einen
ungewöhnlichen Anblick geboten haben, da ich immer noch
meine zerrissenen, blutverschmierten Kleider aus der Höhle
anhatte. Doña Rubia setzte vorsichtig einen Fuß vor den
anderen. Ich stützte sie beim Gehen. Bedächtig, aber entschlossen grüßte sie jeden und lächelte. Nicht ohne Grund
nannten alle im Ort sie Großmutter.

Beim alten Schulhaus bogen wir ab und gingen den zerfurchten Pfad zu Inocentes Haus hinunter. Hier zögerte sie
und suchte sich einen Weg über die Steine. Ich half ihr, einige
der tiefen Furchen zu überqueren, und wir gingen weiter.
Vor den Häusern spielten Kinder, die Rubia alle zu kennen
schien. Wahrscheinlich war sie als bekannte und beliebte
Hebamme bei der Geburt der meisten dabeigewesen. Sie
lächelte den Kindern zu und erkundigte sich im Weitergehen nach ihren Eltern. Doch die Kinder interessierten sich
mehr für mich. Sie schienen sich zu fragen, wie so ein zer-
lumpter *gringo* dazu kam, der zerbrechlichen alten Frau
beim Gehen zu helfen.

Als wir bei Inocentes Haus angekommen waren, folgte
uns eine Schar von Kindern. Sie lachten, machten Witze und
versuchten herauszufinden, wie gut ich Nahuatl verstand,
indem sie mir obszöne oder anzügliche Ausdrücke hinwar-
fen. Rubia, die sich ebenfalls über diesen Tross freute,
drohte den Kindern, daß sie ihre Mutter aufsuchen werde,
als sie zu übermütig wurden.

»*Tanesic*, das Licht ist gekommen«, rief sie Lucas zu, als wir uns Inocentes Haus näherten. Lucas stand mit seinem ältesten Sohn, der etwa neun war, auf der Treppe vor dem Haus. Sie warteten auf die Männer, die das Feuerholz brachten.

»Ist der Alte schon auf?« fragte Rubia.

»Klar, er ist da drinnen«, antwortete Lucas.

In diesem Augenblick rief Inocente: »Was wollt ihr hier so früh? Muß ja eine aufregende Nacht gewesen sein, Timoteo.« Ich hatte noch nichts gesagt, aber er wußte, daß ich da war. Inocente wußte immer alles, was um ihn herum vorging. »Kommt rein und erzählt, was letzte Nacht passiert ist.«

Als wir eintraten, stand er auf, ging zu seinem Altar und holte einen Stuhl für mich. Er bestand immer darauf, daß ich bei ihm auf einem westlichen Stuhl saß. Dann holte er für Doña Rubia einen der niedrigen Hocker, wie die Einheimischen sie benutzen und rief Elena, Lucas Frau, zu, sie solle Kaffee bringen. Ich half Rubia, sich zu setzen.

»Der Kaffee ist frisch heute morgen. Ich habe die Bohnen selbst geröstet«, sagte er.

Elena brachte den Kaffee, und wir tranken ihn eine Weile genießerisch.

»Er hat es geschafft«, fing Rubia plötzlich an. »Er ist direkt in die Höhle gegangen, in die ich ihn geschickt habe, in den Östlichen Erdmund. Ich denke, daß die Winde ihn hineingebracht haben. Damit kennt er sich noch nicht so gut aus, aber es müssen die Winde gewesen sein oder die *popocamej*. Er hat gesagt, daß alles voller Rauch war. Könnten auch die *popocamej* gewesen sein, die ihn reingebracht haben.«

»Bist du sicher, daß es der Östliche Erdmund war?« fragte

Inocente. »Es könnte auch der Steinmund oder der Wasser-Erd-Mund gewesen sein. Es gibt viele Türen zur Welt der Dunkelheit.« Inocente hielt einen langen Vortrag über alle Eingänge zur Unterwelt.

Rubia sagte, ich solle mir die Eingänge, durch die ich in die Unterwelt und wieder hinaus gelangte, gut merken. Manche waren für Männer, manche für Frauen, andere standen nur bestimmten Übernatürlichen offen, wieder andere gehörten den Winden, dem Wasser, dem Rauch oder der Erde. Ich versuchte, mir alles zu merken, indem ich es im Geiste wiederholte. Leider hatte ich keinen Notizblock dabei.

»Du glaubst also, er ist durch den Östlichen Erdmund hineingegangen?« fragte Inocente Rubia. »Was glaubst du, wo es war, Don Timoteo?«

Ich antwortete, daß es mir wie dieselbe Höhle vorgekommen sei, in der ich gebetet hatte.

»Stell dir vor, er ist in der Hochheiligen Erde direkt in eine Segnung geraten. Er hat am Altar gekniet und gebetet, und der dunkle Priester hat ihn rausgeworfen«, fuhr Rubia fort.

»Da hat er aber Glück gehabt, daß sie ihn nicht zum Mittagessen dabehalten und verspeist haben. Sie haben wahrscheinlich gebetet, daß ein anderer zu ihnen geschickt wird, vielleicht sogar du«, sagte Inocente zu Rubia.

Rubia ignoriete die Bemerkung und fuhr fort: »Er ist aus der Kathedrale auf eine Straße mit großen Häusern und einen Weg entlanggeweht worden. Dann hat er Häuser wie unsere gesehen. Und da ist ihm dieses ›Ding‹ begegnet.« Rubia benutzte den Nahua-Ausdruck für etwas Unpersönliches.

»War es einer von denen oder einer von uns?« wollte Inocente wissen.

»Ich denke, es war einer von uns«, sagte die Alte.

»Einer von uns? Hmmmm«, kam es von Inocente.

»Er hat gesagt, das ›Ding‹ hätte einen Namen gerufen, und zwar Cruz.«

Ich sah Rubia an und fragte mich, warum sie den Namen nannte, wo sie mir doch gerade verboten hatte, ihn zu erwähnen.

»Das erzählen wir besser keinem«, sagte Inocente. »Es gibt hier Cruzes, da unten beim Dorfbrunnen. Denen würde das gar nicht gefallen. Weiß Timoteo, wie gefährlich das ist?«

»Ich glaube nicht. Sag du es ihm. Du kennst dich mit denen besser aus.«

Jetzt wandte sich Inocente auf spanisch an mich: »Du hast also einen Mann namens Cruz gesehen. Du darfst nie jemandem erzählen, daß du Lebende oder Tote im Traum gesehen hast«, sagte er mit Nachdruck und sah dabei zu Rubia hinüber. »Sie sind da, aber selbst wenn du sie siehst, darfst du es keinem sagen.

Wenn du einen Lebenden siehst und du nicht gerade an seiner Heilung arbeitest, handelt es sich wahrscheinlich um eine verlorene Seele, die auch träumt. Wärst du ein Hexer, könntest du sie dir schnappen«, sagte er mit Bestimmtheit. »Du könntest ›ihnen‹, den Herren der Nacht, die verlorene Seele anbieten und sie dir damit verpflichten. Sie würden dann in deiner Schuld stehen und müßten wiederum dir einen Gefallen tun oder dir vielleicht eine andere Seele anbieten.

Wenn es keine verlorene Seele ist«, fuhr Inocente fort, »dann ist es wahrscheinlich eine Hexe, die jemandem schaden will. Wenn ›sie‹ das erfahren, dann schnappen sie dich. Denn wer einen Toten sieht, der will vielleicht dem Toten, der der Vorfahr von jemandem ist, etwas antun; und wenn

›sie‹ davon hören, beauftragen ›sie‹ eine Hexe, dich zu schnappen.

Du darfst zu niemandem außer uns über die Seelen dieser Erde reden, die du in der Unterwelt siehst. Wenn du über sie redest, nennt man dich entweder einen Hexer oder man wird dich verhexen.

Uns allein darfst du von den Seelen erzählen, die du in der Welt der Nacht siehst«, sagte er nachdrücklich, »aber sonst keinem.« Dann wollte Inocente mehr über Cruz wissen.

Rubia wurde unruhig, als er immer weiter fragte. »Das geht dich nichts an, das ist seine Angelegenheit, du alter Hexer«, sagte sie schließlich.

»Ach, halt den Mund«, fuhr der Alte sie auf Nahuatl an. »Wenn es einer der Vorfahren der Cruz’ war, will ich wissen, welcher. Wenn es ein Hexer war, gibt es vielleicht Ärger, und wir wollen doch den jungen Mann hier nicht verschrecken. Er hat noch keine Erfahrung mit ihnen.«

»Ich will wissen, wie Timoteo dort wieder hinaus und ans Licht gelangt ist. Vergiß doch Cruz. Das erfahren wir später noch. Oder hast du immer noch Angst vor ihnen?« fragte Rubia langsam. »Sie haben doch schon lange nichts mehr angerichtet.« Ich dachte daran, wie ich damals das Gespräch aufgenommen hatte, in dessen Verlauf Inocente sich zur Hexerei anwerben ließ.

»Er muß alle Wege kennen, die nach *talocan* hinein- und wieder herausführen, bevor er die vier Seiten der Unterwelt finden kann. Er muß rein und raus können, wenn er im Traum dem Weg folgen will. Wenn er den ›guten Weg‹ findet, braucht er sich wegen Cruz keine Sorgen zu machen«, sagte Rubia zu Inocente. »Was hast du gesehen, als Cruz weg war?« wollte sie wissen.

Ich zögerte etwas, ihnen von dem Knochenberg zu erzählen. Aber dann dachte ich, da es ein Teil des Traums war, sei es interessant, ihre Meinung zu hören. Ich erzählte also, wie ich über die Knochen gegangen war und dann den dunklen Priester wiedergesehen hatte und schließlich auf dem Weg entkam, der ins Dorf führte.

Rubia und Inocente waren der Ansicht, daß der »Priester« um mehr Seelen für die Unterwelt betete, ein Umstand, für den sich besonders Rubia interessierte. Sie fragte offen heraus, ob die wohl auf ihre Seele warteten. Inocente hielt das für wahrscheinlich. Er glaubte, daß eine Hexe denen in der Welt der Dunkelheit Rubias Seele versprochen habe.

»Wenn das so ist, dann sind sie wahrscheinlich mit einer anderen Opfergabe zufrieden. Dann kann ich vielleicht meine Seele zurückhaben«, sagte sie gewitzt, verriet Inocente aber nicht, wie sie das machen wollte. Ich überlegte, ob sie wohl noch einen Hahn brauchte. Der Alte war der Meinung, daß es sich eindeutig um Hexerei handle, und daß sie nichts dagegen tun könne.

Aber beide waren sich einig, daß mein erster Traum eine sehr ereignisreiche Reise nach *talocan* gewesen sei, und sie selbst erklärten mir, was in der Welt der Dunkelheit wirklich passiert war.

Rubia fing an: »Du bist durch den Östlichen Erdmund nach *talocan* hineingekommen, und die Winde haben dich direkt in die Kathedrale in einem der vierzehn Verwaltungssitze der Unterwelt gebracht. Dann hat man dich rausgeworfen, denn du warst nicht der, den sie wollten. Ein Mann hat dir geholfen, und du bist auf einen Hügel in der Nähe seines Hauses in *talocan* gefolgt. Das war einer der Vorfahren, er hätte dir nichts getan, aber das wußtest du nicht. Dann haben die Winde dich auf den Knochenberg von *Miquitalan* geweht, das Land, wo die Toten die Hochheilige Erde betreten. Der Priester betete darum, daß eine neue Seele in die Erde gelange.«

»Trotzdem hat der ihn rausgeworfen, der alte Priester«, sagte Inocente. »Das ist gut. Sie wollen ihn nicht in der Welt der Dunkelheit, und sie behalten auch seine Seele nicht. Er wurde von einem Bach herausgetragen, der aus der Höhle fließt. Wenn er dem ›guten Weg‹ folgt, kann er sooft er möchte hineingehen und sich auf den Wegen der Unterwelt und der Vorfahren zurechtfinden. Zuerst mußt er die Ein- und Ausgänge kennenlernen, dann die vier Seiten. Danach muß er den wahren *taloc* sehen, das Zentrum, wenn er ihnen von Nutzen sein will.«

»Aber wie finde ich die richtigen Wege nach *talocan*?« fragte ich Inocente.

»Als erstes mußt du lernen, im Traum trotz der Dunkelheit und des Nebels klar zu sehen.«

»Aber wie kann ich überhaupt wissen, wo ich bin?«

»Genauso, wie du es hier auf der Erde weißt«, erklärte Rubia. »In *talocan* gibt es alles, was es auch hier auf der Erde gibt, aber weil du in der Dunkelheit nichts deutlich erkennst, kann jeder Ort überall hin führen. Sie sind alle mit dem Zentrum und untereinander verbunden.«

»Was?« Ich verstand überhaupt nicht, was sie mir zu erklären versuchte. Für mich klang das alles wie *Alice im Wunderland*.

»Es gibt dort alles, was es auch hier auf der Erde gibt«, wiederholte sie.

»Ja«, kicherte Inocente, »es gibt sogar ein Mexico City und ein Paris dort in der Dunkelheit, zumindest hat man mir das gesagt. Ich selber war noch nie dort.«

»Aber woran erkenne ich die Orte?«

»Das sagen wir dir«, antwortete der Alte.

»Aber woher weiß ich, wohin ich in *talocan* gehen soll?«
Ich war jetzt vollkommen verwirrt.

»Das weißt du nicht«, antwortete Rubia. Es ist das Land
der Dunkelheit. *Talocan* ist die große Blume der Dunkelheit.« Mit einem Stöckchen zeichnete sie eine große, aus vier
Teilen bestehende Blume auf den Lehmboden von Inocentes
Haus.

»Im Norden ist die Höhle der Winde, *Ejecatalan,* und das
Land der Toten, *Miquitalan*«, erklärte sie, während sie ein
Blütenblatt zeichnete. »Im Osten ist das Meer, *Apan.*« Sie
zeichntete ein weiteres Blatt. »Im Süden ist das Land der
Hitze, *Atotonican.*« Sie blickte auf und zeichnete ein letztes
Blütenblatt. »Im Westen ist das Haus der Frauen, *Tonallan*,
und hier im Zentrum ist *talocan melaw.*« Jetzt war sie mit
ihrer Zeichnung fertig. »So sieht die Unterwelt aus«, sagte
sie.

Was Rubia gezeichnet hatte, war nichts anderes als die
große, vierblättrige Blume, die seit der Zeit von Teotihua-
can in der mexikanischen Welt als Ornament verwendet
wird. Dasselbe Muster hatte ich in alten Schriften und auf
verfallenen Tempelwänden gesehen. Ich war verblüfft.

»Innen drin gibt es vierzehn von allem, wie ich es dir bereits beschrieben habe«, erklärte sie. »Dreizehn außerhalb
des Zentrums für uns, und eines von allem innendrin für die
Herren. Aber innen und außen ist dasselbe, das ist dort
nicht getrennt.«

Im Laufe des Vormittags erklärten Rubia und Inocente
mir immer wieder die verschiedenen Möglichkeiten, durch
Höhlen, Bäche, Teiche, Schlundlöcher und Brunnen in die
Unterwelt hinein- und wieder herauszukommen. Die Blume
auf dem Boden war danach so von Linien durchzogen, daß
man sie kaum noch erkennen konnte.

Viele der Ein- und Ausgänge waren mir schon aus den Traumgeschichten, die ich bei Heilungszeremonien gehört hatte, bekannt. Und ich sah, daß Rubia und Inocente meine Traumgeschichte so verändert hatten, daß sie ihrem Bild der Unterwelt entsprach. Das war es also, was ich im Traum sehen sollte. Ich mußte noch viel von den beiden weisen Alten lernen.

Ich sagte ihnen, daß ich nur noch einen Tag in der Sierra bleiben könne. Ich mußte wieder zum Unterrichten an die Hochschule nach Mexico City zurück. Die beiden waren der Ansicht, daß ich überall, selbst in Mexico City, träumen könne, wenn ich nur einen Altar und einen Ort zum Beten hätte. Sie erklärten mir aber eindringlich, daß es wichtig sei, mir jeden Traum zu merken, daß ich »den Traum ans Licht bringen müsse«, damit sie mir später sagen könnten, an welchen Orten der Unterwelt ich gewesen war. Ich versprach ihnen, ein Traumtagebuch zu führen und wir vereinbarten, daß ich mit Rubia telefonisch in Kontakt bleiben würde.

Am frühen Nachmittag verließen wir Inocentes Haus. Elena war sicher erleichtert, daß wir nicht zur *comida* blieben. Es war nie genug zu Essen im Haus, und wenn wir geblieben wären, hätte sie teuer einkaufen müssen, da Rubia eine *comadre* war, die gut bewirtet werden mußte, und ich ein Ehrengast.

Auf dem Weg zu Rubia sagte die schlaue alte Zauberin: »Weißt du, Inocente irrt sich, wenn er glaubt, daß eine Hexe ihre Finger im Spiel hat, es sei denn, er selbst ist der Hexer.«

»Wenn die in *talocan* immer noch beten, daß Seelen geschickt werden«, sagte sie etwas später, »dann haben sie keine richtige Abmachung mit einer Hexe getroffen, oder zumindest keine gute Abmachung. Ich weiß, was die da unten wollen, was die da unten brauchen, und ich kann ihnen mehr geben. Ich kann eine bessere Abmachung mit ihnen treffen. Ich weiß, was die da in der Dunkelheit brauchen«, sagte sie bestimmt.

Vor dem Essen verließ ich Lupe und Rubia. Ich erklärte Lupe, daß Rubia ihre Medikamente nehmen müsse und versprach, Arturo bei meiner Rückkehr nach Quetzalan zu fragen, ob er vielleicht etwas Besseres für die alte Frau habe. Rubia war erschöpft und legte sich noch bevor ich ging auf ihre Pritsche.

Ich fuhr eine holprige Piste zurück nach Quetzalan und nahm unterwegs so viele Leute mit, wie in den alten Jeep nur hineingingen. Einer von ihnen war Don Ignacio, der am Ortsrand direkt am Weg zum Friedhof wohnte. Er war eines der größten Klatschmäuler des Dorfs. Alle im Wagen redeten über das Dorf und die Feste des letzten Jahres, und mein zerlumptes Aussehen wurde kaum beachtet. Als der übervolle Jeep sich langsam leerte, nahm Ignacio mich beiseite und warnte mich: »Du warst wieder mit den beiden alten Hexern unterwegs. Du solltest lernen, besser auf dich aufzupassen.« Er imitierte mit der Hand eine Pistole. »Peng! Das sind Mörder, aber sie töten nicht mit der Pistole.«

Nachdem ich auch die letzten am größten Platz rausgelassen hatte, ging ich ins Hotel und holte mein Gepäck. Bevor ich mich auf die lange Fahrt zurück nach Mexico City machte, besuchte ich noch schnell Arturo. Auf den tückischen Bergstraßen konnte man nur langsam und vorsichtig fahren, und ich war nicht sehr konzentriert, als ich die kurvige Strecke zum Hochland hinauffuhr. Immer wieder sah ich die Bilder der Höhle vor mir, die Andacht, erinnerte ich mich verschwommen an meine Träume und alles, was in den letzten Tagen passiert war. Auch machten mir Don Ignacios Warnung und die Hartnäckigkeit, mit der die beiden alten Seher darauf bestanden, daß ich ihre Tradition fortführte, zu schaffen.

Ich fragte mich, was sich wohl heute abend an Rubias Altar abspielen würde. Sicher würde sie ihren Fall vor die Herren der Dunkelheit bringen, um Gerechtigkeit bitten und ihnen großzügige Opfer darbieten, um damit ihren Rivalen zu überbieten. Hatte mein Traum ihr wirklich den Schlüssel zur Rettung ihrer eigenen verlorenen Seele gegeben? Aus irgendeinem Grund wollte sie, daß ich das Träumen lernte. Beide hatten schon mit anderen Anthropologen zusammengearbeitet, welche die Bräuche der Indios in der Sierra erforscht hatten, und bis jetzt hatten Rubia und Inocente, vor allem Rubia, ihr Wissen recht großzügig weitergegeben. Aber nie hatten sie jemanden aufgefordert zu träumen. Taten sie das wirklich, weil sie glaubten, daß ich *meine* verlorene Seele dort unten finden würde?

5

Das Nagual

Die Rückkehr nach Mexico City und mein Unterricht an der Universität verliefen ereignislos. Meine eigenen Träume konnten nicht mit den Geschichten mithalten, welche die beiden alten Heiler mir von epischen Schlachten, beinahe tödlich endenden Erlebnissen und unglaublichen Verfolgungsjagden erzählt hatten, bei denen sie nur knapp den böswilligen Übernatürlichen von *talocan* – der Welt der Träume – entkommen waren.

Ich führte mein Traumtagebuch und versuchte, die wirren Ereignisse jeder Nacht in einen Zusammenhang zu bringen. Ich hatte eine Reihe von Träumen. Ich träumte von Freunden, Verwandten, bekannten und unbekannten Orten, aber nichts war wirklich ungewöhnlich, es gab keine riesigen Pyramiden oder Blutopfer. Die alten Azteken mit ihren verlorengegangenen Traumbüchern, deren Tradition ich folgen sollte, wurden nicht die Herren meiner Nächte.

Ich wartete eine Woche, und als sich dann immer noch nichts ereignet hatte, rief ich Rubia zur verabredeten Zeit an. Sie war nicht da. Schließlich rief ich Arturo an, und er ließ ihr durch einen Dorfbewohner meine Nachricht überbringen. Arturo berichtete auch, daß es Rubia schon viel besser gehe und sie gut auf die neuen Medikamte anspreche. Ich hoffte nur, daß sie ihre Medizin auch regelmäßig nahm.

Ein Ferngespräch aus Mexico City war damals nicht

leicht zu bewerkstelligen. Man mußte zur Nationalen Tele-
fongesellschaft oder einer anderen autorisierten Stelle für
Ferngespräche gehen und endlos auf die Vermittlung warten, die nie zu reagieren schien, und dann mußte man noch
länger warten bis man mit der Ferngesprächsstelle in Quetzalan verbunden war, wo die Vermittlung sich nur gelegentlich meldete. Dort hinterließ ich eine Nachricht, die, je
nach Laune der Vermittlung und des Boten, überbracht
wurde oder nicht, und dann begann die ganze Prozedur von
vorne. Das alles bedeutete stundenlanges Warten, Anrufen
und Warten. Meistens saß ich im »Sandborn's« an der Re-
forma, in der Nähe des Unabhängigkeitsdenkmals, trank
Kaffee und beobachtete die Touristen, während ich stundenlang darauf wartete, daß meine Telefongespräche durch-
kamen.

Es dauerte ungefähr eine Woche, bis ich Rubia endlich am
Apparat hatte. Sie hatte keinerlei Scheu oder Berührungs-
ängste vor der Technik des Telefonierens, und es ging ihr
offensichtlich viel besser.

»*Bueno*«, meldete sie sich mit kräftiger, angenehmer
Stimme. »Wie ist es dir ergangen? Was hast du mir zu erzählen?« Sie hielt es für angemessen, auf spanisch mit mir
zu reden und nicht in Nahuatl, was uns zumindest eine ge-
wisse Diskretion gesichert hätte. Nun konnte ich nicht frei
sprechen oder ihr Fragen stellen, da ich wußte, daß Doña
Carmen und die anderen von der Vermittlung in Quetzalan
mit Begeisterung allen von den seltsamen Telefongesprä-
chen zwischen einem Fremden und der einheimischen Heilerin erzählen würden.

Zuerst erzählte mir Rubia, daß es ihr besser gehe und sie
wieder auf dem Markt Handel treibe. Dann fragte sie: »Erzählst du mir jetzt, was du gesehen hast?«

»Ja, ich habe alle Träume aufgeschrieben. Soll ich sie dir vorlesen?«

»Nein, erzähl sie mir einfach.«

Ich fing mit den allerersten Träumen an, und Rubia sagte nicht viel außer »ja«, »erzähl weiter« oder »genau«. Offensichtlich kannte sie Doña Carmen in der Vermittlung recht gut. Diese ersten Träume machten keinen großen Eindruck auf Rubia. »Bist du an die Stelle gegangen, wo du mit dem Hahn warst?«

»Ja«, antwortete ich. Die Höhle war in mehreren Träumen aufgetaucht, seit ich die Sierra verlassen hatte.

»Dann erzähl mir nur von denen.«

Ich berichtete von den Träumen, in denen die Höhle vorkam, und das interessierte sie wesentlich mehr, aber ihre Kommentare wurden nicht ergiebiger (vielleicht wegen Doña Carmen).

Als ich geendet hatte, sagte sie: »Du kommst langsam hin, auch wenn du es vielleicht nicht weißt. Geh immer wieder an diese Stelle. Nächstes Mal erzählst du mir nur solche Träume wie die letzten. Du wirst sehen, das sind die guten.«

Wir vereinbarten einen Zeitpunkt, zu dem ich jede Woche anrufen würde, und Rubia wartete jedesmal am Telefonamt, hörte sich meine Traumgeschichten an und machte nur ein paar rätselhafte Bemerkungen. In manchen Wochen tat sich viel, aber in anderen konnte ich ihr nichts erzählen.

Nachdem wir das etwa zwei Monate lang durchexerziert hatten, sagte Rubia, ich solle in die Sierra kommen, um auch mit Inocente zu sprechen.

Am folgenden Wochenende brachte ich einige meiner Studenten aus Mexico City mit. Sie gingen auf den Markt von Quetzalan und machten eine Wanderung zu den phantastischen Wasserfällen in der Gegend. Unterdessen besuchte ich Rubia und Inocente. Ich hatte mein Traumtagebuch mitgebracht, aber das erwies sich als unnötig.

Als ich in San Martín ankam, erwarteten die beiden mich schon in Rubias Haus. Sie hatten über meine Träume gesprochen und waren allem Anschein nach recht zufrieden damit.

Nach der üblichen Begrüßung begann Inocente: »Er hat sich ganz gut zurechtgefunden.« Dann fragte er Rubia: »Hast du es ihm schon gesagt?«

»Ging nicht, nicht an diesem verdammten Telefon.«

Inocente wandte sich an mich. Also, du warst auf allen vier Seiten von *talocan*. Im Osten ist das große Meer, im Norden die Höhle der Winde, das Land der Toten. Du warst auch im Westen, im Hause der Frauen, und im Süden, dem Ort der Hitze, wo du im Traum in den Brunnen gefallen bist.«

Inocente bezog sich auf einen meiner jüngsten Träume, in dem ich erneut dem rätselhaften Cruz begegnet und mit ihm in einen Brunnen gefallen war. Dann hatte ich eine riesige, ziemlich furchteinflößende Gestalt gesehen, deren große Augen mich aufforderten, näher zu kommen. Cruz hielt mich davon ab, der Gestalt zu folgen, und führte mich weg zu einem Pfad voller Blumen. Ich versuchte immer noch herauszufinden, wer oder was dieser seltsame kleine Mann namens Cruz war. War ich ihm vielleicht schon einmal begegnet? Ich hatte mich inzwischen im Dorf nach der Familie Cruz erkundigt.

»Als du in den Brunnen gefallen bist«, fuhr der Alte fort, »hast du dort das Herz von allem gefunden, das wahre Zentrum des wahren *talocan*. Wir waren nicht sicher, ob du es finden würdest, aber meine *comadre* hier hat gesagt, wenn du immer wieder durch den Östlichen Erdmund in die Höhle gehen würdest, müßtest du hingelangen.

In dem Traum, den du hier hattest,« – er zeigte auf die Bank, auf der ich vor Rubias Altar geschlafen hatte – »bist du im Osten hineingegangen und im Norden herausgekommen. Da wußten wir, daß du *talocan* durchquert hattest.«

Inocente sprach über alle Träume, die ich Rubia erzählt hatte, und verwandelte dabei jeden in eine eigene Reise in die Unterwelt. Was ich für ziemlich nichtssagende, eher unwichtige Träume gehalten hatte, wurde im Munde des Alten mit einem Mal zu phantastischen Geschichten. Es kam vor, daß ich meine eigenen Träume darin kaum noch erkannte. Inocente erteilte mir Unterricht in Traumdeutung, einen Unterricht, den ich nie vergessen sollte, während er gleichzeitig, und dabei detaillierter, als ich es je gehört hatte, Form und Geographie der Unterwelt beschrieb. Ich wunderte mich, wie Inocente von Dingen berichten konnte, von denen ich nur in den Chroniken der Welt der Azteken aus dem sechzehnten Jahrhundert gelesen hatte. Er konnte die Welt seiner Ahnen in meinen Träumen sehen und war überzeugt, daß auch ich es konnte. Möglicherweise hatte er recht. Vielleicht lernte ich erst jetzt, sie als Welt der Symbole und Traditionen zu erkennen, die jedem offensteht, der dem Weg der Ahnen folgt.

Wir redeten bis spät in den Abend hinein; dann kam Inocentas Sohn zu Rubia, um seinen Vater nach Hause zu bringen. Ich ging ebenfalls, weil ich wußte, daß ich früh am nächsten Morgen von Quetzalan aus nach San Martín zurückkehren mußte. Rubia und Inocente wollten, daß ich an jedem der Eingänge zur Unterwelt Opfer niederlegte, aber diesmal blieb nicht genug Zeit. Ich mußte am Montag wieder zurück zum Unterricht in Mexico City sein. Aber ich erklärte mich bereit, vor meiner Abreise ein paar Opfergaben zu einer der Höhlen in der Nähe des Dorfes zu bringen. Und ich wußte, daß ich vor meiner Rückkehr in die Vereinigten Staaten noch ein oder zwei Wochen in San Martín verbringen konnte.

Als ich am nächsten Morgen von meinem Opfergang zu einer kleinen Höhle in der Nähe des Dorfes zurückkam, schaute ich kurz bei Inocente vorbei. Beim Abschied sagte er: »Du bist dort unten in der Heiligen Erde so blind wie ich hier oben. Erinnerst du dich an den Herrn der Tiere? Er wird dir Augen für die Dunkelheit geben.« Ich sah in Inocentes trübe alte Augen und fragte mich, was er wohl meinte. »Du mußt seine Tiere sehen. Sie sind ein Teil von uns allen, und du mußt herausfinden, welche zu dir gehören. Du mußt etwas finden, das wild ist, wenn es gelingen soll. Dann öffnet sich die Blume unserer Ahnen für dich. Wir halten bald eine Seelenbeschwörung ab, da solltest du dabei sein. Dann wirst du es verstehen.«

Ich wußte wirklich nicht so recht, wovon der Alte redete, deshalb fragte ich Rubia, bevor ich das Dorf verließ. Sie tat sehr geheimnisvoll und sagte nur, wenn ich wiederkäme, müsse eine Seele zurück ans Licht gebracht werden, und dann würde ich vieles begreifen.

In der Sierra de Puebla war immer noch Regenzeit. Morgens war es meist strahlend und klar, aber die subtropische Hitze nahm zu, je weiter die Sonne am Himmel emporstieg, und ab zehn Uhr wurde es fast unerträglich. Gegen zwölf verdunkelten die Wolken die gnadenlose Sonne, und jeden Tag um zwei regnete es los. Manchmal stürzte der Regen sintflutartig herab, aber spätestens um fünf oder sechs war es meistens vorbei. Auf meinem täglichen Fußmarsch vom Dorf nach Quetzalan, der mich durch dichte, dampfende Vegetation, vorbei an Farnen, die größer als kleine Bäume waren, und einem Dickicht von Begonien führte, hatte ich Zeit und Muße nachzudenken. Überall brach es in reicher Fülle aus der Erde hervor. Die hohen Äste der großen Bäume, die den Kaffeepflanzungen Schatten spendeten, bargen ganze Welten von Farnen, Orchideen, Bromelien und anderen exotischen Pflanzen. Oft schienen sie zu schwer für die Bäume, und wenn einmal ein Ast abbrach, riß ich einige der ungewöhnlicheren Orchideen und Farne ab. Um eine seltene Orchidee oder eine ungewöhnliche Pflanze zu erbeuten, kletterte ich manchmal sogar auf einen Baum.

Ich sammelte die Flora dieser Gegend so, wie ich ihre Folklore und Küche studierte, um die Menschen, ihre Sprache und ihr Leben besser zu verstehen. Für mich war jede Entdeckung ein Schritt in eine Welt, die ich nicht kannte. Im Dorf hatte ich unzählige Geschichten gesammelt und verstand jetzt langsam, was es dort bedeutete, ein Geschichtenerzähler zu sein. Eine gute Geschichte zu erzählen, war in San Martín noch immer eine Kunstform, und einem Meistererzähler zu lauschen, wenn er am späten Nachmittag oder frühen Abend zu erzählen begann, war ein Genuß.

Wenn ich im Dorf ankam, ging ich meistens direkt zu Rubia und trank bei ihr meinen Morgenkaffee. Wir teilten uns ein süßes Brot aus Quetzalan, das Rubia besonders mochte, und sie tratschte über jeden im Ort, wobei sie sich trotz ihrer fehlenden Zähne jeden kleinen Bissen Brot schmecken ließ. Hin und wieder ließ sie mich die Gebete, die ich auswendig gelernt hatte, aufsagen und sagte mir, wo ich für bestimmte Gelegenheiten dies und jenes hinzufügen oder weglassen konnte. Auch wurde sie nie müde, von ihren Träumen und Heilerfolgen zu erzählen, von ihrer Arbeit als Hebamme und von den Wundern der Heiligen; einige der Heiligen waren mir neu (und der Kirche sicher auch). Es würde noch ein paar Tage dauern, bis alle Vorbereitungen für die Seelenbeschwörung, bei der ich helfen sollte, getroffen waren. Wir waren bei der jungen Frau namens Maricarmen Sanchez gewesen, deren Seele Rubia in der Unterwelt gefunden hatte. Diese Seele sollte nun durch bestimmte Rituale ans Licht gebracht werden.

Eine Seelenbeschwörung war eine ziemlich komplizierte Angelegenheit, und die Vorbereitungen waren zeitaufwendig. Neben dem Schwarm von Heilern, die daran teilnahmen, mußte eine Schar von Freunden, Verwandten und Ritualverwandten aufgeboten werden, die dafür beteten, daß die Seele aus der Unterwelt befreit würde. Zu diesem Zweck betete man eine ganze Nacht hindurch und opferte der Erde. Dann brachte man das Mädchen vor Tagesanbruch auf den Friedhof und bedeckte es mit einem großen Tuch. Alle Anwesenden sagten ein Gebet an das Tageslicht. Dann, bei Sonnenaufgang, hoben sie die Decke und brachten das Mädchen und ihre Seele ans Licht. Damit wurden alle Beteiligten zu Ritualverwandten des Mädchens. Sie beschützten nun ihre Seele und wurden bei dem riesigen Festmahl, das die Eltern des Mädchens gaben, als *compadres* aufgenommen. Eine Seelenbeschwörung war eine sehr teure Angelegenheit. Man mußte nicht nur das Festmahl zubereiten, sondern auch die Heiler bezahlen und die Opfergaben kaufen.

Während dieser Zeit suchte ich eine Reihe von Bergheiligtümern, Höhlen, Teichen, Wasserfällen und Schlundlöchern auf, wo ich auf Anweisung von Rubia und Inocente Opfergaben hinterließ. Das waren wundersame Orte, wo die Natur und die symbolische Welt ineinander übergingen, und die ich allein nie gefunden hätte. Manchmal begleitete Lupe mich, doch zumeist konnte ich die Stellen dank der genauen Beschreibungen allein finden, und so streifte ich, mit den Opfergaben in einer Umhängetasche, durch die Wälder, die das Dorf umgaben.

Als ich nach einer anstrengenden Klettertour einmal an einem der Bergheiligtümer ankam – dem Herz des Himmelsbergs – sah ich sofort, daß ein bestimmter Fels seit Jahrhunderten das Ziel unzähliger Besucher war. Keramikscherben lagen um ihn herum, und Kerzen hatten überall auf dem Fels Wachsflecken hinterlassen. Ernorme Mengen von Duftharz, die vor dem Felsen verbrannt worden waren, hatten ihn schwarz gefärbt. Aber das war nicht alles. Von diesem Fels aus hatte man einen unvergleichlichen Blick auf die Bergdörfer. Von hier aus konnten die *tepeyolomej* und die *tepehuane* – die »Hügelherzen« und das »Bergvolk« – über ihr Gebiet herrschen. Die wilde Schönheit des Platzes überzeugte mich vollends, daß es sich um einen heiligen Ort handelte.

Ich suchte auch andere versteckte Plätze auf. Manche waren nur Flußbiegungen, wo Strudel kleine Ausbuchtungen gebildet hatten. Hier hinterließen die Leute aus dem Dorf schon seit Jahrhunderten Opfergaben für die *ahuane* und die *alpixque*, die Wassergeister. Andere Orte, wie das Bergheiligtum, waren eindrucksvolle Naturwunder. Ich stellte fest, daß diese Stätten nach und nach auch in meinen Träumen auftauchten.

Am Tag vor der Seelenbeschwörung kam eine Frau zu Rubia, die offenbar aus einer anderen Region stammte. Ihrer Kleidung nach war sie eine Otomí aus der Nähe von Tenango in den Bergen nordöstlich von Quetzalan. Ihr Name war Antonia. Antonia war etwa in Lupes Alter, und wäre nicht ihre Otomí-Tracht gewesen, hätte man sie für Schwestern halten können. Zwei Männer aus der Gegend von Totonac unterhalb des Dorfes waren ebenfalls erschienen. Sie alle wollten bei der Zeremonie helfen. Ich war jedoch so sehr von meinen Besuchen bei den verschiedenen Heiligtümern der Gegend in Anspruch genommen, daß ich ihnen wenig Beachtung schenkte. In der Nacht vor der Seelenbeschwörung ging ich mit Rubia zu der jungen Frau nach Hause. Ihre Eltern, José und Aurelia Sanchez, empfingen uns.

»Es wird dunkel, meine verehrte *comadre*, mein verehrter *compadre*«, begrüßte uns Don José, obwohl ich zu diesem Zeitpunkt noch kein Ritualverwandter war. »Kommt in unsere bescheidene Behausung, dann beten wir, daß ihr uns eure heiligen Worte des Lichts gebt. Wir haben euch und das Licht, das ihr bringt, erwartet.«

Rubia erwiderte auf dieselbe förmliche Weise, daß wir uns geehrt fühlten, in ihrem ehrwürdigen Haus empfangen zu werden, und daß wir gekommen seien, um ihre Tochter ans Licht zu bringen. Als wir ins Haus traten, waren schon viele Leute versammelt, darunter auch Antonia und die zwei Männer aus Totonac. Man brachte Opfer dar und betete; dabei herrschte die ganze Zeit über eine angeregte Stimmung, in der geraucht, geschwatzt und getratscht wurde. Kinder schrien, Hühner trippelten zwischendurch herein, um Reste aufzupicken, Hunde wurden hinausgescheucht, kurz, es herrschte das bei Nahua-Zeremonien übliche allgemeine Chaos.

Während verschiedene Leute zum Altar der Sanchez gingen, dort beteten und ihre Opfer darbrachten, saß Rubia auf der dem Altar gegenüberliegenden Seite des Raums auf einem Schemel und unterhielt sich. Sie schien die von den Sanchez getroffenen Vorbereitungen gutzuheißen. Nach einer Weile drehte sie sich zu mir um: »So, bist du jetzt soweit mit deinem Gebet? Du mußt helfen, das kleine Täubchen, den kleinen Schatz ans Licht zu bringen. Leg etwas *copal* aufs Feuer und zünde die zwei Kerzen an, die ich hier für ›sie‹, die Herren der Unterwelt, habe. Vergiß den Tabak nicht.

Und sei jetzt nicht zu laut«, warnte sie mich. »Die ›anderen‹ sollen dich nicht hören. Nur wir hier und die da unten.«

Ich hatte schon gelernt, es den Leuten im Dorf gleichzutun und mit dem ehrfürchtigen Nahua-Murmeln zu beten. Das war wesentlich annehmbarer, als ein deutlich ausgesprochenes Gebet. Die Dorfbevölkerung erhob die Stimme nicht zum Gebet, sondern senkte sie. Nervös fing ich an:

>»*Ce huelini titaloc*
>   Ihr seid die eine Macht, Taloc
>   *ce huelini titaloc*
>   Ihr seid die eine Macht, Taloc

ipanin talocan
   in talocan
ipanin talticpac.
   auf der Erde ...

Nican in talocan
   Hier in talocan
nicanin yohualichan
   hier im Haus der Dunkelheit
nimechtatauhtia nen conetzin nen espiritu.
   flehe ich Euch an, gebt mir dieses Kind, diesen Geist.
Nican nimechaxcatili ica tantos oraciones
   Hier bringe ich Euch die Gebete dar
nican nimechtemaktia nofuerza notonal.
   hier gebe ich Euch meine ganze Kraft, meine Seele.
Cani yetoc nejin?
   Wo ist sie?
Cani ancpiaj toconetzin?
   Wo wird unser Kind festgehalten?
Pox ticonmacazque tehuatzin
   So gebt es mir, o Herr
tehuatzin nimitztatautia.
   o Herr, ich bitte Euch ...«

Als ich das Gebet beendet hatte, bot man mir einen Ehrenplatz auf einem der wenigen »westlichen« Stühle am großen Tisch in der Mitte des Raums an, während die anderen fast alle auf niedrigen Bänken saßen. Ich fühlte mich dabei ziemlich unwohl, da sich außer mir nur die Mitglieder der Familie Sanchez um den Tisch versammelt hatten. Eine Flasche mit klarem *refino* machte pur die Runde, und ich hielt es für besser, nicht so lange zu bleiben, bis alle betrunken waren.

Ich ging zu Rubia und fragte sie, ob es notwendig sei zu bleiben. Nein, meinte sie, aber ich müsse vor Tagesanbruch zurückkommen. So verabschiedete ich mich von Don José und Doña Aurora und ging zurück nach Quetzalan. Den Wecker stellte ich auf fünf Uhr früh.

Als ich jedoch am nächsten Morgen das Hotel verlassen hatte und auf dem Weg nach San Martín war, war es schon fast sechs. Ich ging so schnell ich konnte, aber ich kam nicht mehr rechtzeitig zur Seelenbeschwörung. Einige Leute, die wahrscheinlich einen fürchterlichen Kater hatten, hingen noch auf dem Friedhof herum, und das große Tuch, mit dem das Mädchen zugedeckt worden war, lag auf der Westseite der Plaza. Das Mädchen war noch da, aber fast alle anderen waren wieder ins Haus der Sanchez gegangen. Ich ging den Hügel hinunter, am Dorfbrunnen vorbei, um mich ihnen anzuschließen. Das Haus war voller Leute. Es gab ein Frühstück mit Kaffee, süßem Brot, in Bananenblätter gewickelten Hackfleischpasteten und *atole*, dem traditionellen Maisbrei. Man bat mich hinein und bot mir einen Platz am Tisch an. Ich erfuhr, daß Rubia schon gegangen war. Ich trank einen Kaffee und aß eine Pastete, dann ging ich zu Rubia.

Sie saß mit einer Schale Kaffee und einem süßen Brötchen an ihrem Altar, als ich hereinkam. Aus der Küche hörte man Lupe und Antonia, eine Heilerin, die zu Besuch gekommen war.

»Du hast es verpaßt«, sagte sie und blickte von ihrem Hocker zu mir auf. Ihre weißen Haare waren zerzaust und nicht geflochten, so als habe sie vor, wieder ins Bett zu gehen. »Du hast aber nicht viel verpaßt. Hast du bei Don José etwas zu Essen gekriegt?«

»Ja.«

»Du hättest sowieso nicht viel mitgekriegt. Du siehst noch nicht viel in *talocan*.«

»Antonia! Komm her!« rief sie auf spanisch in die Küche.

»Was wünschst du, Großmutter?« Antonia kam herein und stellte sich vor uns.

»Antonia, wie sehen wir Dinge in *talocan*?«

»Tja, wir sehen sie gar nicht. Es ist der andere Teil von uns, der sie sieht«, antwortete Antonia.

»Ich denke, es ist Zeit, daß er lernt, nicht nur mit *yolo* und *tonal* – Herz und Seele – zu sehen, sondern mit allem, was er dort in der Dunkelheit hat, was meinst du?« fragte Rubia.

»Du meinst mit den wilden ›Dingern‹, den *naguals*? Vielleicht sollte dein *compadre*, Don Inocente, Timoteo helfen, mit ihren Augen zu sehen.«

»Vielleicht hast du recht. Inocente hat viele von den ›Dingern‹, viele *naguals*. Mehr als du und dich. Aber vielleicht ist das trotzdem keine so gute Ideee. Mein *compadre* kann böse Dinge tun, dort unten in der Dunkelheit«, sagte Rubia mit Bestimmtheit. Dann wandte sie sich wieder ihrem Altar zu und sagte sehr lange Zeit gar nichts. Sie ließ sich Antonias Vorschlag durch den Kopf gehen.

»Ich denke, wir gehen zu Inocente«, sagte die Alte endlich mit unsicherer Stimme. »Timoteo, hol ein paar Zigaretten. Frische von Don Pedro. Du wirst sie brauchen.« Dann fragte sie Antonia: »Kannst du mir mit meinen Haaren helfen?«

Rubia wollte etwas mit Antonia besprechen, und ich sollte nicht dabeisein.

Als ich zurückkam, war Rubia fertig für den Besuch bei Inocente, und Antonia war nirgends zu sehen. Vielleicht war sie mit Lupe auf den Markt gegangen, oder Rubia hatte ihnen etwas anderes aufgetragen. Ich wußte nicht, was die alte Zauberin im Schilde führte. Eigentlich hatte ich erwartet, daß sie mit den Sanchez die Rückkehr der Seele ihrer Tochter feiern und auf ihre Bezahlung warten würde.

Die Bezahlung war nämlich ein sehr wichtiger Bestandteil der Heilung. Nach dem Tod ihres ersten Mannes hatte Rubia als junge Witwe ausschließlich von dem kärglichen Einkommen gelebt, das sie für Heilungen erhielt. Doch nach und nach hatte sie so viel angespart, daß sie auf den Märkten kleine Mengen Obst und Gemüse kaufen und wiederverkaufen konnte. Damit und von dem Ertrag, den das Land brachte, das sie schließlich kaufte, hatte sie die Ausbildung ihrer Söhne und Töchter bezahlt. Bis heute war Rubia sehr darauf bedacht, daß ihre Auftraggeber schnell bezahlten, aber diesmal schien es ihr egal zu sein.

Als wir auf dem zerfurchten Weg zu Inocentes Haus gingen, erteilte Rubia mir Anweisungen: »Weißt du, du mußt vorsichtig sein bei meinem *compadre*. Der kleine, alte Mann hat ein paar schlimme Sachen gemacht. Er war ein *pistolero*, ein echter Killer. Er hat ein großes Wissen, aber du mußt immer auf der Hut sein. Er kann hinterlistig und gemein sein. Dich scheint er zu mögen, aber wenn er glaubt, daß du eine Bedrohung darstellst, mußt du vorsichtig sein. Er benutzt zwar keine Pistole mehr, aber er kann deine Kerze in Null Komma nichts auslöschen.«

Ich hatte noch niemandem von der Kassetten-Aufnahme erzählt, doch jetzt dachte ich wieder daran. »Ich weiß, Großmutter, dein *compadre* ist kein unbeschriebenes Blatt, und er ist gefährlich, aber warum sollte er mir etwas antun wollen?«

»Erzähl ihm nie mehr, als er dir erzählt. Sag ihm nie, wen du wirklich in *talocan* gesehen hast. Laß dich von dem Alten nicht einwickeln. Auch wenn er in unserer Welt so gut wie blind ist, in der Welt der Nacht sieht er alles. Dort sehen seine Augen besser als deine und meine. Er ist wie ein Adler, der hoch in den Lüften segelt und auf eine kleine Taube oder ein Kaninchen Jagd macht. Wenn er angreift, bist du so gut wie tot. Sein Biß ist schlimmer als der einer Viper. Er wird dir helfen, in *talocan* zu sehen, aber dann wird er deine Augen mitbenutzen wollen. Überleg dir also gut, was du dem Alten erzählst, hast du verstanden?

Inocente kennt sich mit Hunderten von wilden ›Dingern‹ in *talocan* aus. Er kann ein Löwe sein. Er kann ein Tiger sein. Er kann ein Menschenfresser sein, ein Wolf, ein Pferd, eine Schlange, ein Hund, eine Eidechse, ein Geier und ein Adler. Er kann dir zeigen, wie du mit ihnen allen umgehen mußt. Ich kenne ein paar von den ›Dingern‹, aber nicht alle. Du mußt mir helfen! Ich kann es dir nicht alleine beibringen. Wir brauchen ihn. Er ist ein sehr mächtiger Mann. Doch erzähl meinem *compadre* nur die Hälfte von dem, was er wissen will, nicht mehr«, sagte sie mit Nachdruck.

Wir waren bei Inocente angelangt, und als wir eintraten, änderte sich Rubias Ton. »Das Licht scheint auf uns, mein verehrter *compadre*. Wir grüßen dich im Licht des Tages.«

»Tretet ein und setzt euch«, antwortete Inocente. »Was führt euch her? Ist die Seelenbeschwörung nicht gut verlaufen?« Er setzte sich an seinen üblichen Platz und deutete auf zwei Hocker, die Lucas für uns gebracht hatte.

»Sie ist sehr gut verlaufen. Die Kleine ist wieder unter uns, das kleine Täubchen fliegt jetzt über dem Haus ihrer Eltern«, sagte Rubia. »Wir sind wegen ihm hier gekommen, dem Baummann, Timoteo. Er sieht immer noch nicht gut in der Welt der Dunkelheit, und er kann nicht sprechen. Er hat den anderen Teil in sich noch nicht gefunden, der ihm erlaubt, sich frei in der Welt der Nacht zu bewegen.«

»Ah, du meinst, das Tier dort unten, mit dem er sein Leben teilt, sein *nagual*«, sagte Inocente. »Hast du es gesehen, Rubia? Ich nicht. Vielleicht ist es die Kuh oder der Stier, den er gesehen hat.«

»Nein, das glaube ich nicht. Der Stier war sicher einer von denen und war im Traum hinter seiner Seele her.«

»Hat er dort irgendwelche Tiere gesehen?« fragte Inocente.

»Nicht, daß ich wüßte«, antwortete Rubia.

Inocente fragte mich jetzt direkt: »Timoteo, hast du im Traum irgendwelche Tiere gesehen?«

»Nein«, antwortete ich, »ich habe nur diesen Mann getroffen.«

»Cruz. Hm«, kam es von Inocente. »Von dem hast du uns schon erzählt. Wie hat er ausgesehen?«

Ich spürte, daß Rubia mich anstarrte und erinnerte mich daran, wie Inocente selbst mich vor Monaten gewarnt hatte und Rubia gerade eben erst. Was sollte ich sagen?

»Sag schon, was hat er gesagt, und hast du ihn wiedergesehen?« wollte Inocente wissen.

Ich antwortete nicht.

»Also, Cruz kann ihm nicht helfen, zu sehen und sich dort zurechtzufinden. Warum interessierst du dich dann so für ihn?« warf Rubia ein.

»Nur weil ich denke, daß er uns helfen könnte, Timoteos Tier zu finden«, erwiderte Inocente trocken.

»Jetzt muß er erst mal sein *nagual* finden, das richtige, mit dem er sein Leben teilt. Cruz kann ihm dann vielleicht später helfen. Er kann ihm vielleicht manches dort in der Dunkelheit zeigen, aber er braucht das Tier, damit er sich frei in der Welt der Nacht bewegen kann«, sagte Rubia hartnäckig. »Dein *nagual* ist für dich Augen und Ohren, Füße und Flügel dort in der Dunkelheit«, erklärte sie mir. »Ohne dein *nagual* bist du der Dunkelheit ausgeliefert und stolperst ziellos herum. Wenn du dich dort wirklich in der Nacht zurechtfinden willst, muß dir das *nagual* den Weg zeigen, du mußt das *nagual* werden. Zuerst mußt du von deinem *nagual* träumen und dann mußt du es finden.« Sie machte eine Pause. »Hast du nie von einem Tier geträumt, nicht mal von einem kleinen?«

»Nicht, daß ich mich erinnern könnte.« Jetzt fragten die beiden weisen Alten mich über Tiere aus, aber leider konnte ich ihnen nichts sagen.

Dann wollte Inocente wissen: »Wenn du dich in *talocan* fortbewegst, fliegst du dann oder gehst du oder was?«

Ich wußte es nicht.

»Siehst du auf die Dinge runter oder zu ihnen rauf?«

»Auf sie runter«, sagte ich.

»So wie von einem Baum?« fragte Inocente mit der Andeutung eines Lächelns. »Vielleicht ist es etwas, das auf Bäumen lebt«, sagte er zu Rubia.

Beide befragten mich jetzt über Tiere, die auf Bäumen leben, Vögel und Eichhörnchen und so weiter.

»War es ein Affe?« fragte Inocenta Rubia. Beide fanden, das wäre passend, aber ich sagte, daß ich nie im Traum einen Affen gesehen hätte, und das stimmte auch.

»Es könnte ein *mapache* sein«, vermutete Inocente. Ein *mapache* ist ein dem Waschbär ähnelnder Nasenbär. Freunde von mir in Guatemala hatten vor vielen Jahren einen als Haustier gehabt.

»Vielleicht ist es ein *mapache*«, sagte ich.

»Dann mußt du den *mapache* finden, und wenn er dir im

Traum erscheint, dann weißt du, daß er dein *nagual* ist«, sagte Inocente. »Lucas nimmt mich morgen mit zur *cafetal*. Wir schneiden das Gestrüpp um die Kaffeesträucher weg. Wenn du willst, kannst du mitkommen, vielleicht siehst du etwas. Es gibt dort in der Gegend *mapaches*.«

Ich hoffte, daß Lucas nichts dagegen hätte, er hatte ja schließlich vor zu arbeiten. Ich ging vors Haus, wo er gerade Holz stapelte, und ließ Inocente und Rubia weiter über mein *nagual* reden.

Es schien auch Lucas recht zu sein, und so verabredeten wir, am nächsten Morgen vor Sonnenaufgang zur *cafetal* aufzubrechen. Dann ging ich nach Quetzalan, um meine Sachen zu holen. Ich kehrte am Abend zurück und schlief bei Inocente auf einer Bank. Noch vor Tagesanbruch half ich Lucas und seiner Frau mit den Pferden, und wir machten uns auf den Weg. Der alte Inocente ritt auf einem grauen Maultier mit Senkrücken, ich ging lieber zu Fuß. Kurz vor Mittag kamen wir an, und Lucas' Frau machte sich daran, den Schuppen, in dem wir wohnen würden, sauberzumachen und ein Feuer anzuzünden. Es gab Kaffee und *gorditas*, mit Bohnenmus gefüllte Maismehltaschen, die auf dem *comal* geröstet wurden. Dann erzählte Inocente eine seiner langen Geschichten. Er erzählte immer meisterhaft, und es war wunderbar, ihm an diesem verregneten Nachmittag zuzuhören.

Kurz bevor es dunkel wurde, hörte es auf zu regnen, und Inocente beendete seine Geschichte über einen Mann, der nicht mehr aus dem Wald herausfand und ein Tier wurde. Er fragte Lucas, ob irgendwie in der Nähe ein *mapache* lebe. Als Lucas bejahte, schickte er uns zusammen los, das Tier zu suchen. Wir gingen durch den Wald, bis es fast dunkel war, die Augen immer auf die Äste der Bäume gerichtet, sahen aber nichts. Endlich, bei einem kleinen Bach, zeigte Lucas auf einen Baum. Ich holte mein Fernglas heraus und tatsächlich, da war der geringelte Schwanz eines *mapache*. Wir wollten ihn nicht stören und gingen zurück.

Als wir zurückkamen, frage Inocente: »Habt ihr das Ding gefunden?«

»Haben wir«, sagte Lucas, und dann erklärte Inocente mir genau, was ich nun tun mußte. Ich sollte den *mapache* beobachten und abwarten, ob er mir im Traum erschien. Lucas würde mir am nächsten Morgen helfen, in der Nähe der Stelle, wo wir das Tier gesehen hatten, ein Lager aufzubauen. Der Platz war sehr schön, und ich freute mich schon, ein paar Tage dort zu verbringen.

Drei Tage lang versuchte ich, dem *mapache* auf Schritt und Tritt auf den Fersen zu bleiben. Ich folgte seinen Spuren den Bach entlang und beobachtete, wie er Flußkrebse, Krabben, kleine Fische, Obst und verschiedene Eierschalen fraß. Er hatte einen bestimmten Baum, auf dem er fast den ganzen Tag schlief. Doch wenn er nachts unterwegs war, gelang es mir nicht, ihm zu folgen. Am dritten Tag war ich sicher, daß ich dem *mapache* in dieser Nacht auf den Fersen bleiben würde. Ich döste unter dem Baum, auf dem er schlief. Aber an diesem Abend sah ich ihn nicht vom Baum klettern, und ich sah ihn auch sonst nie mehr wieder. Wahrscheinlich hatte ich ihn verschreckt.

Während ich unter dem Baum auf den *mapache* wartete, hatte ein *tlacuache*, ein Opossum, mein Lager überfallen, meinen einzigen Kochtopf umgeworfen und überall seinen unangenehmen charakteristischen Geruch hinterlassen. Die Spuren waren eindeutig.

Am nächsten Morgen ging ich zurück zu Inocente und erzählte ihm, daß der *mapache* verschwunden sei. Dabei erwähnte ich, daß ein Opossum über meine Kochutensilien hergefallen war.

»Vielleicht ist das dein *nagual*, und es sucht dich«, sagte Inocente erfreut. Ich sollte mich auf die Suche nach dem Opossum machen, aber die Gruppe wollte am nächsten Morgen ins Dorf zurückkehren. Lucas hatte das gesamte Unterholz zurückgeschnitten, und das ganze Gebiet glich nicht mehr dem dornigen Wald, den ich gesehen hatte, sondern eher einem gepflegten Garten. Er war hier mit seiner Arbeit fertig, bis die Kaffeernte begann. Als der Nachmittagsregen einsetzte, ließen wir uns alle unter dem Vordach des Schuppens nieder. Der Alte erzählte mehrere Geschichten über die Abenteuer des Opossums und sagte, ich müsse nach ihm suchen, da das die Zeit sei, in der es aus der Höhle komme. Lucas Frau gab mir einige *gorditas* und Bohnen mit.

Als ich wieder an meinem Lagerplatz angekommen war, machte ich ein kleines Feuer und stellte den *comal*, die tönerne Pfanne, darüber. Dabei sagte ich Lupes Gebet an die Feuerböcke, und während die *gorditas* heiß wurden, gab ich ein paar Krümel davon in die Flammen und legte einige für das Opossum aus. Ich lebte wieder im Rhythmus der Sierra, schlief bei Sonnenuntergang ein und wachte kurz vor Tagesanbruch auf. Als ich wach wurde, verriet mir der Geruch, der in der Luft hing, sofort, daß das Opossum wieder da gewesen war. Ich nahm meine Taschenlampe und folgte seiner Spur ins Gestrüpp, wo ich das Opossum auf einem Baum schlafend vorfand. Es rührte sich den ganzen Tag lang kaum. Als ich zum Lager zurückkam, legte ich wieder etwas Futter aus. In dieser Nacht ließ ich das Feuer klein weiterbrennen und wartete.

Das Opossum kam und raschelte in der Nähe des Feuers

herum. Fast in ganz Mittelamerika heißt es, dieses Tier habe das Feuer von den Göttern gestohlen, indem es seinen Schwanz in Brand setzte und mit der Flamme floh. Mehrere Stunden lang hörte ich das Opossum in meinem Lager rumoren, bis es im Morgengrauen auf seinen Baum zurückkehrte. Ich ging ihm nach.

Den ganzen Vormittag beobachtete ich das Opossum im Schlaf. Als es zu regnen begann, ging ich zum Lager zurück und döste ein. Und tatsächlich erschien mir das Opossum im Traum. Das war es, was Inocente gewollt hatte. Ich beschloß, noch einen Tag zu warten, bevor ich ins Dorf zurückkehrte. Geduldig beobachtete ich das Opossum und genoß meinen Aufenthalt im Wald.

Als ich endlich meine Sachen zusammenpackte und mich auf den Fußmarsch zurück ins Dorf und zu Inocente machte, hatte ich das Opossum noch zweimal im Traum gesehen. Es wurde wie die Heiligtümer einer anthropomorphischen Figur und erschien mir regelmäßig. Es ist ein seltsames Gefühl, wenn man gesagt bekommt, daß man im Traum bestimmte Dinge sehen wird und sie dann auch tatsächlich sieht. Ich hatte das Träumen immer für einen willenlosen Vorgang gehalten, wenn ich mir überhaupt Gedanken darüber gemacht hatte. Inocente hatte gesagt, ich würde ein Tier zum Gefährten bekommen, und jetzt war es geschehen. Ein Doppelgänger? Würde ich bald genau wie Rubia und Inocente meine Träume kontrollieren können? In San Martín angekommen, ging ich zu Inocente und erzählte dem Alten, was passiert war. Er war erfreut.

»Du hast es also gesehen, aber sehen reicht nicht. Du mußt es bei dir haben, damit du es rufen kannst, wann immer du es brauchst. Das Opossum ersetzt dir dort in der Welt der Träume die Augen und die Füße.« Ich war überrascht.

Noch am selben Nachmittag schickte Inocente mich mit Lucas in den Wald zurück, wo wir eine Falle für das Tier bauten. Wir gruben neben der Feuerstelle ein Loch von einem halben Meter Tiefe und legten eine Dose Sardinen als Köder hinein. Wenn das Opossum den Kopf in die Dose steckte, hatten wir es. Und tatsächlich fingen wir es in dieser Nacht. Lucas tötete es schnell, dann häuteten wir es und spannten das Fell auf Stöcke. Fast den ganzen nächsten Tag brachten wir damit zu, das Fleisch auf Spießen über dem Feuer zu räuchern. Um das Feuer vor dem Regen zu schützen, bauten wir einen Unterstand aus Ästen. Gegen Abend machten wir uns auf den Weg zu Inocente.

Er war noch wach und erwartete uns.

»Ihr habt es geschafft«, begrüßte er uns. Der Geruch des geräucherten Fleisches begleitete uns.

»Aber sicher, Vater«, antwortete Lucas. »Wir haben es sogar geräuchert. Müßte für ein paar Tacos reichen.«

»Sag Elena, sie soll ein paar Tortillas aufwärmen«, sagte Inocente zu seinem Sohn. Dann wandte er sich an mich. »Jetzt, wo du das Opossum hast, mußt du auch darüber Bescheid wissen.« Lucas brachte die mit Opossumfleisch gefüllten Tacos und eine scharfe Sauce aus frisch gerösteten Chillies. Während wir zwanglos aßen, erzählte Inocente eine Geschichte über ein Opossum, die ich schon einmal gehört hatte. Es war mir nicht ganz geheuer, mein eigenes *nagual* zu essen, und ich unterbrach Inocente, um ihn zu fragen, ob es für mich in Ordnung sei, das Opossum zu essen.

»Aber sicher«, erwiderte er, »und es schmeckt gut. Das macht dich stark und männlich.«

»Man kann sein eigenes *nagual* essen?« fragte ich unsicher.

»Natürlich. Das ist nicht dein *nagual*. Das ist vielleicht

die Schwester oder der Bruders deines *naguals*. Dein *nagual* ist in der Höhle beim Herrn der Tiere sicher aufgehoben. Wenn das dein *nagual* gewesen wäre, würdest du nicht mehr hier sitzen, denn ihr teilt *tonal*, das Leben, und habt dasselbe Herz. Wenn es stirbt, stirbst du auch.«

»Gehört dieses *nagual* dann nicht jemand anderem?« fragte ich und betrachtete das halbverkohlte Fleisch. Inocente überging die Frage einfach. Statt dessen begann er eine neue Geschichte von einem Mann, den eine Hexe überlistet hatte, sein eigenes *nagual* zu töten. Der Mann war mit dem Tier zusammen in der Falle gestorben. Lucas zog sich mit seiner Frau zum Schlafen ins Küchengebäude zurück, doch Inocente erzählte weiter. Schließlich hörte der Alte auf.

»Gehst du heute nacht noch nach Quetzalan zurück?« fragte er mich.

»Ja, ich glaube schon.«

»Du weißt, daß dein *tlacuache* dich beschützt«, erklärte der Alte.

»Wie?« wollte ich wissen.

»Siehst du das?« er zeigte auf den langen Schwanz, der beim Trocknen dünn und hart geworden war. »Wenn er schön hart geworden ist, sticht er ein Auge aus wie nichts.« Er machte eine bedrohliche Geste. »Direkt ins Auge, und paff, schon hast du einem das Licht für immer ausgelöscht! Du mußt ihn so in der Hand halten, und wenn der andere dicht vor dir ist, dann stößt du ihn genau da hin«, er deutete auf eine Stelle im Augenwinkel.

»Das muß schnell gehen; läßt du ihn eine Minute im Auge stecken, dann ist sein Licht für immer ausgelöscht. Wenn du den Schwanz wieder herausziehst, mußt du aufpassen, daß das Auge drinbleibt. Er sticht direkt ins Weiche, doch keiner weiß, was genau passiert.

Mit Hilfe der Backentasche des Opossums kann man auch das Licht von jemandem auslöschen. Du legst die Samen der Blume, die wir die gelbe Wachsblume nennen, hinein und mischst sie mit etwas *copal*. Das legst du dann drei Tage lang zugedeckt auf den Altar. Du gibst es demjenigen mit dem *copal* zum Anzünden, oder du drehst etwas von der Mischung in eine Zigarette. Eine Nasevoll von dem Rauch und er ist hinüber. Er kann nicht mehr atmen und erstickt. Dein Opfer ›steckt in der Backentasche des Opossums‹.«

»Ist das nicht die Sache von Hexen?« fragte ich.

»Ja, aber du mußt wissen, wie es geht, sonst erwischen sie dich. Jedes *nagual* hat ein paar gute Seiten und ein bißchen was Böses. Du mußt beides kennen.«

»Man kann mehr als ein *nagual* haben?«

»Natürlich«, antwortete er. »Sieh her!« Er zog eine Schachtel aus geflochtenem Schilfrohr unter dem Altar hervor, die etwa fünfzig Zentimeter lang und einige Zentimeter hoch war.

Im schwachen Licht der Altarkerze öffnete er die Schachtel. Sie war voller Knochen, Schnäbel und anderer Teile verschiedener Tiere. Außerdem enthielt sie ein paar getrocknete dunkle Samen und einen Beutel mit *copal*.

»Das ist meine Fledermaus. Die habe ich schon lange«, sagte er mit funkelnden Augen und hielt einen getrockneten Fledermausflügel hoch. »Das kleine Ding beschützt mich schon seit vielen Jahren vor den Hexen. Hat mir auch geholfen, selbst ein paar zu erwischen. Und das ist mein Nachtvogel.« Er hielt einen Schnabel hoch. »Der kann das Licht eines anderen schnell zum Erlöschen bringen.«

»Sind das alles deine *naguals*?« fragte ich. Inocente hatte jede Menge Knochen, Hälse, Flügel und Felle von verschiedenen Tieren in der Schachtel.

»Sicher«, sagte der Alte und hielt ein paar große Eckzähne in die Höhe. »Das sind die besten. Das ist ein Kojote, und das ist mein Tiger.« Er hatte die Klaue einer großen Katze in der Hand.

»Ich dachte, wir hätten nur ein *nagual* in der Unterwelt.«

»Nein, nein«, erwiderte der Alte. »Ein *nagual* gehört dir, aber wenn du nachts im Land der Dunkelheit reist, dann brauchst du viele, die dich beschützen und deinen Platz in der Höhle einnehmen. Du brauchst nur dieses oder jenes kleine Teil eines dieser *naguals* auf den Altar zu legen, dann erscheint es dir im Traum und bringt dich in *talocan* dorthin, wo du willst. Wenn du mit den Herren der ›anderen‹ in *talocan* sprechen willst, kann dein *nagual* das für dich tun. Du kannst nicht direkt mit den Herren sprechen. Du brauchst das *nagual*, um in der Unterwelt zurechtzukommen. Wir werden mit nur einem Tier geboren, aber du kannst Dutzende finden, wenn du sie brauchst. Glaub mir, unzählig viele.«

»Wie kann ich sie finden?« wollte ich wissen.

»Also, zuerst mußt du das Tier im Reich der Dunkelheit finden und sehen, dann mußt du es zu fassen kriegen. Jemand, der sich damit auskennt, weiß, was es im Reich der Dunkelheit macht, wo es hingeht und wie es dorthin gelangt. Die *naguals* sind unsere Augen, unsere Füße, unsere Stimmen und unsere Beschützer in der Nacht. Du kannst von einem zum anderen wechseln, zuerst ein *tigre* sein, dann eine Maus, die dort in der Dunkelheit von einem Ort zum anderen huscht. Sie können auch mit den ›anderen‹, denen in der Höhle sprechen. Die ›anderen‹ sehen nur das Tier und wissen nicht, daß du mit ihnen sprichst. Du kannst sie auf diese Weise um verlorene Seelen bitten, um Gold oder was immer du willst.

Unsere Brüder und Schwestern, die *curanderos,* kennen sich mit diesen ›Dingern‹ der Nacht aus. Ich kann dir von ihnen erzählen, Rubia und andere können das auch. Wenn du dem ›guten Weg‹ folgst, brauchst du viel Unterstützung von diesen Tieren, und es ist von Vorteil, große und starke *naguals* zu haben, aber auch Tauben und Mäuse können nützlich sein. Sie können heimlich in kleine Ritzen huschen«, sagte er und lachte. »Du brauchst sie alle. Das Opossum ist nur dein erstes, und vielleicht ist es gar nicht dein richtiger Bruder. Vielleicht ist es nicht dein anderes du. Vielleicht teilst du gar nicht die Seele mit diesem Tier, aber es wird dir helfen, dein richtiges *nagual* zu finden.

Die Hexen wechseln zuweilen die Gestalt, um Böses zu tun. Aber man muß nicht unbedingt Böses vorhaben, wenn man in der Unterwelt die Gestalt wechselt. Mit den Dingern hier«, er zeigte auf seine Schachtel, »kann man viel Unheil anrichten. Sieh dir nur meinen *tigre* an«, sagte er und zeigte mir ein Paar etwa zehn Zentimeter lange Lederschlaufen, an denen zwei große Eckzähne befestigt waren. »Er tötet mit den Zähnen genau hier.« Er zeigte auf den unteren Teil der Schlagader an seinem runzligen Hals. »Und schon ist der andere hinüber.

Dann gibt es noch ›die Fledermaus‹. Wenn sie an der Decke hängt, umarmt sie sich selbst. Wenn du jemanden umarmst«, er streckte mir seine Arme entgegen und zeigte mir dabei eine bestimmte Stelle im Nacken, »dann drückst du hier zu, bis es knackt. Das war's. Dann ist die Kerze des anderen erloschen.«

Inocente beschrieb noch mehrere niederträchtige Arten des Tötens, und ich traute mich nicht zu sagen, daß ich einige davon schon kannte. Aber er zählte auch die guten Seiten der *naguals* auf, die er im Laufe der Jahre gesammelt hatte. Manche konnten blitzschnell ein Loch graben und einer Hexe entwischen, andere konnten sich in der Welt der Dunkelheit gut verstecken.

Ich war fasziniert. Die Aufzählung ging weiter und weiter. Auch wenn ich manches zum zweiten oder dritten Mal hörte, sagte ich nichts. Ich wollte den Erzählfluß nicht unterbrechen.

Irgendwann waren wir beide müde, und ich machte mich auf den Weg nach Quetzalan. Als ich den Nachtportier weckte und schließlich in mein Zimmer ging, war es schon weit nach Mitternacht, aber der mordlustige alte Herr wollte mir nicht aus dem Kopf gehen. Ich mußte gleich am nächsten Morgen Rubia aufsuchen, das war mir klar.

Auf dem Weg zu Rubia kaufte ich in Quetzalan ihre Lieblingssorte süße Brötchen und kam gerade rechtzeitig zur üblichen Kaffeezeit bei ihr an. Sie war nicht im mindesten überrascht, mich zu sehen.

»Und, was hast du gefunden?« fragte sie, noch bevor ich mich setzen und die Brötchen auspacken konnte.

»Es war nicht der *mapache,* sondern ein Opossum, und ich habe es hier in meiner Tasche«, antwortete ich. Ich hatte den Schwanz und die Backentasche am Abend zuvor bei Inocente mitgenommen.

»Dann laß mal sehen«, sagte sie nach einer kurzen Pause.

Ich holte zuerst die Brötchen heraus und dann die Teile des *tlacuache,* die ich in eine Plastiktüte gepackt hatte.

»Wir müssen den Schwanz so trocknen«, sagte sie und brachte ihn in eine gerade Form. »Ich zeig dir, wie man das macht. Hat Inocente dir erklärt, wie man ihn benutzt?«

»So?« fragte ich und deutete auf die Stelle im inneren Augenwinkel, die Inocente mir gezeigt hatte.

»Das habe ich mir gedacht, daß er dir das zeigt. Diese Dinger sind Ohren, Augen, Füße und Flügel für uns in der Dunkelheit. Sie sind grundsätzlich gut, aber jedes von ihnen hat auch etwas Wildes an sich, so wie auch in jedem von uns etwas Wildes steckt. Sie sind der wilde Teil der Seele, den wir alle haben, und sie schützen uns vor dem Bösen, das in der Dunkelheit geschehen kann. Wenn du die Herren der Dunkelheit um Gerechtigkeit bittest, kannst du diese Dinger benutzen. Du kannst sie benutzen, wenn dich eine Hexe angreift oder wenn jemand dir oder einem der Deinen etwas Böses antun will. Die Hexen benutzen sie nicht nur zur Notwehr, sondern ständig, aber zum Schluß rächt es sich immer, daß sie böse waren. Wenn die Hexen die Herren um etwas bitten, und es geht ihnen nicht um Gerechtigkeit, dann werden die Herren wütend, und die Hexen sind geliefert. Du kannst die Dinger nur benutzen, wenn du ›sie‹, die Herren der Unterwelt, um Erlaubnis bittest, wenn du ›ihre‹ Gunst hast, wenn du ›ihren‹ Willen tust.«

»Hast du auch solche Dinger?« fragte ich Rubia.

»Sicher, wir alle haben sie, aber du kannst sie nur benutzen, um Seelen in der Dunkelheit zu helfen, für alles andere brauchst du die Erlaubnis der Herren. ›Sie‹ geben dir die Erlaubnis nur, wenn deine Sache gerecht ist, wenn du ›ihnen‹ hilfst, hier auf der Erde Gerechtigkeit zu üben.«

»Zeig mir die Schachtel mit deinen Sachen«, bat ich.

»Ich habe sie nicht hier«, sagte Rubia ausweichend.

»Wo ist sie?«

»Nicht hier, aber wenn du sie wirklich sehen willst, kann ich sie holen.«

»Ja, bitte hol sie.« Ich wollte sehen, was diese großmütterliche Zauberin für Tricks auf Lager hatte.

Wir gingen zusammen hinter das Haus. In den Dachsparren eines strohgedeckten Schuppens war eine Schachtel aus Schilfrohr versteckt, die genauso aussah wie die von Inocente. Wir nahmen sie mit ins Haus und stellten sie auf Rubias Altar.

»Lupe, hol bitte Don Inocente«, rief sie ihrer Schwiegertochter zu.

Sobald die Tür geschlossen war, verriegelten wir sie, und dann öffnete Rubia ihre Schachtel aus Schilfrohr. Auf einem bestickten Stoff lagen die gleichen Fellstücke, Bussardschnäbel und Klauen verschiedener Tiere, aber da lagen auch Obsidiansplitter und Tonscherben, die Inocente nicht zu haben schien. Deshalb fragte ich zuerst nach diesen, und Rubia erzählte mir, daß sie von ihren Vorfahren stammten und einem helfen würden, die zu finden, die noch in der Welt der Dunkelheit lebten, und mit ihnen zu reden.

»Vielleicht hilft eines davon auch dir, deinen Freund Cruz dort in der Dunkelheit zu finden. Hör nicht auf das, was Inocente sagte, dieser Cruz kann dir womöglich weiterhelfen. Inocente hat vielleicht Angst vor ihm. Es kann sein, daß Cruz dort in der Dunkelheit auf meinen *compadre* wartet. Leg das zu den Steinen auf deinen Altar.« Sie zeigte auf das Obsidian-Stückchen. »Dann wirst du ihn sehen. Es stammt von unseren Vorfahren und von allen, die vor uns gestorben sind. Es ist aus ›schwarzem Hügelherzen-Stein‹. Du kannst damit auch die ›Hügelherzen‹ sehen. Du brauchst noch mehr *naguals*, wenn du Cruz finden willst, es sei denn, er sucht dich. Er könnte eine unbefriedigte Seele sein, die immer noch nach Gerechtigkeit sucht. Vertraue den *naguals*, wenn sie dich führen, aber sei vorsichtig, wenn dieser Cruz etwas von dir will.«

War das Stück Obsidian Teil eines Werkzeugs ihrer Ahnen gewesen? Warum glaubte sie, es würde mir helfen, Cruz zu rufen? Wenn er freiwillig käme, so bedeute das Ärger, sagte sie. Wenn ich ihn im Traum fand, so sei das in Ordnung. War das eine Art, meine eigenen Träume zu kontrollieren? War die »Hexe« eine Metapher für das unkontrollierte, das wilde Element? Das Unbewußte? Ich dachte natürlich an Freud und Jung und an die Hexerei im sechzehnten Jahrhundert, aber das schien alles zu einfach. Die Erklärungen der westlichen Psychologie paßten nicht zur Tradition der Azteken. Was hätten Freuds Patienten wohl zu seinen Träumen gesagt?

Rubia unterbrach meine Gedanken. »Wenn du das *nagual* einmal hast, gehört es dir für immer. Es ist ein Teil von dir. Jemand, der den Weg der Ahnen kennt, muß dir jedes *nagual* erklären, aber dann gehören sie dir und werden dir immer helfen. Sieh dir diesen *tzopelote* an«, sagte sie und hielt den Schnabel eines Bussards hoch. »Dieser *tzopelote* frißt die Toten, aber er ersetzt mir auch die Augen dort in der Dunkelheit. Ich kann finden, wen ich will, bevor er von den ›anderen, die nicht unsere Brüder sind‹ verschlungen wird.«

Bis Inocente kam, hatte Rubia mir jeden Gegenstand in ihrer Schilfrohr-Schachtel vorgeführt. Als Lupe an die Tür klopfte, verstaute sie schnell alles in der Schachtel und legte sie hinter sich. Sie wollte nicht riskieren, daß Inocente etwas davon sah. Ich öffnete die Tür und ließ die beiden herein. Wie immer, wenn er im Haus eines anderen war, wirkte Inocente, als fühle er sich nicht wohl.

»Na, hast du Timoteo von deinen *naguals* erzählt?« fragte er.

»Ja, zumindest ein bißchen was. Ich denke, jetzt müssen wir ihm beide sagen, wo sie hingehen und wie wir sie benutzen.«

»Sie hat dir ihre *naguals* gezeigt?« wollte der Alte jetzt von mir wissen.

»Ja«, antwortete ich. Rubia starrte mich an, und mir war klar, daß ich nicht darüber reden sollte.

»Hat sie mehr als ich?« fragte er.

»Ungefähr gleich viele«, antwortete ich.

»Sie hat *tigres* und ›Menschenfresser‹ da drin?« bohrte er weiter.

»Ja, ich glaube. Kann sein«, sagte ich unbestimmt.

Inocente versuchte, noch mehr zu erfahren, merkte aber schnell, daß aus mir nichts herauszubekommen war. Liebend gern hätte er gewußt, welche Tiere Rubia hatte. Die Dynamik dieser Dreiecksbeziehung wurde langsam frustrierend, und ich befürchtete, daß es in Zukunft noch schlimmer werden würde.

Wir redeten den ganzen Vormittag über *naguals* und was sie tun. Es gab zahlreiche andere Techniken, um eine Hexe, eine Person oder einen Feind um die Ecke zu bringen. Die meisten waren brutal und nicht nachweisbar. Aber ich erfuhr auch viel über die Eigenschaften der verschiedenen Tiere und ihre Stellung in der Unterwelt, wohin sie gehen und was sie dort tun. Es war eine außergewöhnliche Lektion über die Vorfahren und ihre Welt, und mir war danach vieles klarer. Ich begann zu verstehen, daß bei den Azteken Heilen dasselbe war wie Töten.

Ich erklärte mich bereit, Inocente gegen Mittag nach Hause zu bringen. Aber bevor wir aufbrachen, mußte ich den beiden alten Heilern versprechen, nie jemandem zu verraten, über was wir gerade gesprochen hatten. Ich würde sonst im Dorf mit Sicherheit der Hexerei angeklagt werden. Von diesen Dingen sollten nur diejenigen wissen, die mit Träumen umgehen konnten.

Nach allem, was ich gehört hatte, wurde mir klar, warum nur wenige Eingeweihte davon wissen durften. Es handelte sich hier um ein ganz spezielles, geheimes Wissen, das nur Heilern zugänglich war. Langsam begann ich zu verstehen, wie alles zusammenhing, denn ich webte endlich die einzelnen Fäden ihrer Welt zusammen.

Als ich ihn verließ, sagte Inocente: »Jetzt bist du darauf vorbereitet, in der Dunkelheit zu sehen. Folge dem Weg, und du wirst sehen, daß die Ahnen anwesend sind. Ihr Weg ist der gute Weg.«

6

Die Hexe

Der aromatische Duft von geröstetem Kaffee holte mich aus einem der ereignisreichsten Träume seit ich »dem Weg« folgte. Als ich die Augen aufschlug, konnte ich Don Ismael sehen, wie er langsam seinen alten hochbeheizten Röster unter dem Dachvorsprung auf der anderen Straßenseite drehte. Es war feucht und kalt. Seit fast drei Tagen regnete es ununterbrochen. Das war einem der gefürchteten *Nortes* zuzuschreiben, einem jener Nordwinde, welche die Sierra im Winter gelegentlich heimsuchen. Die *Nortes* bringen Krankheit und Elend in die Dörfer, besonders zu denen, die in strohgedeckten Hütten leben, deren Wände nur aus mit Lehm beworfenen Pfählen bestehen. Selbst mein Hotelzimmer war kalt und feucht, und ich hatte es kaum verlassen. In San Martín war ich schon seit drei Tagen nicht mehr gewesen.

Ich war noch benommen vom Schlaf, wußte aber, daß ich mein Abenteuer in meinem Traumtagebuch festhalten mußte. Ich versuchte, mich zu konzentrieren, und zum ersten Mal fiel mir auf, daß ich meine Träume endlich so betrachtete wie Rubia und Inocente. Sie hatten mich gelehrt, wie ich im Traum die Ein- und Ausgänge finden konnte und welche Tiere mich hineinbrachten und führten. Ich kannte die Städte, die Dörfer und die heiligen Stätten der Unterwelt. Die Welt der Dunkelheit wurde Teil meines täglichen Lebens.

Was ich im Traum zu sehen gelernt hatte, akzeptierte ich als Wirklichkeit. Ich lernte, meine Träume kritisch zu deuten und die Traumgeschichten in der richtigen Form zu erzählen.

Ich setzte mich mit meinem Traumtagebuch an den wackligen Tisch, sah hinaus in den Nieselregel auf die alten kopfsteingepflasterten Straßen und die heruntergekommenen Gebäude von Quetzalan. Dann schloß ich die Augen und sah *talocan* vor mir. Ich war wieder in der Welt der Träume. Es war eine Welt der Bilder, die ich nie zu sehen oder zu verstehen erwartet hatte. Beim Schreiben wurden die Bilder lebendige Wirklichkeit.

Ich betrat *talocan* durch den Großen Östlichen Eingang, den riesigen Erdschlund mit den Zähnen aus Kletterpflanzen, wo ich den Hahn geopfert hatte. Die geselligen Fledermäuse hingen an der Decke der Höhle und führten eine zirpende Unterhaltung. Ich redete eine Weile mit ihnen und sah zu, wie sie ihre Jungen behüteten. Die Fledermäuse und die Fledermausmenschen sind sehr nützlich in der Welt der Nacht. Sie sehen alles und können in *talocan* sehr schnell von einem Ort zum anderen gelangen. Sie teilten mir nichts von Bedeutung mit, aber als ich mich auf den Weg in die Dunkelheit machte, zirpte eines ihrer Jungen: »Da drinnen ist eine Hexe!«

Ich kümmerte mich wenig um das, was das Fledermausjunge gesagt hatte, als ich durch die Nacht flog.

Bis jetzt war ich noch nie auf eine Hexe gestoßen, und ich

hoffte, daß es auch so bleiben würde. Obwohl Inocente und Rubia mir viel von ihnen erzählt hatten, verstand ich immer noch nicht ganz, was eine Hexe war. Es war jemand, der Böses tat und die Gestalt änderte, so wie auch ich es in der Welt der Träume tat. Eine Hexe war jemand, der anderen Leid zufügen wollte, eine bedrohliche Figur, die Gutes zu Bösem machte und Träume zu Alpträumen. Das war alles, was ich über Hexen wußte.

Ich flog weiter durch die Nacht, über Wälder und Berge. Es war wie früher, als ich in dem Flugzeug meines Vaters aus dem Fenster sah. Da waren Felder und Flüsse; die Landschaft bildete ein eigenartiges Muster aus großen flachen Quadraten, wie im Mittleren Westen ein Patchwork aus Erde, ein Schachbrett aus Feldern und Wald, ganz anders als die Berge Mexikos.

Unter mir fllimmerte es grün und golden. Irgendwann saß ich auf einem Ast hoch oben in einem Baum und beobachtete, was unter mir vor sich ging. Der *tlacuache,* der nun regelmäßig in meinen Träumen auftauchte, war bei mir. Er saß aufrecht, fast wie ein Mensch. Nur selten sprach er mit mir, aber sein Maul bewegte sich, als würde er reden. Ich reiste mit dem *tlacuache.* Ich nahm seine Gestalt an, wie die beiden weisen Alten es genannt hätten. Ich wurde der *tlacuache* und kletterte den Baum hinab.

Überall lagen große, zerklüftete Felsen, schwarz und überwuchert. Es war fast wie der Pedregal, der öde Vulkanschutt, den man am Rand von Mexico City fand, dort, wo die National University steht. Ein ständiges Echo, vielleicht von Stimmen, begleitete mich, als ich mich durch die schwarzen Felsen und das Unterholz bewegte. Auf dem Boden befand ich mich in einem Irrgarten. Die Felsen um mich herum legten sich in Falten, und aus allen Falten wuchsen stachelige Kakteen und Agaven. Ich hörte Stimmen, die mir irgendwie vertraut waren, die ich aber nicht zuordnen konnte. Ich verstand auch nicht, was sie sagten.

Als ich um eine große Felsnase bog, sah ich zehn oder zwanzig Leute an einem großen Konferenztisch sitzen. Es war ein dunkler spanischer Tisch, wie man ihn häufig in den Refektorien der alten Klöster findet. Die Leute kannte ich nicht. Sie trugen die hier übliche Kleidung: Anzug, *guyabera* und Lederjacke, so wie meine Kollegen vom Institut, aber ich konnte keines der Gesichter erkennen. Es war offensichtlich eine lebhafte Diskussion im Gange, von der ich aber kein Wort verstand. Für mich war es ein einziges Stimmengewirr und wildes Gestikulieren.

Als ich so dasaß und die Leute beobachtete, wurden die Gesichter deutlicher. Es waren alles Tiergesichter. Doch einige konnte ich an ihrer Kleidung erkennen. Ja, das waren die anderen Anthropologen vom Institut. Juan, am Kopfende des Tisches, war ein großer, alter Bär und führte den Vorsitz. Alfonso war ein großer, dunkler Adler oder Habicht mit Glatze und einer weißen *guyabera* voller Flecken. Er sah aus, als wolle er auf jeden herabstürzen, der ein falsches Wort sagte. Olivia war zu einem großmütterlichen alten Drachen geworden. Sie trug die Tracht der Einheimischen, mit leuchtenden Farben und klimperndem Schmuck. Mit ihren schwarzen, kampflustigen Augen starrte sie ihre Gegner nieder. Marta war ein grauer alter *tlacuache* in einem faden Kleid. Sie blinzelte über ihre Bifokalbrille und machte sich ständig Notizen. José Luis war ein schwarzweißer Vogel im Anzug. Seine unverkennbare Brille hing kurz vor dem Absturz am Ende seines langen Schnabels. Er sprach in wohlüberlegten Worten, und alle ließen voneinander ab und hörten ihm zu. Hin und wieder breitete er mit viel Imponiergehabe seine Flügel aus. Jetzt redeten wieder alle wüst durcheinander.

Schließlich ging Don Leopoldo ans Kopfende des Tisches und begann zu reden, wobei er von seinen Notizen ablas. Er trug wie üblich einen zerknitterten Anzug, seine langen Haare waren nach hinten gekämmt und fielen ihm auf den Kragen. Ich sah, daß seine Schnurrhaare zitterten und die vorstehenden Zähne eines Nagetiers unter seiner langen Schnauze hervorlugten. Er war eine große Ratte oder Maus mit riesigen, runden Ohren. Er sprach in klarem, gepflegtem Spanisch, das ich endlich verstehen konnte, obwohl nichts von dem, was er sagte, einen Sinn ergab. Alle am Konferenztisch lauschten aufmerksam, als er seine Rede hielt.

Ein alter, enorm fetter grauer Kater kam an den Tisch und schnurrte leise in gepflegtem Spanisch: »Das reicht, Don Leopoldo. Sollen wir ihn herholen oder nicht?«

Der Kater war so massig, daß er nicht stehen konnte, sondern in einem großen Sessel hinter Leopoldo sitzen mußte. Das mußte Don Arturo sein, der große alte Mann, der wohlwollend und schweigsam den Büros und Bibliotheken vorstand, genauso wie er jetzt hier saß und der Besprechung vorstand.

»Wir holen ihn her«, antwortete das ungepflegte graue Nagetier. Aus dem Gespräch wurde wieder ein unverständliches Stimmengewirr und alle gratulierten einander mit Händeschütteln und *abrazos*.

Plötzlich spürte ich einen kalten, feuchten Luftzug. Es roch überall nach Schimmel. Vielleicht war ich mitten in der Nacht aufgewacht und spürte die Feuchtigkeit meines Zimmers. Doch jetzt änderte sich plötzlich alles im Traum. Es wurde dunkel, und aus dem chaotischen Stimmengewirr waren die Stimmen verängstigter Tiere hörbar, die Schutz suchten. Ein räudiger Straßenköter, der aufrecht stand und einen Rock trug, kläffte Leopoldo an, dann drehte er sich um und bellte mich an. Er bellte durchdringend und bösartig und schlug mit den Vorderpfoten nach mir.

Die Gruppe entschwand meinem Blickfeld und ich floh. Dann sah ich sie. Eine riesige, grauhaarige Frau in braunen Kleidern. Die zu einer borstigen Frisur aufgetürmten Haare sahen aus wie getrocknete Maisblätter. Ihre Augen waren groß und schwarz. Sie war mit Goldschmuck behängt, der zu brennen schien, und hatte eine lange rattenartige Schnauze mit Schnurrhaaren, die mit mehreren Schichten gräßlich grünem Make-up bedeckt war. Ihr Mund öffnete sich wie der einer Kröte oder eines Froschs, und eine riesige Zunge schoß heraus und auf mich zu. Die Zunge blieb an den Felsen hängen und rollte sich wie eine Peitsche wieder ein. Erneut schoß die Zunge auf mich zu und blieb mit einem Klatschen am Felsen neben mir hängen.

Ich wollte fliehen, die Felsen wichen jetzt Bäumen. Zuerst waren es große, schwarze Bäume, sehr alte Bäume, wie im Urwald von Oaxaca am Pazifik. Sie waren von Flechten und Moosen überwuchert. Die Gegend wirkte urzeitlich. Ich rannte, und immer wieder landete die Zunge knapp vor mir – klatsch, schon wieder – und zog sich dann wie eine Peitsche knallend zurück.

Das also war eine Hexe.

Ich rannte so schnell ich konnte durch die Bäume des großen Waldes von Oaxaca und stürzte in einen Fluß, doch die Frau mit dem Krötenmaul verfolgte mich durch die Dunkelheit. Ich wirbelte herum, purzelte und fiel, konnte nicht entkommen, aber auch nicht aufwachen.

Ein Arm streckte sich mir aus dem Chaos entgegen. Zuerst sah ich nicht, wem er gehörte. Doch der wirbelnde Absturz nahm ein Ende, und ich fand mich an einem breiten Sandstrand am Flußufer wieder, Cruz an meiner Seite. Der kleine Mann mit dem Oberlippenbärtchen und den langen, zurückgekämmten schwarzen Haaren, hielt mich fest und blickte mich mit glänzenden dunkelbraunen Augen an.

»Komm, gehen wir«, sagte er in Nahuatl und zog mich an der Taille hoch.

Mir war immer noch schwindlig und ich fiel zurück auf den Sandboden. Cruz half mir wieder auf.

»Die hätte dich eben fast erwischt. Wir müssen los, sonst müssen wir beide dran glauben, komm!« drängte er.

Cruz hob sich durch sein weißes Popelinhemd und die *calzones,* die zweimal um die Hüfte gebunden waren, vom dunklen Sand ab. Die *huaraches,* seine Sandalen, bestanden aus schweren, weißen Lederriemen und schwarzen Sohlen aus Autoreifen. Er trug die Kleidung der Region und war wie aus dem Ei gepellt.

»Da drüben am Flußufer lebt eine alte *tlacuache*«, sagte er. »Mal sehen, ob sie uns versteckt, bis die Hexe weg ist.«

Er führte mich zu einem kleinen Erdloch, und wir schrumpften, bis wir hineinpaßten. Ich hatte das Gefühl zu stürzen, als meine Hände zu Klauen wurden. Im Bau bemerkte ich, daß wir jetzt beide *tlacuaches* waren. Cruz' weiße Kleider waren zu einem dicken, weißen Fell geworden, und ich spürte, wie mein Bart wuchs und zu einem langen, grauen Fell wurde, das mich vollkommen umhüllte. Cruz unterhielt sich mit der alten *tlacuache.* Sie hatte lange, graue Haare und ein großmütterliches Lächeln, das mich an Rubia erinnerte.

»O verehrte Großmutter, dürfen wir bleiben, gewährst du uns Schutz? Eine Hexe sucht diesen Mann hier, meinen Begleiter. Sie lauert draußen in der Dunkelheit, im Nebel.«

»Ja, meine Lieben, setzt euch her. Wartet hier, aber dann müßt ihr fliehen. Du mußt den da, an dem noch Fleisch ist, aus der Dunkelheit herausbringen«, sagte die *tlacuache,* die jetzt als alte Frau, sorgfältig in der Tracht der Einheimischen gekleidet, erschien. Auf ihrem Kopf türmte sich ihr *mecapal* aus geknoteten, violetten und grünen Wollsträngen.

Während wir warteten, unterhielt sich Cruz mit der alten Frau. Sie sagte ihm, daß wir die Höhle der Winde und das Land der Toten im Norden finden müßten, wenn ich entkommen wolle. Plötzlich spürte ich die rasende Wut der Hexe, die mir gefolgt war, und wußte, daß sie jetzt am Eingang unseres Baus vorbeiging. Wir waren zwei verängstigte, kleine Tiere, die sich zitternd vor einem bösen Räuber versteckten. Da wir spürten, daß sie nach uns suchte, waren wir mucksmäuschenstill. Ich war wie versteinert.

Endlich ließ das Gefühl, daß die Hexe noch in der Nähe war, nach, und wir atmeten auf. Cruz verabschiedete sich von der alten Frau und versprach, daß ich ihr Gaben aus der Welt des Lichts bringen würde. Wir standen auf, wurden größer und befanden uns wieder vor dem Eingang. Es war dunkel, aber alles schien jetzt klar.

»Jetzt müssen wir fliegen«, sagte Cruz, und plötzlich wurden wir zu dunkel gefleckten, schreienden Ziegenmelkern, die in der Sierra bei Anbruch der Dunkelheit aus ihren Nestern kommen. Wir flogen hoch und setzten uns auf einen Ast. Leise wie Windhauch flüsterte Cruz mir ins Ohr:

»Los geht's!«

Im Traum überflogen wir Dörfer und Städte. Ich folgte Cruz durch die Dunkelheit. Schließlich landeten wir wieder auf einem großen Baum.

Unter uns hörten wir Stimmen und sahen Männer, die in der Kleidung der Einheimischen das Unterholz zurückschnitten, so wie Lucas damals auf seiner *cafetal* Buschwerk gerodet und Holz zusammengetragen hatte.

»Das sind die *kiyauhtiomej*«, sagte Cruz. »Sie sammeln Holz für das Feuer in der Höhle der Winde. Wir folgen ihnen in die Höhle, und von dort findest du alleine nach draußen ans Licht.«

Wir sahen ihnen eine Weile zu, wie sie rodeten, das Holz in Stücke hackten, es stapelten und aufluden. Sie sahen wie ganz normale Leute aus dem Dorf aus, die bei der Arbeit waren. Wäre nicht ihre Kleidung gewesen, hätten es Bruegels Bauern aus dem Mittelalter sein können.

Cruz, der neben mir saß, sah ihnen ebenfalls zu. Wir unterhielten uns, aber ich konnte mich nicht mehr daran erinnern, über was. Mein Traum-Begleiter war mir auf Anhieb sympathisch. Er war jetzt keine rätselhafte Gestalt mehr, er schien vielmehr der Teil von mir zu sein, der nüchtern und sachlich blieb. Cruz war dunkel, muskulös mit straffer Haut und hatte eine einfühlsame Art, die ich sofort bewunderte. Wir saßen lange auf dem Baum und sahen den übernatürlichen Azteken bei der Arbeit zu.

Irgendwann sagte Cruz: »Komm, sie brechen auf. Such deinen *tlacuache,* dann folgen wir ihnen in den Bäumen.«

Er selbst war schon wieder zu einem *tlacuache* mit glattem, weißem Fell geworden. Da sah ich einen anderen *tlacuache* mit schwerem, grauem Fell, und schon sprang ich behende von Ast zu Ast, von Baum zu Baum, immer hinter Cruz her. Wir waren wie zwei spielende Kinder, als wir den Männern folgten, die große Bündel Feuerholz auf dem Rücken trugen. Sie gingen hintereinander her. Ihr schwerer Atem und das Stöhnen unter dem Gewicht ihrer Last hörte sich wie ein Klagegesang an.

Wie schwarze Ameisen gingen sie einer nach dem anderen durch ein tiefes, dunkles Loch im Gebüsch und waren dann verschwunden.

»Alles klar.« sagte Cruz. »Das ist der Eingang zu *miquitalan*, dem Land der Toten. Dort leben die Herren und Herrinnen des Todes und regieren mit ihren Günstlingen, den *talocana* und den *mictiani*. Sie essen das Fleisch der Toten, aber auch der Lebenden, wenn sie einen finden«, sagte er und warf mir einen vielsagenden Blick zu. »Hier werden die Toten hergebracht. Das Fleisch wird ihnen von den Knochen abgezogen, und sie werden ein *tonal*, so wie ich. Die Höhle der Winde, zu der du mußt, liegt hinter dem Palast des Todes. Wir müssen also an ihnen vorbeischlüpfen und den Weg nach draußen finden. Wir müssen zur Höhle, wo der Herr und die Herrin der Winde leben, und wir müsssen sehr aufpassen, daß wir nicht in die Paläste des Todes geraten, sonst werden wir wie der Herr und die Herrin des Todes.«

Wie konnte es sein, daß Cruz nicht von ihnen verschlungen worden war? Wer war dieser Mann? War er, wie Rubia meinte, einer, der im Dorf gelebt hatte oder zumindest unter Menschen auf der Erde?

Wir kletterten vom Baum herab und schlüpften in das Loch, in dem die Bauern, die *kiyauhtiomej*, die Blitzwesen, verschwunden waren. Es war pechschwarze Nacht, und ich hörte nur, wie Cruz sagte: »Pst, sie dürfen uns nicht hören. Das sind Fleischfresser. Folge mir!

Sei jetzt vorsichtig. Ich gehe voraus und sehe nach, ob das nicht doch der Weg ins Land der Toten ist. Noch suchen sie dich nicht, aber wenn sie dich sehen, reißen sie dir vielleicht das Fleisch von den Knochen, und dann bist du an die Dunkelheit verloren, dann kannst du nie mehr ans Licht zurück.« Cruz ging voraus und kam kurz darauf zurück.

»Wir müssen hier lang«, sagte er. »Ich habe die Küchen der Höhle der Winde gefunden. Dort sind die großen Töpfe mit den Stürmen und den Blitzen.«

Er hatte recht. Wir kamen in eine riesige Küche. An einem Ende brodelte es in großen Töpfen über dem Feuer, und in der Mitte des Raums stand ein großer Tisch. Es schien sogar gut zu riechen. Am anderen Ende des Raums standen drei große Tontöpfe, sorgfältig mit Holzdeckeln verschlossen. Von ihnen hatte ich schon oft in Geschichten gehört. Sie enthielten die Wolken, die Winde und den Regen. Cruz zeigte in eine Ecke, wo der *metate* der Krötenfrau stand, mit dem sie das Korn für die Herren der Winde und des Wassers mahlte.

Es war niemand da, und wir konnten in der Höhle ungehindert von Raum zu Raum gehen. Die Geräusche von Wind und Regen tosten wie ein unerbittlicher Sturm. Wir hörten eine Bewegung, und Cruz gab mir zu verstehen, daß ich zurückbleiben sollte. Er ging weiter.

Als er zurückkam sagte er: »Alles klar, sie sind alle zusammen bei den Herren der Höhle, die Blitzwesen, die Wasserwesen, die Windwesen und die Rauchwesen. Sie sind um die Herren versammelt, die auf ihrem Thron in der Höhle sitzen. Die lassen sicher bald einen großen Sturm ausbrechen oder hecken zusammen irgendeine andere Gemeinheit aus.« Cruz deutete nach rechts und sagte: »Wir können dort raus, wo das Wasser herkommt.«

Wir gingen weiter. Überall hörten wir Regen prasseln und Wasser rauschen. Dann kamen wir in eine große Höhle mit einem Wasserfall und einem See, aus dem ein großer Fluß entsprang. »Von hier nehmen sie das Wasser für die Welt des Lichts«, erklärte Cruz. »Alle Seen, Bäche und Flüsse entspringen hier.«

Jetzt drang uns eine feuchte Kälte durch Mark und Bein. Cruz half mir über die Felsen und Steine, die im Weg lagen, und langsam wurde es heller. Das Licht hatte einen fast silbernen Schimmer angenommen.

Wir kamen zu einem der Höhleneingänge, von dem man die ganze Sierra überblicken konnte. Durch den Nebel konnten wir die Berge sehen. Der Eingang zur Höhle befand sich auf halber Höhe zum Gipfel, so wie die Höhleneingänge, bei denen ich vor einigen Monaten Opfergaben hinterlassen hatte.

»Weiter kann ich nicht gehen«, sagte Cruz. »Nimm den Nachtvogel und flieg ans Licht, dann kann dir nichts passieren. Aber paß auf, daß keiner von den ›anderen‹ dir folgt. Mit der Hexe mußt du selbst fertigwerden. Sie muß aufgehalten werden, sonst tut sie dir etwas an. Wenn du ein gutes Leben führst, können sie dir nichts anhaben. Flieg jetzt, bevor sie kommt. Vergiß nicht, daß sie dich immer noch sucht.«

Damit verschwand Cruz, und ich erwachte aus meinem langen Traum.

Ich beendete meine Eintragung, legte das Tagebuch beiseite und sah mich im Zimmer um. Ich hatte festgestellt, daß ich mir das Wichtigste meiner seltsamen Träume merken konnte, wenn ich sie aufschrieb, bevor ich anfing nachzudenken, ja sogar, bevor ich Kaffee trank. Ich sah und erlebte Dinge, die ich nie für möglich gehalten hätte. Hatte sich seit der Suche nach Rubias verhexter Seele die Sichtweise verändert, mit der ich meine eigene Seele und meine Traditionen betrachtete? Irgendwie verschmolzen die Träume und die Art, sie zu interpretieren, die man mir beigebracht hatte. Ich wurde in die Welt, die hinter Rubias und Inocentes

Augen lag, hineingezogen und von ihr mitgerissen. Ich wurde ein Heiler, ein Träumer und ein Schamane. In vielen Kulturen galt es immer noch als gefährlich, dem Ruf der Götter nicht zu folgen. Wer waren all diese alten Götter? In welchem Maße hatte ich mich noch unter Kontrolle, und wie weit hatte ich mich einer Tradition verpflichtet, die ich noch nicht einmal ganz verstand?

Die meisten mögen denken, daß ich für eine glaubwürdige Anthropologie zu weit gegangen bin, aber gerade das war für mich Gegenstand der Anthropologie. Meine Forschungen an der National University befaßten sich zu dieser Zeit nur mit Linguistik, und dies war eben eine andere Art von Ethnologie, die nebenher lief. Fernando Horcasitas, Doris Heyden und Thelma Sullivan, alles Kollegen und Freunde, denen ich mich anvertraute, ermutigten mich, meine Arbeit in der Sierra fortzusetzen. Aber selbst bei diesen engen Freunden überlegte ich mir gut, was ich erzählte, besonders, wenn es um meine Träume ging und darum, wohin ich in ihnen reiste.

Der Regen hatte nachgelassen, aber ein kalter Nebel überzog jetzt alles. Ich dachte an den Friedhof, an dem ich bei jedem Besuch in San Martín vorbeikam. Er lag auf einem Hügel an einer Biegung der Straße.

Warum erschien Cruz in meinen Träumen? Lag er vielleicht dort oben in einem namenlosen Grab? War er vor langer Zeit in einem Gespräch erwähnt worden, das ich vergessen hatte? Obwohl ich wußte, daß es Monate dauern würde, beschloß ich, irgendwann festzustellen, ob es ihn wirklich gegeben hatte. Ich würde im Stadtarchiv nachforschen, in diesem Wust von alten Papieren, die im Rathaus vor sich hin gammelten, dort wo jetzt die Weber-Kooperative untergebracht war. Ich verließ mein Zimmer, trank einen Kaffee, kaute süßes Brot und trottete durch den Regen zu Rubia.

Als ich ankam, machte ich mir immer noch Gedanken über Cruz.

»Guten Tag, die Dunkelheit naht«, rief ich.

»Da bist du ja«, rief Lupe aus der Küche, bevor sie mich begrüßen kam. »Wo hast du in den letzten Tagen gesteckt?«

»Es war so kalt, daß ich in Quetzalan geblieben bin«, antwortete ich, »aber jetzt mußte ich kommen, um unsere Großmutter zu sprechen.«

»Unsere Großmutter schläft«, erwiderte sie. »Sie hat Gliederschmerzen von der Kälte.«

»Ich schlafe nicht«, rief Rubia von ihrer Pritsche in der Küche. »Sag ihm, er soll hier herein ins Warme kommen, und mach uns einen Kaffee.«

Ich folgte Lupe in die Küche und setzte mich zu Rubia auf die Pritsche. »Wie geht es dir, Großmutter?«

»Nicht gut«, erwiderte sie. »Aber jetzt sag mir, warum bist du gekommen? Es muß etwas Wichtiges sein, wenn du dich bei der Kälte und dem Nebel auf den Weg gemacht hast.«

»Das stimmt«, sagte ich. »Ich hatte einen Traum und bin von einer Hexe gejagt worden.«

»Eine Hexe, so. Ich hätte nie gedacht, daß sie es auf dich abgesehen hat. Du warst nicht einmal hier, als es überall Hexen gab. Hast du dir das ›Ding‹ gut angesehen? War es ein Mann oder eine Frau?«

»Eine Frau«, antwortete ich.

»War es Doña Marta, die ein paar Häuser weiter wohnt?«

»Nein.«

»Dann war es vielleicht die alte María Sanchez.« María

Sanchez hatte einen Gemischtwarenladen im unteren Teil des Dorfes. Sie war eine dunkelhaarige, schwere Frau mit langen Zöpfen, die sie nicht, wie die meisten Frauen im Dorf, hochgesteckt trug. Viele sagten, sie sei eine Hexe. Ihre Mutter war eine gewesen.

»Die war es auch nicht. Es war überhaupt niemand von hier.«

»Dann hast du eine eigene Hexe. Vor der mußt du dich sehr in acht nehmen.«

Ich dachte an die Akademie, die ein wahres Hornissennest war, und fragte mich, ob meine persönliche Hexe wohl von dort kam.

»Die Hexe, die hinter mir her war, hat einen Fehler gemacht«, sagte Rubia. »Sie muß meine Seele losgelassen haben, sonst würde ich nicht mehr hier sitzen. Aber das heißt nicht, daß sie weg ist. Wahrscheinlich lauert sie immer noch irgendwo da unten und plant Schlimmes, für den Fall, daß sie mich noch mal erwischt.«

Ich dachte an die dunklen Stellen in unserer Psyche, wo die Hexen wirkten. Würde meine Hexe auch einen Fehler machen?

»Und jetzt erzähl mir, was alles passiert ist«, verlangte Rubia.

Ich begann meine lange Traumgeschichte, und Rubia lauschte gespannt und sagte nur wenig, bis ich geendet hatte. Ich war etwas verlegen und erwähnte nicht, welch große Hilfe Cruz mir gewesen war.

»Na, die hätte dich ja fast erwischt«, sagte Rubia. »Weißt du, meistens sieht man diese ›Dinger‹, die Hexen, beim Heilen. Manchmal haben sie eine Abmachung mit den Herren da unten getroffen, oder, noch schlimmer, sie haben selbst was Böses getan, haben dem, den du heilen willst, deinem

Schutzbefohlenen, dem kleinen Täubchen, etwas Böses angetan. Wenn sie etwas Böses getan haben, ist es zu spät. Wenn nicht, dann kannst du den Leuten, der Familie deines Schutzbefohlenen, sagen: ›Ja, da ist eine Hexe hinter dir her.‹ Sag den Leuten aber nie, wer es ist, sonst gehen sie zu einer anderen Hexe, damit die sich diejenige schnappt und ihr etwas Böses, etwas Schreckliches antut.

Du mußt also mit den Leuten reden. Du mußt sehen. Du mußt wissen, wer deinen Schutzbefohlenen mag und wer sich wünscht, daß ihm etwas zustößt. Du suchst im Traum, aber manchmal genügt das nicht. In diesem Fall mußt du die Eltern und Verwandten fragen, von wem die Hexerei kommen könnte, und wahrscheinlich können sie es dir sagen. Wenn du die Hexe dann im Traum siehst, hast du sie. Aber Hexen sind schwer zu finden. Sie können dort in der Dunkelheit Hunde oder *tlacuaches* oder Vögel sein, und dann mußt du mit ihnen kämpfen, um herauszufinden, wer sie wirklich sind, um ihren nackten *tonal* zu sehen, um durch das *nagual* hindurchzusehen, das sie versteckt. Dann wird es wirklich gefährlich, weil die anderen, die sich mit den Tricks der Ahnen auskennen, dann auf dich Jagd machen können, in *talocan* und sogar hier. Die kriegen dich. Die verhexen dich. Hier sind eine Menge Leute umgekommen, als die Hexen anfingen, aufeinander loszugehen.« Rubia schob sich das Kissen im Rücken zurecht und starrte ins Leere.

»Wann war das?« Ich war aufgeregt, daß endlich vom Krieg der Hexen die Rede war. Ich wußte, daß ihr Onkel und wahrscheinlich auch ihre Mutter tief darin verstrickt gewesen waren. Langsam dachte ich, daß vielleicht sogar Rubia daran beteiligt gewesen sein könnte. Aber ich war mir sicher, daß sie abstreiten würde, je etwas Schlechtes getan zu haben.

»Ach, das ist lange her. Die haben sich alle gegenseitig umgebracht. Vielleicht hat es damals deinen Freund Cruz erwischt. Es könnte sein, daß er einer von denen ist, die nach all den Jahren, immer noch nach Gerechtigkeit suchen.«

»Wer war er?«

»Weiß nicht«, antwortete Rubia, und man sah ihr an, daß sie sich alles andere als wohl in ihrer Haut fühlte.

»Wer war er?« hakte ich nach.

»Könnte einer von den Cruzes da unten gewesen sein.« Ihre Handbewegung machte klar, daß sie den unteren Teil des Dorfes meinte. »Damals hat es viele erwischt. Mit ihrer Bösartigkeit haben sie viele Menschen umgebracht, aber jetzt gibt es keine Hexen mehr hier in San Martín.« Sie sagte das mit großem Nachdruck.

»Warum nicht?« fragte ich weiter. »Was ist aus ihnen geworden?«

»Sie sind weg. Es gibt keine Hexen mehr!« sagte sie mit Bestimmtheit.

Ich wußte, jetzt war es Zeit, von etwas anderem zu reden. Sie würde mir nicht mehr verraten.

7

Auf »dem Weg«

Zum Fest des Heiligen Michael fuhr ich in ein anderes Dorf in der Sierra und wollte bis zum großen Fest des Heiligen Franziskus bleiben, das am 4. Oktober in Quetzalan stattfand. Ich hatte vor, viele Fotos von den Festen zu machen, und so blieb kaum Zeit für einen Besuch in San Martín. Die Genehmigung der Priester von Quetzalan und San Miguel, meine Fotoausrüstung auf dem Glockenturm und der Chorempore ihrer Kirchen aufzubauen, hatte ich schon eingeholt. Diese Feste zu fotografieren, war keine einfache Aufgabe. Ich ging generalstabsmäßig an die Sache heran, positionierte meine Kameras, kontrollierte die Entfernung, die Beleuchtung und den Winkel.

Es war eine harte, schweißtreibende Arbeit. Die Regenzeit war in diesem Jahr früh zu Ende gegangen, und die Sonne brannte erbarmungslos. Unter dem Dach und auf der Empore stand die Hitze. Und selbst das große, alte Zimmer in meinem Hotel in Quetzalan war kaum kühler, da es seit über einer Woche nicht geregnet hatte und die Wände aus luftgetrockneten Lehmziegeln die ganze Nacht hindurch die gespeicherte Wärme abgaben.

Nach sechs oder sieben Tagen hatte ich einen sich wiederholenden Traum. Jedesmal war ich in einer heißen, dunklen Höhle gefangen. Es war ein kurzer Traum, der kaum einen Zusammenhang mit dem hatte, was ich sonst in der Nacht sah. Doch irgendwann wußte ich, daß daraus wieder eine Reise in die Welt der Dunkelheit werden würde. Jeden Tag wurde der Traum ausgefeilter. Um in Rubias und Inocentes Worten zu sprechen: Ich war eindeutig auf dem Weg zum südlichen Teil von *talocan,* zur Quelle der Hitze. Ich selbst sah es als Teil meiner Ausbildung an. Rubias ständige Traumdeutungen gingen nicht spurlos an mir vorüber, und ich träumte mich jetzt nicht nur direkt in die Unterwelt hinein, sondern konnte meine Reisen sogar kontrollieren. Hexen waren mir keine mehr begegnet. Nach ein paar Tagen beherrschte dieser Traum von der Höhle die ganze Nacht, und ich hatte meinen Freund Cruz wiedergefunden, meinen Führer in dieser geheimnisvollen Welt.

Es begann, schrieb ich in mein Traumtagebuch, als mein *tonal* endlich meinen Körper verließ und in den heißen Bereich einer großen Höhle zum südlichen Rand *talocans* eintrat. Überall waren Dampf, Rauch und Feuer. Kleine Männer, Diener aus der Unterwelt in einheimischer Kleidung, schleppten Unmengen von Feuerholz herbei und warfen es in ein Flammenmeer, dessen Schein die Dunkelheit und den Rauch durchdrang. Jede Gruppe hatte ihr eigenes Freudenfeuer, und ihre Bewegungen schienen aufeinander abgestimmt, als tanzten sie. Abwechselnd warfen sie ihr Holz ins Feuer, traten dann zurück und sahen zu, wie die Funken sprühten. Ich beobachtete sie eine Weile und ging dann weiter.

Hinter mir entdeckte ich einen Gang und folgte ihm. Plötzlich erschienen zwei grell leuchtende Spiralen, die an dem bunt leuchtenden Himmel in entgegengesetzten Richtungen umherwirbelten. Ich wußte, was das war: Es handelte sich um eine wiederkehrende Halluzination aus meiner Zeit in Haight-Ashbury, als Drogen ein Bestandteil des Lebens waren. LSD hatte diese Halluzination ursprünglich sehr lebendig gemacht, und seit damals war es eine gute optische Unterhaltung in einem wiederkehrenden Traum. Irgendwie bekam ich nie genug davon.

Der Himmel wechselte die Farbe und am Horizont erschien eine Linie. Ein Schachbrettmuster aus hellen und dunklen Farben erstrahlte vom Himmel bis zu meinen Füßen. Genau aus der Mitte zwischen den beiden wirbelnden Sonnen kam ein Weg im Zickzack zu mir herab. Dann erschien am Horizont ein helles orange-gelbes Licht und kam auf mich zu. Ich wußte bereits, was es war, obwohl es sonst hellgrün oder aquamarin leuchtete.

Plötzlich spürte ich eine Hand auf meiner Schulter. Ich drehte mich um, und da stand Cruz, die dunkelbraunen Augen vor Angst weit aufgerissen.

»Hast du keine Angst?« fragte er.

»Nein. Ich habe das schon sehr oft gesehen. Mach dir keine Sorgen, es kann dir nichts anhaben«, beruhigte ich ihn und legte dabei meinen Arm um seine Schultern und drückte ihn an mich. Offensichtlich flößte ihm meine Vision Angst ein.

Als das orange-gelbe Licht näher kam, wurde es zu einer riesigen Schlange mit den langen, scharfen Giftzähnen einer Viper und leuchtendroten Schlangenaugen. Jede Schuppe war deutlich erkennbar. Ihre glühende, gespaltene Zunge schoß ein ums andere Mal aus der Tiefe ihres Mauls. Am Anfang mochte mich dieser Anblick erschreckt haben, aber nachdem ich ihn so oft gesehen hatte, genoß ich den optischen Effekt, da ich wußte, daß die Schlange mich nicht erreichen würde. Schlangen flößten mir keine Angst ein, und diese mochte ich. Cruz klammerte sich immer heftiger an mich.

Ich sah ihn an und sagte: »Keine Angst, kleiner Bruder, was du da siehst, ist nur die Farbe des Feuers. Sie wird dich nicht verschlingen.« Und so war es auch. Die Schlange kam wie immer dicht an uns heran, ließ ihren Kopf, der halb so groß war wie ich, hin- und herschwingen, öffnete ihr Maul und zischte. Mir kam es vor, als würde ich in der Geisterbahn ein unwirkliches Schaubild sehen. Ich sah es mir eine Weile an und wandte mich dann ab. Cruz klammerte sich immer noch an mich. Er hatte schreckliche Angst.

»Sie frißt uns!« rief er aus.

»Nein, tut sie nicht«, sagte ich. »Und wenn sie es täte, gäbe es noch mehr Spaß und Farben. Das weiß ich ganz sicher.«

»Sieht aus, als wäre es *Colohuetzin*«, brach es aus Cruz heraus.

»Ist es aber nicht«, versicherte ich ihm. Rubia und Inocente hatten mir das Erd-Ungeheuer oft beschrieben, doch mein kleines Lieblingsmonster sah ganz anders aus. Andererseits hatte ich die großen Herren des Feuers aus dem Süden der Unterwelt noch nie gesehen.

»Weißt du, wie man *Colohuetzin* findet?« fragte ich Cruz.

»Könnte sein«, antwortete er.

»Ich weiß, daß er irgendwo hier in *Atotonicapan* ist«, sagte ich.

»Es heißt, daß er in der Nähe der sprudelnden Quellen wohnt«, sagte Cruz.

»Kennst du den Weg? Dann laß uns gehen!«

»Oh, du solltest ihn lieber nicht sehen. Er ist gefährlich und bringt viel Leid. Wahrscheinlich verbrennen wir, wenn wir ihn sehen«, sagte Cruz. »*Colohuetzin* ist derjenige, der die Erde frißt. Dieser Wurm mit dem Maul aus Feuer gräbt die Höhlen, und wir müßten leiden und verbrennen, wenn wir ihm begegnen«, fuhr der kleine Mann fort.

»Müssen wir nicht. Ich will ihn nur sehen. Er ist ja schließlich der Herr des Südens.« Ich war hartnäckig.

»Wir könnten über die Quellen fliegen. Vielleicht sehen wir das ›Ding‹ dort.«

»Dann mal los!« antwortete ich.

»Also gut«, gab er schließlich nach. »Da drüben sind ein paar Tauben, die könnten uns helfen herauszufinden, ob er bei der dampfenden Quelle ist.«

Wir kletterten auf den Rücken der Tauben und flogen mit ihnen durch den Rauch und den Dampf im Süden *talocans*.

»Warum willst du dir das ansehen?« fragte Cruz. »Dort im Feuer gibt es nur Leid. Das ist das Inferno. Dort kommen die Bösen hin, die Mörder und die Hexen, die erwischt werden.«

Wir flogen durch den Rauch und den Dampf und sahen Hunderte von Feuern unter uns brennen. Alle wurden von den *popocamej*, den »Rauchwesen«, und ihren Helfern geschürt. Schließlich kamen wir in der Dunkelheit zu einem großen brodelnden Teich und landeten auf einem verkohlten, schwarzen Baum. Zwei Bussarde erwarteten uns.

»Ihr seid also gekommen, um den Herren der Erdfeuer zu sehen«, krächzte einer von ihnen. »Er ist tatsächlich dort unten, aber wenn er euch sieht, verkohlt er euch zu Asche. Wir haben auf diese Weise unsere Kopffedern verloren. Aber wenn ihr sehr vorsichtig seid und wartet, könnt ihr ihn da drüben in der Höhle sehen.«

»Schade, daß ihr noch nicht reif seid, unsere Mahlzeit zu werden«, sagte der andere.

»Ich habe Hunger«, bemerkte der erste, und sie flogen davon, um nach Toten oder Sterbenden zu suchen. Cruz und ich setzten uns auf einen Ast und beobachteten die große, sprudelnde Quelle. Wir redeten über dies und jenes. Cruz wurde mir zu einem guten Freund in der Welt der Träume, aber ich wußte immer noch nicht, wer dieser seltsame Mann war und was er wollte.

Während wir die Quelle beobachteten, näherten sich ihr zwei Gruppen von Männern. »Das sind die *popocamej*«, erfuhr ich von Cruz. »Sie gehen zum Herrn in die Höhle. Vielleicht bekommen wir ihn jetzt zu sehen. Das willst du doch, oder? Wenn wir mit den kleinen Mäusen runterkrabbeln, bemerken sie uns nicht, und wir können ihn vielleicht sehen.«

»Einverstanden«, sagte ich und verwandelte mich in eine Maus. Ich war ziemlich gut darin geworden, meine Gestalt zu verändern, und der Wechsel ging schnell vonstatten.

Wir huschten mit den anderen Mäusen hinter den *popocamej* her und eilten so schnell wir konnten tief in die Höhle. Die *popocamej* unterhielten sich, aber ich konnte sie nicht verstehen. Das Stimmengewirr wurde immer lauter.

»Halt!« sagte Cruz. »Sie wissen, daß du hier bist. Einer von ihnen sagt, er rieche frisches Fleisch. Wir müssen schnell weg hier, aber ich kenne den Ausgang nicht.«

»Aber ich«, antwortete ich.

Ich war in der Höhle gewesen, die für die Sanmartinos als der südliche Eingang nach *talocan* gilt. Rubia hatte mich als Teil meiner Ausbildung dorthin geschickt und Opfer hinterlegen lassen. Die Höhle war in der Nähe von Orizaba, Citlaltepetl, dem »Gipfel der Sterne«, südlich von San Martín. Sie lag tief im Regenwald, in einer Gegend, die fast immer unter Wolken versteckt ist, die den Pico de Orizaba ständig umhüllen. Ein großer, heißer Fluß floß aus der Höhle, bildete Teiche und stürzte den Berg hinab. Je mehr das Wasser abkühlte, desto angenehmer wurden die Teiche, die jetzt herrlich erfrischende, natürliche Schwimmbassins bildeten. Wenn wir dem Fluß, der den brodelnden Teich verließ, folgten, würden wir den Weg aus der Unterwelt finden, versicherte ich Cruz.

»Das ist zu weit«, antwortete er. »Die würden uns erwischen, bevor wir dort ankämen. Gehen wir hier lang«, sagte er und rannte einen anderen dunklen Gang hinunter.

Ich folgte ihm, aber es wurde immer heißer. Überall brannten Feuer und die Wände schienen immer näher zu rücken. Plötzlich tauchte ein großer, dunkler Kopf vor uns auf. Er hatte wie der Kopf eines Wurms keine Augen, und sein Körper schien endlos weit in die Höhle zurückzureichen. Der Teil, den wir sehen konnten, wand sich, bildete Knoten und rollte sich um die heißen Felsblöcke auf dem Boden. Schnell versteckten wir uns, aber das Ungeheuer spürte unsere Gegenwart. Es öffnete das Maul, und wir blickten in ein flammendes Inferno. Dieses Ungeheuer glich meinem Lieblingsmonster nicht im geringsten, eine solche Halluzination hatte ich noch nie gehabt. Es war zutiefst erschreckend. Wir machten kehrt und huschten so schnell wir konnten davon.

»Das war er. Das war der Herr der Höhle«, keuchte Cruz. Ich schnappte nach Luft. »Das war *Colohuetzin,* der große Wurm, der die Höhlen und Grotten dieser Welt und auch eurer Welt macht.«

Wir rannten und rannten, bis wir die Höhle hinter uns gelassen hatten. Jetzt waren wir wieder von den großen

Feuern umgeben, und die *popocamej* sahen uns, obwohl wir so klein waren. Wir rannten immer weiter und hörten einen großen Tumult hinter uns. »Da sind sie! Da sind sie!« schrien sie mit ihren hohen Stimmen im Chor. Um uns herum dröhnte ihr Echo.

»Sie wissen, daß wir hier sind«, rief Cruz. »Die kriegen hier unten nicht oft ›Fleischwesen‹. Sie sind am Verhungern; die werden dir das Fleisch abreißen und deine Knochen verbrennen!« Endlich erreichten wir die Quelle mit dem kochenden Wasser. Auf einem großen Baum saßen jetzt zwei kleine schwarzweiße Nachtvögel. Schnell wechselten wir die Gestalt und flogen mit den beiden Vögeln. Um uns herum waren überall Funken und Flammen.

»Sie sind hinter uns, und meine Federn brennen schon«, schrie Cruz. Auch meine wurden schon von der Feuersbrunst erfaßt, die hinter uns angerollt kam. Wir stürzten ab, und die Flammen wurden heißer und heißer.

»Da ist ein Fluß!« rief Cruz. »Dort müssen wir hin!«

Halb flogen wir, halb fielen wir durch das tosende Feuer und landeten mitten im Fluß.

Platsch! Zisch! Das Wasser qualmte und dampfte, und wir waren in Sicherheit vor den Flammen und den *popocamej*.

Im Fluß schwammen Fische, die ihre Mäuler öffneten und schlossen und alle miteinander redeten.

»Sie sagen, sie schwömmen zum Herrn und der Herrin des Östlichen Meers«, dolmetschte Cruz. »Das ist ein Land der Üppigkeit, ein Land des Überflusses, wo keine Gefahr lauert. Komm, schwimmen wir ihnen nach!«

Wir wurden zu Fischen und folgten unseren Brüdern und Schwestern im dahineilenden Wasser. Wir sprangen und schwammen zur Melodie des Wassers über- und untereinander hindurch. Zwischendurch war es wie in einem Sturzbach. Das Wasser war kühl, und es war herrlich, darin herumzutollen. Rauf, runter, drunter und drüber, so ging es den Fluß entlang, Wasserfälle hinab, immer weiter auf das Meer zu.

Langsam wurde das Wasser ruhiger, und wir durchschwammen große Ebenen und tiefgrüne Weiden unter Wasser. In dieser Wasserwelt gab es hohe Hügel, sogar Berge. Der Fluß, der uns von den Feuern des Südens wegtrug, führte uns ins Große Östliche Meer.

Wie wir so durchs Wasser schwammen, sahen wir andere fruchtbare Landstriche unter uns. Da waren Obstgärten mit tropischen Früchten, Mangos, Papayas, Ananas und Bananen. Die Felder standen voll mit hohen Maisstengeln, und kopfsteingepflasterte Straßen führten in alle Richtungen. Bescheidene, gepflegte Häuschen lagen zwischen den Feldern, und kleine Dörfer waren wie Punkte in der Landschaft verstreut. Das Land war wirklich so fruchtbar, wie man es mir beschrieben hatte.

Es handelte sich um die Wasserwelt, welche die Ahnen als das Paradies angesehen hatten. Hier mußte niemand arbeiten. Das Land unter Wasser ließ alle an seinem Reichtum teilhaben. Als die Mönche im sechzehnten Jahrhundert von diesem Ort hörten, waren sie verblüfft, daß das Paradies dort sein sollte, wo sie die Hölle vermuteten.

Manche Leute saßen vor ihren Häusern, andere trieben Handel auf den Märkten ihrer Wasserweltdörfer. Alle trugen saubere, weiße Kleider, wie es sich für einen Sanmartino gehörte. Wir schwammen über den Unterwasserwegen und bemerkten, daß die Dörfer zahlreicher und größer wurden.

»Laß uns hier haltmachen«, sagte Cruz schließlich bei einem kleinen, weißen Steinhaus. »Hier können wir fragen, wie wir zum Palast kommen.«

«Zu welchem Palast?« fragte ich.

»Na, zum großen Palast, dem Rathaus, wo die Herren dieser Gegend wohnen. Hier herrschen der Herr und die Herrin des Wassers. Die *alpixque,* die *awane* und all die anderen ›Wasserwesen‹ sind ihre Diener. Aber ihre Herrin, die *llorana* des Wassers, ist fast nie anzutreffen. Sie ist im Haus der Frauen im Westen. Dort macht sie Jagd auf Männer, die ihren Frauen untreu sind und kein gutes Leben führen. Der Herr des Wassers ist aber anders. Die ›Wasserwesen‹ bringen ihm die *tonals* von allen, die ins Wasser gefallen oder ertrunken sind, und er veranstaltet große Feste für sie und gibt ihnen alles, was sie wollen. Alle *tonals,* die hierherkommen, wollen bleiben. Hier ist das Leben ohne Sorgen und Arbeit. Es gibt alles im Überfluß. Man kennt mich hier, und ich würde gern bleiben, aber…« Jetzt schaute mein Begleiter traurig und enttäuscht drein. »Noch ist es nicht möglich.«

Wir hatten wieder unsere eigentliche Gestalt angenommen und uns auf eine Bank vor einem Haus gesetzt. Eine winzige Frau brachte uns Mangos zu essen. Ich fragte meinen Freund mehrmals, ob ich in der Welt der Lebenden irgend etwas für ihn tun könne.

»Du mußt dem Weg folgen und niemandem etwas zuleide tun. Du mußt den Herren behilflich sein und denen, die auf der Erde leben. Du mußt ein gutes Leben führen. Ich muß auf Gerechtigkeit warten.«

Damit stand Cruz auf und verschwand im Haus. Mich weckte der Sonnenschein vor meinem Fenster in Quetzalan. Das war für lange, lange Zeit das letzte Mal, daß ich Cruz sah. Ich weiß nicht, warum mein Freund und Begleiter aus meinen Träumen verschwand, aber ich war entschlossener denn je, etwas über ihn in Erfahrung zu bringen. Vielleicht könnte ich etwas tun, damit seine Seele schneller an ihren rechtmäßigen Platz in den Wassern der Unterwelt gelangte.

Ich klappte mein Tagebuch zu und beschloß, noch an diesem Morgen Rubia zu besuchen. Vielleicht konnte ich doch etwas über Cruz in Erfahrung bringen. Irgend etwas über ihn hielt die Zauberin vor mir zurück. Der alte Inocente hingegen war ganz besonders an meinem Traumgefährten interessiert. Es war, milde gesagt, eine verwirrende Situation.

Ich ging im Hotel nach unten und frühstückte. Es war nicht mehr so heiß, und im Osten, von der Küste her, bildeten sich Wolken. Ich spürte den Wetterwechsel kommen, der sich in meinem Traum angekündigt hatte.

Diesmal hatte ich kein Auto, deshalb fragte ich einen Freund aus dem Hotel, ob er mich mit ins Dorf nehmen könne, obwohl ich wußte, daß ich in diesem Fall bis nach dem Mittagessen warten mußte. Mein Freund war der Direktor des Nationalen Kaffeeinstitutes, und weil er nie ein Mittagessen von Doña Iris im Hotelrestaurant versäumte und nachmittags nicht mehr arbeitete, war die Sache kein Problem. Doña Iris war mit Abstand die beste Köchin von Quetzalan, und ihr Mittagessen war eine wirkliche Gaumenfreude. Fernandos Gewicht von an die einhundert Kilo war hauptsächlich ihren kulinarischen Künsten zuzuschreiben. Obwohl er schon über zwei Jahre in Quetzalan lebte, wohnte er immer noch im Hotel, wahrscheinlich um näher bei ihrem Essen zu sein.

Es war mitten am Nachmittag und regnete schon, als ich an der Kirche von San Martín ausstieg und mich auf den Weg zu Doña Rubia machte. Die Tür war verschlossen, sie war nicht zu Hause.

Ich ging wieder hinunter zur Kirche und hoffte, daß mich jemand mit zurück nach Quetzalan nehmen würde. In der Kirche hörte ich *Padre* Guillermo leise Gitarre spielen und singen. Guillermo war ein Franziskaner aus Spanien, dessen Orden ihn nach viel Überzeugungsarbeit von der klösterlichen Gemeinschaft bei Tepotzlan im Tal von Morelos freigestellt hatte, damit er hier im Ort Gemeindepfarrer werden konnte. Er war Mitglied der Katholischen Aktionsgruppe, die sich für den Aufbau der ländlichen Wirtschaft einsetzte. Guillermo war ein sehr fortschrittlicher Prälat, der sich sozial engagierte und immer für die Dorfbewohner da war.

Ich hatte Guillermo seinen ersten Unterricht in Nahuatl gegeben, aber nach zwei Jahren im Dorf sprach er es mindestens so gut wie ich, wenn nicht besser. Er predigte und betete im hiesigen Dialekt der modernen Aztekensprache und las sogar einen Teil der Messe in Nahuatl, was eigentlich nicht gestattet war, da es keine offizielle kirchliche Übersetzung in dieser Sprache gab.

Guillermo holte eine gute Flasche spanischen Weins, und wir setzten uns zusammen und plauderten, während wir darauf warteten, daß in dem strömenden Regen ein Fahrzeug nach Quetzalan fahren würde. Guillermo war ein enger Freund und Vertrauter Rubias geworden. Die alte Zauberin ging jeden Dienstag abend in seine Arbeitsgruppe und half, nicht nur das Evangelium, sondern auch Teile der Messe und der Apostelbriefe ins Nahuatl zu übersetzen. Guillermos Amtsauffassung unterschied sich grundlegend von der der Mönche im sechzehnten Jahrhundert, für die alles, was von den Indios kam, Götzentum oder ein Sakrileg war. Er dagegen bemühte sich ganz offen darum, die Traditionen und den Glauben der Einheimischen in die katholische Liturgie und Theologie zu integrieren.

Unter Guillermo waren die Vorbereitungen für den Tag des Dorfheiligen verschwenderischer und spektakulärer geworden, gleichzeitig aber auch weniger teuer für den betreffenden *mayordomo*. Guillermo sorgte auch dafür, daß die Tanzgruppen aus dem Ort in anderen Dörfern und bei überregionalen nationalen Wettbewerben auftraten, wodurch die Kosten für die Auftritte wieder hereinkamen. Ihm hatte ich es auch zu verdanken, daß ich die Genehmigung erhielt, meine Fotoausrüstung auf den Dachstühlen und in den Glockentürmen der umliegenden Kirchen aufzubauen.

Der Nachmittag verstrich, und wir redeten über die Hochzeiten, Taufen und Beerdigungen, bei denen er amtiert hatte. Er erzählte mir, daß er so viel *mole* – die schwere Sauce, die den Grundstock jeder festlichen Mahlzeit bildete – zu essen bekommen hatte, daß er langsam anfing, sie zu hassen. Wir unterhielten uns, und Guillermo spielte dabei Gitarre. Er übte gerade ein neues Kirchenlied, das er ins Nahuatl übersetzt hatte. Wir sprachen über Rubia und ihr scheinbares Doppelleben als aztekische *curandera* und Mitarbeiterin der Katholischen Aktionsgruppe. In gewisser Weise waren die Anliegen dieselben – das Wohlergehen der Sanmartinos. Aber die einen dienten der Erde und die anderen dem Himmel. Das war einer der ersten Hinweise, die ich über das wahre Wesen der Religionsausübung in der Sierra erhielt. Es handelte sich hierbei nicht um Synkretismus, wie es in den einschlägigen Büchern stand. Es war etwas ganz anderes. Hier in der Sierra gehörte man entweder dem einen oder dem anderen Glaubenssystem an, die Systeme überschnitten sich und lagen nicht miteinander im Konflikt. Und doch gab es grundlegende Gemeinsamkeiten, vielleicht weil sie alle von Menschen geschaffen worden waren. Wir tranken unseren Wein und sahen in den Regen.

Als nach mehreren Stunden immer noch kein Fahrzeug aufgetaucht war, beschloß ich nachzusehen, ob Doña Rubia inzwischen daheim war. Ich ging den Hügel hinauf, und als ich ankam, war die Tür offen und Rubia zu Hause.

»Die Nacht kommt, guten Tag«, sagte ich als Gruß und betrat das Haus. Lupe kam in das größere Zimmer und sagte, daß Rubia sich ausruhe. Sie hatte den Großteil der Nacht bei den Santos verbracht, die ein paar Häuser weiter den Hügel hinauf lebten, und bei der Geburt eines kleinen Jungen geholfen. Ich sagte, ich würde warten. Lupe brachte mir eine große Tasse Kaffee, und ich setzte mich auf einen der niedrigen Hocker. Während ich langsam meinen Kaffee schlürfte, wanderten meine Gedanken zurück zu meinem Traum, und ich dachte darüber nach, in welcher Lage sich mein seltsamer Freund Cruz befand. Dann glitten meine Gedanken zu dem Nachmittag mit Padre Guillermo. Als Rubia nach einer Stunde immer noch schlief, und es langsam dunkel wurde, wurde es für mich Zeit, nach Quetzalan zurückzukehren.

Doch da kam sie in ihrem züchtigen weißen Hemdkleid, das sie über der Bluse trug, und der unvermeidlichen, schwarzen Halskette ins Zimmer gehumpelt und lächelte. Das Schläfchen hatte sie offensichtlich erfrischt.

»Ich habe gehört, du hast geholfen, einen kleinen Jungen ans Licht zu bringen«, sagte ich.

»Habe ich, aber der wollte von alleine rauskommen. Er war gut reif, gut durchgekocht.«

»Es gab keine Probleme?«

»Überhaupt keine«, antwortete sie. »Doña Rosa hat jetzt fünf Stück, und sie plumpsen einfach so aus ihr raus. Und was machst du hier? Ich habe dich gar nicht erwartet.«

»Ich hatte einen Traum, einen guten«, sagte ich. Dann

erzählte ich ihr meine Traumgeschichte, wobei ich es für klüger hielt, das meiste über Cruz auszulassen.

Als ich geendet hatte, sagte sie: »Du warst also im Großen Meer. Es ist schwer, von dort eine Seele zurückzuholen. Es ist dort so schön, daß sie alle bleiben wollen. Vielleicht wäre es eine gute Idee, neben einem Fluß oder am Brunnen etwas für die Herren des Wassers zu hinterlassen. Auch wenn du sie nicht gesehen hast, können sie sehr hilfreich sein. Es wäre gut, ihnen ein Opfer darzubringen. Ab und zu schicken sie eine Seele zurück, die in ihrer Wasserwelt bleiben will.

Das letzte Mal war ich wegen eines kleinen Mädchens dort. Sie war von den Felsen gefallen, als ihre Mutter unten an der breiten Flußstelle Wäsche wusch. Die Kleine ist fast ertrunken, die hatten ihre Seele auf jeden Fall erwischt. Die ›Wasserwesen‹, die *awane*, hatten sie bis zum Palast des Herren mitgenommen. Als sie das Mädchen endlich zu mir gebracht hatten, atmete sie kaum noch. Wir packten sie warm ein und hielten drei Tage lang Nachtwache für sie. Ich habe viel Tabak verwendet, und wir haben die ganze Zeit Kerzen und Duftharz angezündet. Ich habe viel für die Kleine gebetet. Denen im Wasser sagte ich, daß ich kommen und nach ihr suchen würde, und das habe ich dann auch getan. Ich stellte einen großen Topf mit Wasser unter den Familienaltar und blickte lange hinein, aber das Mädchen habe ich nicht gesehen, ich hatte kein Glück.

Dann ging ich zu ihnen durch den Brunnen da unten«, sie zeigte in Richtung Dorfbrunnen. »Und ich bin dem Fluß gefolgt, nicht mit den Fischen wie du, sondern mit einem kleinen Frosch. Ich hopste immer weiter und weiter, bis ich zum großen, grünen Fluß und zur tiefen Stelle des Großen Meeres kam. Ich hielt mich an die Straßen und die königlichen Landstraßen dort unten.

Ich kam durch Dörfer und Städte mit riesigen Gebäuden. Stell dir vor, die haben da unten sogar Busse für die großen Landstraßen unter dem Meer. Ich bin mit dem Bus bis zur Hauptstadt gefahren. Man muß nicht mal was zahlen, sondern steigt einfach ein, so reich sind die da unten in der Wasserwelt.

An der Plaza stieg ich aus und ging direkt in den *Palacio*. Er war riesig mit großen, schweren Portalen. Die Wache, ein *alpixque*, ließ mich sofort durch, und ich ging einen langen Korridor hinunter, der zu ihrem Speisesaal führte. Da war er, der Herr, und alle seine *compadres*, der *presidente* und der *mayordomo* des Meers waren bei ihm. Sie aßen große, fette Fische, und es gab Berge von Tortillas, Früchten und Bohnen und Reis und große *cazuelas* mit leckerem Eintopf.

›Komm herein‹, sagte er zu mir. ›Probier von unserem köstlichen Essen!‹ Aber ich wollte nicht. Das Essen dort ist so gut, daß wenn du auch nur einmal davon probierst, du nie mehr zurück willst. Du hattest Glück, daß du nur Mangos bekommen hast, aber ich wette, das waren die besten Mangos, die du je gegessen hast.

›Ich möchte Euch um einen Gefallen bitten, o Herr, o großer Herr‹, sprach ich den Palastherren an.

›Was wünschst du, Großmutter?‹ fragte er.

›Da ist eine Kleine, ein kleines Täubchen, eine von uns. Sie ist ein kleiner Schatz, und oben weinen alle um sie. Sie ist ins Wasser des großen, breiten Flusses gefallen und will nicht zu uns auf die Erde zurück. Ihre Mutter weint. Ihr Vater weint. Ihre Großmütter und Großväter weinen. Ihre Onkel und Tanten weinen, alle ihre Brüder und Schwestern auf der Erde weinen um sie, o Herr.

Es ist noch nicht Zeit für sie, hier bei Euch zu leben. Sie hat noch viel Leben vor sich, und ihr Licht leuchtet hell. Sie ist noch ein Kind, das lacht und singt. Sie braucht das Licht, um reif zu werden und Früchte zu tragen. Vielleicht waren ihre Mutter und ihre Tanten nicht sorgsam, nicht vorsichtig genug. Sie ist ins Wasser gefallen, und jetzt will sie nicht zu uns zurück. Bitte, o Herr, ich beschwöre Euch, ich bitte Euch, gebt sie uns zurück, damit sie wieder das Heilige Licht sehen kann.

Wenn sie bei Euch ist, schickt sie heraus, laßt sie zurück auf die Erde kommen. Bitte, o Herr, ich bitte Euch mit hundert Gebeten, mit tausend Gebeten und viel Liebe, das kleine Täubchen zurück in die Welt des Lichts zu schicken.‹

Das habe ich da unten im Wasser zu ihm gesagt, und er schickte seine Gehilfen los, sie zu suchen. Sie brachten sie dann zum Fest mit. Sie hatte eine neue Bluse und ein neues Kleid, und ein *mecapal* türmte sich hoch auf ihrem Kopf. Die Kleine sah aus wie eine Dame.

›Soll sie hier bei uns bleiben?‹ fragte der Herr seine *compadres*, seinen *presidente,* seine *jueces* – die Richter – seine *aguaciles* – die Amtsdiener – und die *mayordomos,* die seine Feste organisierten. Es gab einen großen Aufruhr und eine lange Diskussion.

Schließlich wandte er sich an das Mädchen und sagte: ›Wenn du willst, kannst du bleiben und mit uns feiern.‹

›O Kleine‹, sagte ich da zu ihr, ›deine Eltern weinen um dich, deine Großeltern weinen um dich, deine Tanten und Onkel weinen um dich dort im Licht. Du hast noch viel zu tun im Licht. Du wirst reifen und Früchte tragen. Du wirst heiraten und Kinder kriegen, viele Kinder. Du wirst eine von allen verehrte Großmutter werden. Bleib nicht hier in der Dunkelheit. Das ist nicht gut. Du wirst viele Dinge haben, wenn du zurück zu uns ans Licht kommst: neue Kleider, gutes Essen, Spielsachen und deine Eltern. Deine Großeltern, deine Tanten und Onkel, deine Brüder und Schwestern, sie alle werden jubeln.‹

Die Kleine sagte nichts, und ich verabschiedete mich respektvoll von dem Herren und seinen Untergebenen und ging zurück genau an die Stelle, an der die Kleine ins Wasser gefallen war, dort wo die Frauen aus dem Dorf für gewöhnlich waschen.

Ihrer Mutter sagte ich, sie solle einen Pfad aus Blumen legen, damit die verlorene Seele den Weg zurück aus dem Wasser findet, und ihren Vater beauftragte ich, ein Huhn für einen guten Eintopf zu besorgen. Ihren Tanten und Onkeln sagte ich, wenn sie wollten, daß die Kleine zurückkomme, müßten sie neue Kleider und Geschenke bringen und sie am Altar vor den Topf mit Wasser legen, damit die Kleine sie durch das Wasser sehen könne. Wir haben die ganze Nacht gewacht, und am Morgen kam sie zurück zu uns auf die Erde. Die Herren des Wassers haben ihre arme Seele zurück zu uns ans Licht kommen lassen!«

Als Rubia ihre Geschichte zu Ende erzählt hatte, fragte ich sie noch einmal nach Cruz, aber sie wich mir wie zuvor aus. Ich ging zu Fuß zurück nach Quetzalan. Der Regen hatte jetzt aufgehört, und der Mond erhellte mir den Weg, als ich am Friedhof vorbeikam.

8

Heilen und Töten

Kurz nach meiner Rückkehr nach Mexico City stand ein Ehepaar aus San Martín vor meiner Tür. Ihrer neunjährigen Tochter war durch einen Zauber Angst eingejagt worden – und ich hatte keine Ahnung, was ich tun sollte.

Sie erhofften mehr von mir als nur einfache materielle Hilfe. Ihre Tochter war krank, und die Familie ging in den Massen der Besitzlosen unter, die am Rande der Stadt lebten. Geld und eine Arbeitsstelle hätten ihnen sicher geholfen, aber deswegen waren sie nicht gekommen.

Sie lebten in einer der sogenannten »verlorenen Städte« Mexikos. Das waren kilometerlange Gebiete am Stadtrand, wo auf unbebautem Land Baracken aufgestellt worden waren. In der Hoffnung hier Arbeit zu finden, strömte die Landbevölkerung zu Millionen in die »verlorenen Städte«, doch die wenigsten hatten Glück. Ich kannte die Belastungen, unter denen diese Menschen lebten, und ich wußte von ihren Problemen. Vor einigen Jahren hatte ich bei einer Maurer-Familie in Mexikos berüchtigster *Ciudad Perdida*, Netzahualcoyotl, gelebt.

Die meisten Menschen in Mexiko waren blind für diese Zustände. Sie konnten das Elend Tag ein Tag aus auf den Straßen und Boulevards sehen, ohne es wahrzunehmen. Mexikos »verlorene Städte" sind wahrhaftig verloren. Es sind riesige städtische Elendsviertel, direkt neben den

Hauptverkehrsstraßen, manchmal sogar durch *Potemkinsche Dörfer* abgeschirmt, und meist mit öffentlichen Verkehrsmitteln nicht zu erreichen. Außer denen, die in diesen schmutzigen Straßen leben, setzt kaum jemand einen Fuß in eine »verlorene Stadt«.

Trotz ihres harten Schicksals sind die meisten Bewohner der »verlorenen Städte« fröhlich und hilfsbereit, und das, obwohl sie in *la miseria* leben, einem kollektiven Zustand, der das Ergebnis von Überbevölkerung, Armut und Not ist. Die meisten leben in Großfamilien, wo sich achtzehn bis zwanzig Familienmitglieder ein oder zwei Zimmer teilen, die abwechselnd schlafen und kärgliche Mahlzeiten aus Bohnen und Tortillas teilen. Haben ein oder zwei Haushaltsmitglieder Arbeit, können davon alle knapp überleben.

Raul und María García warteten vor meiner Tür, als ich aus der Universität zurückkam. Noch bevor wir das Haus betraten, erfuhr ich, daß ich *compadre* des Heiligen eines gemeinsamen Freundes war, der wiederum Pate ihrer Tochter war. Ich erinnerte mich: Ich hatte für die Feier am Tag des Heiligen gespendet, es war ein Kreuz aufgestellt worden, und ich hatte dem Paten des Mädchens ein Bild seines Schutzheiligen für den Familienaltar gegeben.

Über meine Freundschaft zu Rubia und Inocente wußte man im Dorf Bescheid. Rubia erzählte schon eine ganze Weile überall herum, was für ein fähiger Heiler ich sei, und mit ihrer Hilfe waren mir tatsächlich auch zwei oder drei Heilungen gelungen. Die Besucher baten mich nun, ihre Tochter zu heilen und in *talocan* nach ihrer verlorenen Seele zu suchen.

Raul hatte ein zerlumptes Hemd und Jeans an, beides sehr oft geflickt. María trug eine traditionelle Bluse, der man ebenfalls ansah, daß sie immer wieder ausgebessert worden war, einen schwarzen Kunstfaserrock und schlechtsitzende schwarze Schuhe. Ihre Tochter hatte ein bedrucktes Hemdkleid an, und Schleifen in ihre langen Zöpfe geflochten. Sie war barfuß. Die Familie hatte schon seit dem Vormittag darauf gewartet, daß ich von der Universität zurückkommen würde.

Doña Marta, mein Hausmädchen, hatte darauf bestanden, daß sie vor dem Haus auf der Treppe warteten. Sie billigte es nicht, daß ich Indios ins Haus einlud, obwohl ihre eigenen Vorfahren der letzten Generationen höchstwahrscheinlich *indigenos* waren. Ich riskierte es, mir Martas Zorn zuzuziehen und bat die Garcías herein, wobei ich erklärte, daß sie *compadres* seien. Das verstand selbst Marta, denn Taufpaten und Ritualverwandte werden in ganz Mexiko wie Blutsverwandte behandelt.

Ich öffnete die Tür und führte sie ins Eßzimmer mit dem großen, ramponierten Tisch, den ich aus einer verfallenen Hacienda in der Nähe von Cholula geborgen hatte. »Bitte, ihr möget Platz nehmen«, sagte ich sehr förmlich in Nahuatl, da wir uns auf die recht formelle und gekünstelte Art der *compadres* unterhielten.

Ich ging in die Küche und bat Marta, uns etwas von dem *yolixpa* zu bringen, dem grünen Kräuterschnaps aus der Sierra de Puebla. Ich wollte auch sehen, ob sie genug gekocht hatte, so daß ich die Garcías zum Essen einladen konnte. Es war genug da, aber ich konnte mir gut vorstellen, wie empört Marta darüber wäre, Indios bedienen zu müssen. Ich bat sie, Bohnen, Reis, genügend Tortillas, scharfe Sauce und etwas von ihrem Huhn in grüner Sauce auf dem Kaffeetisch zu servieren.

Als ich zurück ins Eßzimmer kam, sah sich María gerade einen Sensenkorb aus dem Dorf an, der an der Wand hing, und Erlinda zählte die Stiche eines gestickten Wandteppichs. Raul rutschte unruhig auf einem hochlehnigen Stuhl hin und her, und ich vermutete, daß die Garcías noch nie zuvor ein Haus betreten hatten, das keinen Lehmboden hatte und aus mehr als zwei Zimmern bestand. Ich dachte, daß sie sich wahrscheinlich im Wohnzimmer wohler fühlen würden, wo es zumindest ein paar niedrige Hocker gab, wie bei ihnen zu Hause in der Sierra.

Wir unterhielten uns über Freunde und Verwandte im Dorf. María war eine wahre Quelle des Klatsches aus der Sierra. Obwohl sie schon seit fast fünf Jahren hier in Mexico City lebte, wußte sie alles, was in San Martín vor sich ging. Ich bemühte mich, sie in das Gespräch miteinzubeziehen. Üblicherweise setzen sich die Männer zusammen und reden über die Arbeit und ihre Felder, während die Frauen zu einem Schwatz in die Küche gehen. Raul machte eine Bemerkung über meinen ungewöhnlichen Erdaltar. Zuerst verstand ich nicht, was er meinte. Ich hatte einen Erdaltar, aber der war oben in meinem Arbeitszimmer. Raul hatte den Kamin und die Dinge auf dem Sims für einen traditionellen Familienaltar gehalten. Die Bilder meiner Familie und die bunten mexikanischen Bilder über dem Kamin würden zwar zu einem traditionellen Altar passen, aber es fehlten die üblichen Heiligenbilder, so daß er sich fragte, ob ich überhaupt Katholik sei. Ich versicherte ihm, ich sei Katholik, zumindest so sehr wie er.

Schließlich brachte Marta ein großes Tablett mit dem Essen. Im Wohnzimmer lag kein Teppich, und so würde es für Marta später viel leichter sein sauberzumachen. Es ist ziemlich schwierig, Menschen, die daran gewöhnt sind, daß Hühner, Katzen, Hunde und gelegentlich auch Schweine in der Wohnung herumschnüffeln, zu erklären, daß sie vorsichtig sein sollen, nichts zu verschütten. Mir war klar, daß der Boden nach dem Essen wüst aussehen würde. In der Sierra benutzt man kaum Besteck, abgesehen von einem Löffel für die Suppe. Das Essen wird meistens auf Tortillas geladen und mit ihnen gegessen.

Erlinda oder Linda, wie alle sie nannten, stocherte in ihrem Essen herum und aß so gut wie nichts.

»Iß ein paar von den großen, dicken Bohnen und Tortillas, mein Täubchen«, ermahnte María sie, doch das half nichts. Das Kind starrte nur teilnahmslos auf den Boden.

María seufzte und fragte, ohne dabei jemanden anzusehen: »Was soll ich tun? Das kleine Schätzchen ißt fast nichts und ist immer wach. Vielleicht haben sie ihr Tier erwischt. Sie ist immer krank. Sie braucht doch ihre Kraft.« Das war eine Anspielung darauf, daß Linda vielleicht verhext worden war, und ihr *nagual* irgendwo in der Unterwelt gefangengehalten wurde.

Nach langem Herumreden fragte Raul mich schließlich sehr förmlich, ob ich ihnen helfen und die Seele ihrer Tochter finden könne. Sie hatten alle ihre Symptome beschrieben und es schien der klassische Fall einer verlorenen Seele zu sein. Ich hatte noch nie ohne Rubias Hilfestellung geheilt, aber ich wußte, daß ich es in diesem Fall versuchen mußte. Die Sierra war weit weg.

»Gehen wir nach oben, da habe ich einen richtigen Altar«, sagte ich zu Raul. »Ich habe auch etwas *copal* und ein paar Kerzen.«

Da Marta uns offensichtlich aus dem Wohnzimmer haben wollte, damit sie saubermachen und nach Hause gehen konnte, führte ich die Garcías nach oben in mein Arbeitszimmer. Der Altar, der dort in der Ecke stand, war ganz anders als die Altäre, die der Blickfang jedes Haushalts in der Sierra sind. Für jemanden, der nicht wußte, was es war, war er nicht als Altar erkennbar. Auf einem Bücherregal befanden sich nur ein paar Tonscherben, Kerzen und ein Gefäß, in dem das Duftharz verbrannt wurde. Ich zündete eine der Kerzen an und legte eine alte *serape* für Linda auf den Boden. Ich sagte ihr, sie solle sich hinlegen. Ich stand bei ihren Eltern und sagte ein kurzes Gebet an die Erde.

Als ich geendet hatte, sagte ich zu Raul: »Mal sehen, ob ein böser Wind sie erwischt hat.« María kniete sich nieder und lockerte die Kleider des Mädchens.

Linda war gespannt. Ich massierte zuerst ihre Hände und murmelte sanft einige Koseworte auf Nahuatl. »Mein Täubchen, mein Kleines, Schätzchen, kleines Jadestückchen.« Als sie sich entspannte, untersuchte ich Bauch und Hals. Der Bauch war aufgebläht. Ich wußte, daß ein Arzt nach ihr sehen mußte. Ich wandte mich an Raul und sagte: »Ein böser Wind ist es jedenfalls nicht, und wahrscheinlich auch keine Hexe. In der Kleinen ist kein kalter Wind, und ich spüre nicht, daß etwas in sie eingedrungen wäre. Wo könnte sie ihre Seele verloren haben?« fragte ich die Eltern.

»Das wissen wir nicht«, antwortete Raul.

»Ist sie hingefallen oder hat sie sich wehgetan?« fragte ich. Das waren die häufigsten Arten, auf die eine Seele verlorenging.

»Ich weiß nicht«, antwortete Raul.

»Linda, mein Kleines, mein Liebes, bist du hingefallen oder hast du dir irgendwo den Kopf angestoßen?« fragte ich das Mädchen.

»Nein«, antwortete sie, »nicht daß ich wüßte.«

»Vielleicht kann sie sich nur nicht daran erinnern, daß sie hingefallen ist. Eure Brüder und Schwestern, ihre Tanten und Onkel, erinnern sich vielleicht daran.«

Raul und María hatten mir erzählt, daß sie mit zwei seiner Brüder und einer Schwester zusammenlebten. Ich wußte, daß wir zu ihnen nach Hause gehen mußten, wenn ich der Sache auf den Grund kommen wollte.

»Wir sollten zu ihnen gehen, aber zuerst möchte ich, daß ein Freund von mir, ein *medico*, sich Linda ansieht. Er wird euch nichts berechnen, und er ist sehr gut.«

Ich ging zum Telefon und rief Luis Maldonado an, der mit einer Kollegin von mir verheiratet war. Seine Praxis befand sich nur ein paar Straßen weiter. Ich erreichte ihn zu Hause, als er gerade in die Praxis gehen wollte, und er erklärte sich bereit, vorbeizukommen und das Mädchen zu untersuchen.

Luis klingelte, bevor ich das Gespräch mit Lindas Eltern über die Krankheit ihrer Tochter beendet hatte. Sie waren sicher, daß die Seele ihrer Tochter verlorengegangen sei. Ich ging hinunter, um Luis hereinzulassen, und brachte ihn mit ins Arbeitszimmer. Marta war schon fertig und war gegangen. Außer uns war niemand mehr im Haus.

Luis verhielt sich ganz unbefangen und erklärte Raul und María, daß auch er Linda untersuchen wolle.

»Sieht so aus, als wäre es eine Art von Parasit«, sagte ich zu ihm auf Englisch. »Ihr Bauch ist aufgebläht, aber es scheint ihr nirgends weh zu tun.«

»Wahrscheinlich haben Sie recht, aber ich möchte ein paar andere Sachen abklären.« Luis hatte nicht die übliche schwarze Tasche dabei, aber er hatte ein Stethoskop einstecken. Er holte es heraus und wärmte es.

»So, Linda, mein Täubchen, Dr. Luis will sich die Winde in dir anhören. Atme tief durch«, sagte ich zu ihr in Nahuatl. Während Luis sie untersuchte, dolmetschte ich, obwohl sie recht gut Spanisch konnte. Luis untersuchte so gut es ging ihre Augen, den Hals und die Ohren.

»Übergibt sie sich manchmal?« fragte Luis Raul auf spanisch. »Oder hat sie Würmer im Stuhl?«

»Manchmal«, antwortete María für ihren Mann. »Aber keine kleinen Würmer.«

»Auch nicht die runden Dinger, die sich innen drin ringeln?« fragte ich sie in Nahuatl, da ich vermutete, daß sie die spanische Frage nicht ganz verstanden hatte.

»Diese Dinger schon manchmal«, sagte María, und ich gab es auf Englisch an Luis weiter.

»Wenn sie Würmer hat, müssen wir die zuerst loswerden. Es gibt da einige Medikamente, die ich ihr verschreiben kann.«

»Wie wär's mit einem Kräutertee aus *epazote*?« fragte ich. »Das scheint in der Sierra das übliche Mittel gegen Würmer zu sein.«

»Das ist genauso gut wie alles, was ich ihr verschreiben kann«, sagte er auf Englisch. »Sie hat etwas Untergewicht und ist klein für ihr Alter. Ich verschreibe Kindern nicht gerne solche Medikamente. Sie sind ziemlich toxisch, wissen Sie. Wir bräuchten auch eine Stuhlprobe, um zu sehen, ob sie vielleicht noch etwas anderes hat.«

»Das könnte schwierig werden«, sagte ich, »aber wir können es versuchen.«

»Ich habe die Probenbehälter in der Praxis«, sagte Luis. »Ich würde sie gerne dort untersuchen, aber ich habe mich schon verspätet. Sie müßte eine Weile warten, bis sie drankommt.«

»Ich fahre sie zurück nach Ixtapalapa, wo sie wohnen, da könnte ich bei Ihnen in der Praxis vorbeifahren und die Probenbehälter abholen«, sagte ich. »Es wäre vielleicht besser, wenn sie an einem Tag zu Ihnen in die Praxis kommt, an dem keine anderen Patienten da sind.« Ein Besuch in der

Praxis wäre weder für die Garcías noch für Luis' andere Patienten angenehm gewesen, die zum großen Teil Mexikaner aus der Mittelschicht waren, die nie mit Indios verkehrten.

Luis ging, und ich bot den Garcías an, sie nach Hause zu fahren. Unterwegs holten wir die Probenbehälter ab. Ich wußte nicht, ob die Garcías sie benutzen würden.

Es war eine lange Fahrt durch dichten Verkehr nach Ixtapalapa. Die Straße war so zerfurcht, daß ich das Auto fast einen Kilometer von ihrer Baracke entfernt parken mußte, aber der Spaziergang entlang der staubigen, von Menschen wimmelnden Straße war angenehm. Viele kannten die Garcías, blieben stehen und unterhielten sich mit uns.

Das Zuhause der Garcías sah aus wie alle anderen Baracken: zwei Zimmer und eine Küchenhütte, die aus verschieden großen Wellblechstücken, Dachpappe und alten Holzscheiten zusammengebaut waren. In manchen der größeren Löcher steckte Zeitungspapier. Der Vorgarten war verdreckt, aber ein paar Blumen hatten den Kampf mit dem Unrat aufgenommen.

Rauls Bruder Alejandro erhob sich von seinem Sitzplatz aus alten Autoreifen und begrüßte uns. Er entschuldigte sich, daß sein Bruder Miguel noch in der Arbeit sei, er war auf einer Baustelle am anderen Ende der Stadt beschäftigt. Alejandro bat uns herein. Ich bückte mich, um durch die Tür zu gehen, und das erste, was ich im Zimmer sah, war ein großer Familienaltar, wie man ihn in der Sierra hat. Mir fiel auf, daß Linda draußen blieb.

Alejandro holte einen westlichen Stuhl für mich und stellte ihn an den Tisch vor dem Altar. »Der Mann ist ein Heiler?« fragte er seine Familie in Nahuatl. »Sieht nicht aus wie die Heiler, die ich kenne.«

»Pst! Er spricht!« sagte Raul. Er meinte damit, daß ich Nahuatl konnte.

»Richtig«, sagte ich in Nahuatl, »und ich kenne auch die Hochheilige Erde und das Land der Dunkelheit. Kennen Sie die beiden Alten, Rubia und Inocente? Die beiden haben mir den Weg gezeigt.«

Jetzt war Alejandro bestürzt und wahrscheinlich etwas verlegen. »Oh, das tut mir sehr leid, es ist nur, daß die meisten *curanderos*, die meisten Heiler kein, äh… keine *gringos* sind.«

»Wie steht es mit Erlinda? Glauben Sie, sie hat ihre Seele verloren? Und wo hat sie ihre Seele verloren?« Ich kam direkt zur Sache, eine Technik, die ich von Rubia gelernt hatte.

»Sehen Sie sich doch an, wie sie da draußen sitzt«, sagte er und zeigte durch die Tür. »Sie sitzt einfach nur da, während die anderen spielen.«

Alejandro hatte recht. Linda saß auf einem Stein, während die anderen Kinder in einem imaginären Haus spielten, das sie in den Staub gemalt hatten.

»Wie viele von den Kindern sind Ihre?« fragte ich.

»Oh, ich habe fünf«, antwortete er.

»Und wie viele andere Kinder wohnen hier?«

»Also, unsere Schwester Julia hat vier und ihre Tochter Lupe hat noch zwei. Miguel, der Maurer, hat auch vier, aber die sind bei seiner Frau in Puebla«, erklärte Alejandro.

Fast alle Kinder, die hier lebten, waren zwischen drei und elf. Erlinda hatte eine richtige Großfamilie zum Spielen, und es waren auch genügend andere Kinder da, aber sie schien sich für nichts zu interessieren. Durch die offene Tür konnte ich sie draußen auf dem Stein sitzen sehen. Sie sah allem, was auf der Straße vor sich ging, nur zu. Nicht weit weg spielten noch andere Kinder. Alejandros Frau Rosa kam mit ihrer Schwägerin Julia aus dem anderen Raum.

»Seht mal, das ist der *curandero*, der Heiler, den sie mitgebracht haben!« brach es aus Alejandro heraus. Die beiden Frauen waren ebenfalls leicht bestürzt.

»O das tut mir aber leid, wir können Ihnen gar nichts anbieten in unserer kleinen Hütte«, sagte Rosa.

»Wenn Sie Lust auf ein Bier haben«, sagte ich, »dann besorgen Sie es einfach, und ich bezahle es.«

»Bei Antonio gibt's Bier.«

»María, würdest du zu Don Antonio gehen?« bat Rosa und gab ihr fünfzig Pesos. Während wir auf das Bier warteten, machten wir höfliche Konversation, und ich erfuhr etwas mehr über Linda. Sie schien eine Randfigur in der Familie zu sein, vielleicht weil sie als einzige keine Geschwister hatte. Aber das erklärte nicht alles.

Das Bier kam, und dann war es kurz vor Sonnenuntergang. Ich wollte den zerfurchten Weg zum Auto nicht in der Dunkelheit zurücklegen, deshalb schlug ich vor, daß wir – besser gesagt ich – für einen Traum beten sollten, bevor das heilige Licht der Sonne verschwunden sei. Ich ließ María ein paar Dinge für den Altar besorgen: Blumen, eine Schüssel Wasser, ein paar Maiskörner und zwei verschiedene Arten von Kerzen. Für die Kerzen gab ich ihr Geld mit.

Als sie zurückkam, riefen wir Linda herein und begannen zu beten. Rosa nahm ein paar Kohlen aus dem Feuer und legte sie in das Rauchfaß, das sie unter dem Altar hervorholte. Ich zündete etwas von dem *copal*, das ich mitgebracht hatte, die dünnen Kerzen und die Votivkerze an und murmelte:

»*Nican in talocan*
Hier in talocan,
Nicanin yohualichan
Hier im Haus der Dunkelheit
nimechtatauhtia nen conetzin nen espiritu.
Ich flehe Euch an – dieses Kind – ihr Geist.
Nican nimechaxcatili ica tantos oraciones
Hier bringe ich Euch die Gebete dar.
Nican nimechtemaktia nofuerza notonal.
Hier gebe ich Euch meine ganze Kraft, meine Seele.
Cani yetoc nejin?
Wo ist sie?
Cani ancpiaj toconetzin?
Wo wird unser Kind festgehalten?«

Dann bat ich Linda, sich vor den Altar zu stellen, wo ich den
Rauch des Durftharzes über sie blies. Ich gab ihr die beiden
dünnen Kerzen und sagte, sie solle damit vor die Hütte gehen. Beide Kerzen gingen aus, bevor sie die Tür erreichte.
Ich ließ sie zurückkommen und sagte, das sei ein gutes Zeichen, sie würde am Licht bleiben. Dann rollte ich ihr die beiden Wachskerzen über die Arme und den Hals und sagte ihr,
sie solle früh zu Bett gehen, nachdem sie ihren Kräutertee
getrunken habe.

María erklärte ich, wie man den Tee zubereitete, und
sagte ihr auch, daß ich eine Stuhlprobe für Luis brauchte.
Ich würde in der Nacht versuchen, im Traum die Seele der
Kleinen zu finden. In ein oder zwei Tagen sollten sie wieder
bei mir vorbeikommen. Raul und Alejandro brachten mich
zum Auto. Ich mußte noch viel mehr über die Garcías herausfinden, bevor ich ihre Tochter wirklich heilen konnte.

Es wurde ziemlich spät, bis ich durch den dichten Berufsverkehr nach Hause kam. Das Telefonamt in Quetzalan hatte schon geschlossen. Ich konnte Rubia also nicht einmal die Nachricht zukommen lassen, daß sie mich anrufen solle.

Ich telefonierte mit Luis, der noch in seiner Praxis war. Er war ziemlich sicher, daß das Mädchen unter einer Parasitenerkrankung litt und wahrscheinlich auch unterernährt war. Es gab auch Anzeichen für einen Vitaminmangel, aber das alles erklärte nicht die Symptome, die ihre Eltern beschrieben hatten. Die deuteten vielmehr darauf hin, daß sie unter den sozialen Umständen leide, meinte er.

»So ist es auch«, pflichtete ich ihm bei und erzählte ihm, was mir bei den Garcías aufgefallen war. Zusammen mit der Tatsache, daß das Mädchen nichts aß und nicht schlief, ließ das ihren Zustand ziemlich bedenklich erscheinen. Ich hatte schon erlebt, daß Menschen an einem derartigen Seelenverlust gestorben waren, sagte ich Luis. Der Zustand verschlimmerte sich von selbst, und die Ängste der Menschen taten ein übriges. Luis war auch der Ansicht, daß die medizinischen Probleme des Mädchens wahrscheinlich nicht ernster seien als die der meisten Kinder, die in solchen Verhältnissen lebten. Aber er wollte sichergehen, daß nichts weiter vorlag, was er behandeln konnte. Er wünschte mir viel Glück beim Lösen der anderen Probleme, und ich dankte ihm.

Ich ging nach oben in mein Arbeitszimmer, zündete die Kerzen an, las ein bißchen und sagte ein paar kurze Gebete, wobei ich an das Mädchen dachte.

Plötzlich sah ich wieder den großen, klaffenden Höhlenschlund und spürte, wie ich hineingeblasen wurde. In einer wirbelnden Spirale ging es hinab und ich trudelte und drehte mich um mich selbst. Dann war ich in einer Kaffeepflanzung; um jeden Strauch war ordentlich geharkt. Menschen in Indio-Kleidung ernteten den Kaffee und schwatzten, aber ich verstand sie nicht. Ich ging durch die Pflanzung und traf auf immer weniger Menschen. Plötzlich hörte ich Wasser rauschen. Vor mir war ein schnell fließender Fluß, den ich überquerte, indem ich von einem Trittstein zum nächsten sprang. Am anderen Flußufer stand ein weiblicher *tlacuache* mit einem Indiorock und einem großen *mecapal* auf dem Kopf.

»Wohin gehst du? Welchen Weg nimmst du?« fragte ich sie.

Sie antwortete mit schriller Stimme: »Den Berg hinauf, den Berg hinauf.« Und so ging ich ihr nach. Ich spürte, wie mein Bart und die Körperbehaarung wuchsen und zu einem grauen Pelzmantel wurden. Langsam wuchsen die Nägel aus meinen Fingerspitzen, und ich wurde ein Opossum. Ich ließ mich auf alle viere fallen, und wir gingen nebeneinander her. Wir sprangen von Baum zu Baum und kamen so immer schneller voran.

Schließlich erreichten wir eine Straße mit Häusern, die meiner Straße in Mexico City ähnelte. Meine Begleiterin, das *tlacuache*-Weibchen, war verschwunden. Ich zottelte die Straße entlang und schnüffelte. Frauen waren vor den Häusern und kehrten. Da waren unsere deutsche Nachbarin Helga, Señora Martinez, die ein paar Häuser weiter wohnte, und die Klatschtante Señora Aceves. Keine von ihnen sprach mich an, aber ich sagte zu allen »Guten Morgen«. Es war, als wäre ich nicht da. Sie sahen nur einen *tlacuache*.

Am Ende der Straße betrat ich einen langen, von Säulen gesäumten Innenhof, ähnlich dem Klosterinnenhof von Santo Domingo in Oaxaca. Überall waren Nonnen, die wie

Pinguine gekleidet waren. Sie trugen die alte Notre-Dame-Tracht mit gestärkten, weißen Hauben und schwarzen Schleiern. Ich glaubte, in einigen von ihnen Lehrerinnen aus meiner Kindheit zu erkennen.

Schließlich rief mir eine besonders streng aussehende alte Nonne zu: »Komm her!« Ich fühlte mich wieder wie ein Kind, das vor einer Autoritätsperson steht. Ich war sicher, daß ich mit der alten Nonne Ärger bekommen würde. Ihr Gesicht veränderte sich ständig. Ich sah meine Tanten, die Nonnen gewesen waren, mehrere meiner Lehrerinnen, die Mutter Oberin des Klosters, in dem ich gearbeitet hatte, und Schwester Domenica, auf die mein Vater ein Auge geworfen hatte.

»Und jetzt komm mit!« bellte die große Nonne. Ich ging hinter ihr her und versuchte ihren Pinguinschritt nachzuahmen – hin und her, hin und her. Zusammen mit den anderen Jungen, die im Notre-Dame-Kloster arbeiteten, hatte ich mich immer über den Gang der Nonnen lustig gemacht und stundenlang alle Varianten des seltsamen Pinguinschrittes imitiert. Sogar als würdevoller Kreuzträger vor einer Prozession von zweihundert Nonnen konnte ich die anderen Meßdiener zum Lachen bringen, wenn ich in diesen Schritt verfiel.

Die große Nonne verschwand in der Dunkelheit. Es war schwül und weiße Wolken türmten sich auf. Vor mir war ein Tisch mit Bergen von Obst, Reis und Tortillas gedeckt. In der Mitte tanzten zwei riesige Hummer, vielleicht duellierten sie sich aber auch mit ihren großen Scheren, während ich zusah. Einer war weiblich mit langen, schwarzen Haaren. Ihre Scheren wurden zu Säbeln und die Hummer fochten auf einer hellen, öden Wüstenebene. Ich wurde einer von ihnen, parierte und machte Ausfälle, bis ich vor Erschöpfung umfiel.

Ich glitt zurück in die schwüle Welt und spürte, wie ich am ganzen Körper von tausend Händen massiert wurde. Es war sehr hell, und ich wachte langsam auf. Es war Morgen und ich lag in meinem Arbeitszimmer.

Nachdem Marta den Kaffee nach oben gebracht hatte, ging ich hinunter und rief in Quetzalan an. Man sollte Rubia benachrichtigen, daß ich sie am Nachmittag anrufen würde. Als ich zur Universität ging, dachte ich immer noch an Erlinda. Einigen Kollegen erzählte ich von ihrer Situation, aber keiner hatte einen Vorschlag. Alle waren sich allerdings einig, daß es sicher nützen würde, wenn ich eine Arbeitsstelle für Raul fände. Ich führte ein paar Telefonate, aber auf die schnelle ergab sich nichts.

Als ich am Nachmittag nach Hause kam, rief ich als erstes Rubia zur verabredeten Zeit an. Sie hörte sich meinen Traum an und fand ihn recht vielversprechend.

»Das war das Haus der Frauen. Das müßtest du eigentlich wissen. Wenn die Seelen der Frauen nach *talocan* kommen, gehen sie ins Haus der Frauen. Dort können sie leben, ohne zu arbeiten. Sie müssen nicht kochen, nicht weben, sie müssen nicht kehren und kein Wasser tragen. Und sie wollen alle für immer dort bleiben.

Alle suchen sie das Haus der Frauen in *talocan* und verlassen es nie mehr. Die *Acihuat* und die *Ejecacihuat* sind dort. Sie kümmern sich um die Frauen, und sie fangen die Männer, die untreu sind, und fressen sie. Davon ernähren sich die ganzen Frauen dort«, sagte sie voller Genugtuung.

»Da müssen ja ein paar ziemlich mächtige Hexen sein«, bemerkte ich.

»Nein«, erwiderte Rubia, »es gibt dort keine Hexen. Die werden nicht hereingelassen. Hexen tun einander schlimme und böse Sachen an. Alle Frauen des Westens leben zusammen mit ihren Großmüttern und Hebammen, mit den Frauen, die beim Gebären gestorben sind, und den Frauen, die auf der Erde hingefallen oder ertrunken sind. Sie müssen dort friedlich zusammenleben. Es gibt keine Hexen. Die Frauen dort leben fast so gut wie die Heiligen im heiligen Licht und sie helfen Unserem Herrn der Sonne, wenn er am Ende des Tages erschöpft ist.

Wenn die Kleine dort im Haus der Frauen ist, ist sie gut aufgehoben. Dann will sie vielleicht nie mehr von dort fort, und du kannst ihre Seele nicht zurückholen. Ich werde mit ihren Großmüttern hier sprechen, mal sehen, was die über die Garcías zu sagen haben. María ist nämlich eine Sanchez, mußt du wissen. Ihr Onkel war der Bruder von Don Pedros Vater. Don Pedro sollte dir helfen können, das kleine Täubchen zu heilen.«

»Warum sind sie dann nicht zu Don Pedro gegangen?« fragte ich Rubia.

»Na ja, du wohnst in der Stadt und er nicht, aber vielleicht kann Don Pedro trotzdem helfen. Erzähl den Garcías von deinem Traum, und ich rede mit den Großmüttern der Kleinen. Sag diesen Telefonleuten, daß ich morgen um dieselbe Zeit wieder hier bin.

Halt die Augen offen, wenn du ihnen den Traum erzählst, dann erfährst du vielleicht, wo das Mädchen hingefallen sein könnte. Vielleicht weiß es einer der Verwandten und sagte es nur nicht. Vielleicht wissen sie nicht, daß sie gesehen haben, wie die Seele das Mädchen verlassen hat. Du mußt sie fragen! Bring sie zum Reden. Du mußt herausfinden, was mit der Seele der Kleinen passiert ist und warum du vom Haus der Frauen träumst.« Die Verbindung war sehr schlecht, aber ich konnte Rubia trotzdem ohne große Schwierigkeiten verstehen. Ihre Stimme war kräftig.

171

»Ich glaube nicht, daß es eine Hexe war«, fuhr sie fort, »sonst hättest du *talocan* nicht durch den Östlichen Erdmund betreten. Es gibt Eingänge, die von Hexen benutzt werden, zum Beispiel die Fledermaus-Wasser-Höhle und die Rauchhöhle. Dort gehen die Hexen hinein, und wenn eine Hexe im Spiel gewesen wäre, dann hättest du einen von diesen Orten gesehen. Dort sind auch alle Hexen hingegangen, als sie hier in San Martín ihr Unwesen getrieben haben.«

»Wann war das?« Ich hoffte immer noch, mehr über den Krieg der Hexen zu erfahren.

»Das war vor langer Zeit, damals haben die Hexen sich alle gegenseitig umgebracht. Marías Onkel war einer von ihnen ebenso wie ihr Großvater, bis es die beiden dann erwischt hat. Ja, beide waren jedenfalls Hexer.«

»Wer alles war eine Hexe oder ein Hexer?«

»Alle waren Hexen. Aber kümmere dich nicht darum, sonst erwischen sie womöglich auch dich noch. Ich habe dir gesagt, an dieser Sache ist keine Hexe beteiligt. Also, wir telefonieren morgen wieder, und ich will sehen, was ich tun kann, um der armen Kleinen zu helfen. Ihre Seele ist jetzt in deiner Obhut.« Damit hängte Rubia ein. Sie hatte noch nicht viel von Telefonsitten und davon, daß man sich verabschiedet, gehört.

Am nächsten Morgen ging ich wieder zu den Garcías und erzählte ihnen meinen Traum. Das brachte uns zwar nicht viel weiter, aber wir sprachen dennoch einige Stunden darüber. Mir wurde langsam klar, was sich im Haushalt der Garcías abspielte. Diesmal regnete es, so daß viele der Kinder im Haus waren und sich auf dem Boden tummelten. Rauls Bruder Miguel hatte als einziger eine feste Arbeitsstelle und war deswegen noch nicht da. Seine Schwester Julia hatte offensichtlich das Sagen im Haushalt, zusammen mit Alejandros Frau. Nur ihre Kinder halfen in der Küche und bei der Hausarbeit. María und Raul, die als letzte zu diesem geschäftigen Haushalt gestoßen waren, hatten wenig zu tun und suchten auch nach einer anderen Unterkunft. Sie suchten jetzt schon fast seit einem Jahr. Erlinda lief mehrmals in die Küche, wurde aber immer wieder hinausgescheucht, und auch für ihre Mutter war dort kaum noch Platz. Raul suchte tagsüber meistens nach einer Halbtagesstelle als Hilfsarbeiter und war daher außer Haus.

Auf dem Rückweg durch die staubigen Straßen und den Verkehr dachte ich über die Sache nach. Es war schon später Nachmittag, als ich Rubia anrief.

Sie wartete bereits auf meinen Anruf. Zuerst erzählte sie mir den Dorfklatsch über die Garcías. Der älteste Bruder José lebte noch im Ort. Er hatte seine Geschwister mehr oder weniger gezwungen wegzuziehen, als ihr Vater starb. Rauls und Marías Mütter waren nicht nur befreundet, sie waren Cousinen; die Verwandtschaft war ein bißchen zu nah für eine Heirat, fand Rubia. José verdiente mit seinem Kaffeeanbau kaum genug, um seine eigene Familie über Wasser zu halten. Seine Mutter lebte noch und wohnte bei ihnen. Sie hatte ihm nie verziehen, daß er zuerst Alejandro, dann Miguel und schließlich auch Raul und seine Frau hinausgeworfen hatte. Wahrscheinlich war es gar nicht José selbst gewesen, der sie zum Gehen gezwungen hatte, sondern die wirtschaftliche Lage. Trotzdem hatte das Weggehen der Brüder einen ständigen Unfrieden in der Familie hinterlassen.

Rubia hatte auch veranlaßt, daß Don Pedro Sanchez, der Inhaber des Gemischtwarenladens im Ort bei der Heilung des Mädchens half. Er war immerhin eine Art Onkel. Die Heilung sollte in zwei Wochen in seinem Haus stattfinden, und mir wurde aufgetragen, die Garcías dann in die Sierra zu bringen. Bis dahin sollte ich nach einem Traum suchen, der uns weiterhelfen würde. Ich wußte, daß Träume allein den Garcías nicht helfen konnten. Ich wollte versuchen, Raul eine Stelle als Hilfshausmeister an der Universität zu besorgen. Mein Hausmädchen Marta erklärte sich bereit, María mitzunehmen, wenn sie bei unseren Kollegen putzen ging. Sie wollte ihr zeigen, wie man in einem Haus sauber-macht. Erlinda und Martas Tochter Aurora sollten ebenfalls mitgehen. Für Marta bedeutete das eine kostenlose Hilfe und María konnte viel dabei lernen.

Ich gab María das Fahrgeld und hoffte, daß Erlinda und Aurora Freundinnen würden.

Als ich die Garcías das nächste Mal besuchte, waren Aurora und Marta zu Besuch da. Die beiden Mädchen spielten fast die ganze Zeit zusammen. Der kleinen Linda ging es schon besser. Luis behandelte ihre Ruhr, die er aufgrund der Stuhlprobe diagnostiziert hatte, sowie den Vitaminmangel, aber Linda war noch nicht vollständig wiederhergestellt. Immer noch schien sie in ihrem eigenen Zuhause ins Abseits gedrängt zu werden. Es war irgendwie ungewöhnlich, daß sie mit Aurora, nicht aber mit ihren Cousins und Cousinen oder den Kindern aus der Nachbarschaft spielte.

Es war schon spät, als wir an diesem Freitag endlich die letzten qualvollen Kurven auf der zerfurchten Straße nach San Martín hinter uns ließen. Linda schlief fest, sie war nicht einmal durch das Gerüttele auf den letzten Kilometern Piste aufgewacht. Ich setzte Raul, María und Linda bei José ab. Rauls Mutter war überglücklich, ihre Enkelin wiederzu-sehen, und brachte das schlaftrunkene Mädchen gleich ins Haus. Raul und José begegneten sich recht förmlich, aber freundlich. María schien irgendwie fehl am Platz. Ich sagte, ich würde am nächsten Morgen wieder vorbeikommen, und fuhr durch den kalten Nebel zurück nach Quetzalan.

Am nächsten Morgen machte ich mich wieder auf den Weg nach San Martín und ging erst einmal zu Rubia auf einen Kaffee, wo ich den neuesten Dorfklatsch erfuhr. Dann stattete ich Don Pedro Sanchez, dem Gemischtwarenhändler am Ort, einen Besuch ab.

Er bediente gerade einen Kunden in seinem Laden. Als er mich sah, wandte er sich aber sofort an mich und sagte: »Da sind Sie ja. Wir haben viel Arbeit, wenn wir die Seele der Kleinen finden wollen. Sie müssen noch ein paar Sachen besorgen«, und nannte mir eine lange Liste von Opfergaben. Für Don Pedro war das Ganze eine rein geschäftliche Angelegenheit. Ich mußte ihn bezahlen, und er nahm an, daß ich die Kosten von den Garcías zurückverlangen würde.

»Ich besorge alles, was wir brauchen, und komme dann gleich wieder her«, sagte ich. Er wandte sich wieder seinem Kunden zu.

Es war kein Problem, die Opfergaben zu besorgen, so daß ich kurz darauf wieder in Don Pedros trostlosem kleinen Laden war. Pedro führte mich aus dem Laden ins Haus und seine Frau bediente weiter. Er verkaufte große Mengen *aguardiente,* und vor seinem Geschäft lungerten immer einige Betrunkene herum. Das Geschäft glich mehr einer Bar als einem Gemischtwarenladen, die Regale waren fast leer, aber es gab immer Fässer mit *refino.* Pedro fragte nach meinen Träumen, obwohl Rubia ihm schon davon erzählt hatte, und er schloß sich Rubias Urteil an. Dann begannen wir, die Sachen auf seinem Altar aufzubauen.

Er hatte jede Menge Fotos von seinen Vorfahren, manche in alten, dunklen Holzrahmen, andere waren einfach gegen einen Gegenstand auf dem Altar gelehnt oder mit Reißnägeln an die Wand geheftet. Während wir arbeiteten, erklärte er mir, wer die Leute auf den vergilbten Bildern waren.

»Das war mein Vater, und da ist auch noch eins von meinem Vater, als er mit der Schule fertig war.« Er zeigte auf ein Gruppenbild mit finster blickenden Indios, das um die Jahrhundertwende entstanden sein mußte. Aus irgendeinem Grund ließen die Leute vom Land sich immer mit solchen Mienen fotografieren.

»Das da ist Martín Cruz, das José Santos, der da ist Miguel Cruz, und der Kleine hier ist der alte Antonio Cruz. Er wohnt da unten beim Brunnen.«

Jetzt konnte ich mich nicht zurückhalten und fragte ihn nach der Familie Cruz, insbesondere danach, ob es jemanden wie meinen Freund aus der Traumwelt gebe. Hatte ich vielleicht irgendwo schon ein Bild gesehen, das ihm ähnelte? Keiner der Cruzes auf dem Gruppenbild auf Pedros Altar hatte einen Schnurrbart. Die Gesichtsbehaarung ist bei den Indios nämlich nicht sehr ausgeprägt.

»Gab es einen mit langen, schwarzen Haaren und einem kleinen *bigote*, einem Schnurrbart?« fragte ich.

»Hm, mal nachdenken. Ich kenne keinen mit Schnurrbart. Aber es gab da mal einen, einen Freund meines Vaters, er hieß Arcadio Cruz. Ich habe ihn oft gesehen. Er war ein sehr guter Mann, aber den haben die Hexen erwischt. Ich war damals noch ein kleiner Junge. Vielleicht habe ich hier ein Foto von ihm«, sagte er und holte aus einer Kiste unter dem Altar ein altes Album heraus. Beim Durchblättern zeigte er mir alle seine Verwandten und Freunde.

»Wie war das mit den Hexen?« wollte ich wissen. »Gab es wirklich so viele?«

»Das kann man wohl sagen.« Er zeigte auf ein altes Foto mit sechs Männern und einem Pferd und fuhr fort. »Das da ist Rubias Onkel. Er war einer der schlimmsten Hexer. Der hat viele Kerzen erlöschen lassen. Seine Schwester, Rubias Mutter, war auch eine von denen, und die hat es auch erwischt. Das hier ist der alte Inocente«, sagte er und zeigte auf einen sehr jungen, schlanken Mann mit kohlrabenschwarzen Haaren, der das Pferd hielt. »Er hat von Rubias Onkel, Don Raul, gelernt, wie man jemanden erledigt. Er war einer der *pistoleros* des alten Don Antonio in Ahueta, aber er hat dann gelernt, wie man es auch ohne Pistole macht. Wenn er keine Pistole benutzte, konnte man ihn auch nicht hängen. Hätte er nicht von Raul ›den Weg‹ gezeigt bekommen, wäre er schon lange an einem Baum aufgeknüpft worden.«

»Ach ja?«

»Aber sicher, der Alte hat mit seinen Gebeten mehr Leute umgebracht als jemals mit der Pistole. Er und Raul, Rubias Onkel, waren ›Brüder‹ und mein Vater gehörte auch dazu. Der andere da auf dem Bild, das ist mein Onkel José. Den haben die Hexen ebenfalls erwischt.«

»So, auf diesem Foto müßte Arcadio Cruz sein«, sagte er und deutete auf ein weiteres vergilbtes Gruppenfoto mit Tänzern vor der Kirche in Quetzalan. Die Kirche war damals erst teilweise fertiggestellt. Das Foto mußte aus den zwanziger oder dreißiger Jahren stammen.

»Ja, da ist er.« Er zeigte auf einen sehr distinguierten kleinen Mann mit einem kleinen Schnurrbart, der in der ersten Reihe stand. »Da ist Arcadio Cruz.«

Das alte, gelbe Foto war klein und verwackelt, aber er sah aus, wie der kleine Mann, den ich im Traum gesehen hatte. »Er war auch ein Hexer?« fragte ich ziemlich aufgeregt.

»Auf jeden Fall«, antwortete Pedro, »die meisten waren Hexer. Wissen Sie, mit den meisten Tieren kann man Gutes und Schlechtes tun. Jedes der Tiere kann töten, und die Hexer benutzen sie auch, um zu töten. Zuerst bitten sie die Herren der Hochheiligen Erde um Gerechtigkeit, dann sorgen sie dafür, daß Gerechtigkeit geschieht. Ja, so machen die das. So gehen Hexen vor. Sie töten nicht wirklich, sie helfen nur den Herren, damit den Opfern Gerechtigkeit widerfährt.

Als es noch viele Hexen gab, haben sie alle ihre Tiere zum Töten benutzt«, sagte er in Nahuatl und machte ein Wortspiel mit Hexe, *nagualli,* und der Tierseele, *nagual.*

Pedro fuhr fort mit einer kurzen Aufzählung, wer wen im Krieg der Hexen getötet hatte. Er erzählte, wer eine Hexe gewesen war und wer nicht. Ich fragte nicht weiter nach Arcadio Cruz. Diese Hexengeschichte paßte überhaupt nicht zu dem, was ich von Doña Rubia und Don Inocente gehört hatte. Die Angelegenheit war viel umfassender als ich mir vorgestellt hatte. Wenn Don Pedro recht hatte, dann mußte der halbe Ort damals an Hexerei beteiligt gewesen sein. Nach seiner Erzählung hatten die verfeindeten Lager sehr viel mehr als die achtzehn bis zwanzig Leute getötet, von denen ich gehört hatte. Der Konflikt dauerte nach seinen Angaben tatsächlich fast zwanzig Jahre.

Während seiner Erzählung fiel ein alter, vergilbter Zeitungsausschnitt aus dem Album und segelte auf den Lehmboden. Die Überschrift des Artikels lautete: »Kreuzigung in der heutigen Zeit: Indios von San Martín kreuzigen einen der Ihren.« Ich hob das Blatt auf. Es stand kein Datum darauf.

Die mexikanische Armee wurde ausgesandt, die für die Kreuzigung eines Einheimischen aus San Martín Zinacapan verantwortlichen Indios zu verhaften...« Der kurze Artikel begann auf spanisch. Sieben Dorfbewohner waren von der Armee festgenommen und nach Zacopoaxtla gebracht worden. Dann wurden sie den Behörden von Puebla übergeben. Der Artikel ging im üblichen Stil der mexikanischen Sensationspresse weiter und listete alle grauenvolle Einzelheiten des Ereignisses auf. Ich suchte nach Namen und Daten. Schließlich fand ich am Ende des Artikels den Namen des Opfers. Es war jemand, von dem ich noch nie gehört hatte, aber unter den Festgenommenen befand sich Pedros Vater, der Bürgermeister, *mayordomo*, und verschiedene seiner Helfer.

»Was soll das?« fragte ich Pedro. »Wann hat man einen Hexer gekreuzigt?« In all den Jahren, die ich schon hierherkam, hatte ich im Dorf noch nie jemanden darüber reden hören. Warum wohl? Hatte man sich etwa verschworen, über die Sache zu schweigen? Eine solches Ereignis war doch ein bedeutungsvoller Teil der Dorfgeschichte; die Armee hatte sich eingemischt und einige der wichtigsten Leute verhaftet. Und kein Mensch redete darüber! Das paßte überhaupt nicht zu einem Ort, in dem der Tratsch über die Nachbarn und alles, was ihnen in den letzten zwanzig Jahren widerfahren ist, zum üblichen Unterhaltungsangebot gehört.

»Ach, das ist lange her, daß sie meinen Vater mitgenommen haben. Er war nicht der Mörder, aber sie haben es behauptet. Es war sogar ein Freund von ihm, den sie zum ›Trocknen‹ vor der Kirche aufgehängt hatten. Die Cruzes und die Sandovals hatten ihn sich geschnappt, glaube ich. Sie haben ihn gefesselt, angenagelt und vor der Kirche aufgestellt. Keiner traute sich in seine Nähe, bis er tot war. Ich glaube, zum Schluß hat einer ihm den Schädel mit einem

Stein zertrümmert. Als er den einen Tag da draußen auf der Plaza hing, schrie er alle an, daß er sie nach *talocan* schicken würde. ›Ihr seid so gut wie tot‹, schrie er die ganze Zeit. Ich bin drinnen geblieben, aber ich habe es gehört. Er war wirklich beängstigend, ein echter Seelenzerstörer, dem wir den ganzen Tag zuhören mußten, bis er endlich gestorben ist. Das war wirklich schrecklich.

Und so endete der Krieg der Hexen. Der, den sie aufgeknüpft hatten, war ein Hexer, ein echter Killer, ein Mörder. Dann kam die Armee und schleppte sie alle ins Gefängnis. Die meisten Leute verließen damals das Dorf und gingen auf ihre Kaffeeplantage, weil sie keinem von der Armee begegnen wollten. Die Soldaten haben alles gestohlen, was wir im Dorf zurückgelassen hatten. Nicht ein Huhn oder ein Schwein ist übrig geblieben. Ich glaube, die haben sogar die Hunde gegessen.

Meine Mutter mußte nach Puebla gehen und meinem Vater Essen bringen. Wir sind alle mit ihr gegangen und haben auf ihn gewartet. Er war lange Zeit im *calaboose*. Ich habe ihn fast nicht mehr erkannt, als er rauskam.«

Jetzt war ich wirklich auf einer Spur.

9

Der Krieg der Hexen:
Der Anfang

»Wie fing das mit dem Morden alles an?« fragte ich Don Pedro, und versuchte meinen Eifer zu verbergen. Ich setzte mich auf einen wackligen, alten Holzstuhl vor seinem Altar. Don Pedro zog sich einen niedrigen Hocker heran. Anscheinend hatte er nichts dagegen, über die alten Zeiten zu reden.

»Ich weiß es selbst nicht, aber ich kann Ihnen erzählen, was ich als Junge gehört habe. Diese ›Dinger‹ haben ihr Unwesen getrieben und alle umgebracht«, sagte er, wobei er wie bei den Indios üblich die unpersönliche Form für die Hexen benutzte, um sie von richtigen Personen zu unterscheiden. »Der Freund meines Vater – der Mann mit dem *bigote*, Don Arcadio Cruz – hat mir erzählt, wie alles angefangen hat, zumindest hat er gesagt, er wüßte es. Er sagte, daß es gar nicht hier von San Martín ausgegangen sei, sondern von Finca El Rosal, der alten Kaffeeplantage bei Quetzalan. Das war noch vor meiner Geburt, als Don Antonio Mendez Acero dort der *patrón* war.

Er kämpfte während der Revolution mit den *Carransitas* und war so eine Art *general* oder *coronel* von Carranza, als der Präsident hier durchkam. Der alte Don Antonio war derjenige, der alles ins Rollen gebracht hat. Er ging später nach Veracruz und nach Chiapas, dann weiter nach Mexico City.«

Der Mann, von dem Don Pedro sprach, war der Vater von Antonio Acero, dem *Cacique* oder Ortsgewaltigen, der noch in Ahueta lebte. Ihm gehörte die Finca El Rosal bei Quetzalan. Sein Sohn war heute ein bekannter Politiker und war mehrere Male Bürgermeister der Kreisstadt gewesen. Don Antonio hatte lange Jahre den Kaffeehandel in der Gegend beherrscht und ein riesiges Vermögen angehäuft. Ich wußte, daß er an der Revolution beteiligt gewesen war, aber viel mehr wußte ich nicht. Sein Sohn war in der Gegend noch immer gefürchtet und hatte regelmäßig bei illegalen Landnahmen und Wahlbetrug seine Hände im Spiel. Sein brutales Vorgehen machte ihn zu einem wichtigen Rädchen im politischen Apparat der herrschenden Partei. Verschiedene Gouverneure von Bundesstaaten und sogar Landespolitiker standen in der Schuld des jungen Antonio.

»Der alte Don Antonio«, fuhr Pedro fort, »kam hierher zurück und eroberte mit seiner Leibgarde die *hacienda* in Ahueta. Er behauptete, er täte es im Namen des Präsidenten, aber ich weiß es nicht. Er wurde schwerreich. Man sagte, er habe mit den *talocana* ein Abkommen über den Schatz im Berg getroffen. Er wurde zum General ernannt. Zuerst war er *Carransista,* dann *Villista* und dann *Obregonista.* Seine Leibgarde hielt alle von Ahueta fern.«

Don Pedro glaubte anscheinend, daß es bei Don Antonios angehäuften Reichtümern nicht mit rechten Dingen zugegangen war, daß er eine Art Pakt mit den Herren der Erde geschlossen hatte. Pedro glaubte, daß jeder, der über so viel Macht verfügt, sie von der Unterwelt bekommt, und daß der Alte ein Hexer war oder zumindest hexen konnte. Das war die gängige Meinung. Aber wahrscheinlich hatte Don Antonio einfach nur geschickt in der brutalen Politik der mexikanischen Revolution mitgemischt, hatte im rechten

Moment die Fronten gewechselt und, wo nötig, Gewalt angewandt, um seine wirtschaftlichen Interessen auf Kosten der einheimischen Bevölkerung durchzusetzen.

»Der Alte hatte viele Männer dort auf der *hacienda,* und das waren alles richtige *matones,* Mörder. Immer wieder fielen sie in ein Dorf oder eine Stadt ein und nahmen sich, was sie wollten. Sie haben sämtliche Schweine und Hühner mitgenommen und dann haben sie sich über die jungen Mädchen hergemacht, wenn sie welche gefunden haben. Wenn die Banditen kamen, gingen alle auf ihre *cafetales* und ihre *milpas,* und ein paar von den Frauen haben sich in den Höhlen und im Wald versteckt. Don Antonios Leibgarde hat sich genommen, was sie wollte, und jeder mußte hergeben, was er hatte, sonst wurde er erschossen.

Paff! Peng! Tot!« rief Pedro aus und unterstrich die Vorstellung, indem er in seinen Fingern eine Pistole hielt und in die Luft schoß. Seine Stirn runzelte sich und die Augen wurden größer. Die Lippen unter seinem schmalen, schwarzen Schnauzbart wurden dünn. Wahrscheinlich war er selbst öfter vor diesen Männern geflohen. Seine Geschichte klang, als hätte er es selbst erlebt.

Pedro fuhr fort: »Als ich noch ein Junge war, erzählte mir Don Arcadio, daß Don Antonio eines Tages seine rauhesten Männer in die Dörfer geschickt hatte. Sie kamen hierher nach San Martín und befahlen allen Männern im Dorf, zu Don Antonio zu gehen. Die Männer wußten nicht, was Don Antonio wollte. Alle hatten große Angst. Die meisten von den Cruzes und den Sandovals waren in die Berge geflohen, als sie Don Antonios Männer kommen sahen. Es waren viele. Der Alte hatte seine Verbündeten geschickt, um alle Männer aus dem Dorf zu holen: vor allem die wirklich wichtigen, die Väter und Familienoberhäupter. Seine Leute, die *pistoleros*, erschossen jeden, der nicht mitgehen wollte. Die Männer wurden bewacht und mit vorgehaltenen Waffen nach Finca El Rosal gebracht. Don Arcadio, Don José Santos, Don Raul Sanchez, auch mein Onkel und mein Vater, alle mußten mitkommen. Sie waren so ziemlich die einzigen, die nicht aus dem Ort geflohen waren, als die Mörder kamen.«

Mit Ausnahme von Inocente und Arcadio waren das die Männer von dem Foto mit dem Pferd, das Don Pedro mir gerade gezeigt hatte. Die Aufnahme war in El Rosal gemacht worden und trug das Datum des 17. Januar 1921.

»Mein Vater hat mir nie davon erzählt, weil er Angst vor Don Antonio hatte. Er sagte, Don Antonio habe ein *tecuani*, einen Menschenfresser, als *nagual* und würde Indios zu Mittag essen. Wenn wir als Kinder frech waren, drohte er, er würde uns zu Don Antonio nach Ahueta schicken, und Don Antonio würde uns zu Mittag essen. Das hat er zu uns gesagt. Er hatte wirklich Angst vor Don Antonio, er mochte ihn nicht, überhaupt nicht. Vielleicht hat er uns deshalb nie viel über ihn erzählt. Nur Don Arcadio hat geredet. Er hat erzählt, daß damals die Hexerei angefangen hat, daß es damals mit dem Töten losging.

Alle Männer gingen nach El Rosal, und sie dachten, Don Antonio würde sie einsperren oder aufhängen oder sogar fressen. Sie verließen das Dorf am späten Nachmittag, und die *pistoleros*, die alle auf Pferden ritten, ließen die Männer im Tempo der Pferde mitrennen. Alle dachten, sie würden erschossen oder gehängt.

Schließlich kamen sie in den Gärten von El Rosal an. Don Arcadio erzählte, El Rosal wäre ihnen wie ein Palast erschienen. Die Gärten waren voller Blumen, die viel schöner waren, als die in Quetzalan. Überall waren Laternen und

Kerzen aufgestellt. Die Männer rochen, daß leckere, schwarze *mole*-Sauce in großen Töpfen gekocht wurde. Manche dachten, daß sie gefressen würden, aber einige andere und Don Antonios Männer sagten: ›O nein, Don Antonio will euch helfen. Er will für euch sorgen. Er will euer *patrón* sein, euer großer Vater.‹ Es waren auch viele andere Männer aus San Andrés, San Miguel, Santiago und aus allen anderen Dörfern da. Sie waren gerade dabei, sich zu betrinken. Antonios Leute hatten sich bereits vollaufen lassen.

Don Antonio hatte Kampfstiere und auch Kampfhähne, haben sie erzählt. Es sollte ein großes Fest für alle stattfinden. Don Antonios Männer brachten alle Männer in ein großes Zimmer, wo sie bleiben konnten. Es gab jede Menge *refino*, und sie wurden von Frauen in bunten Kleidern bedient.

Die Männer konnten sich die Frauen dort einfach nehmen, sagte Don Arcadio. Die Frauen, die für Don Antonio arbeiteten, haben richtiggehend auf die Männer gewartet. Sie waren wie gute, reife Früchte, die nur darauf zu warten schienen, gepflückt und angestochen zu werden, damit ihr Saft fließe. Alle waren betrunken. Es war wirklich eine *fiesta,* ein Fest. Alle Männer, auch die aus den anderen Dörfern, sagten: ›Don Antonio gibt eine *fiesta,* er feiert ein Fest.‹ Aber es gab kein Entkommen.

Don Arcadio wollte gehen, denn es gefiel ihm dort überhaupt nicht. Er hatte nicht viel Vertrauen zu Don Antonio, eigentlich traute er ihm überhaupt nicht. Aber Antonios *pistoleros* ließen ihn nicht gehen. Don Antonio wollte am nächsten Tag mit ihm sprechen. Alle wollte er sie am nächsten Tag sehen. Und seine Leute hatten Befehl, jeden zu erschießen, der gehen wollte, und sich Don Antonios Einladung widersetzte.

Am nächsten Tag fanden Stierkämpfe und Hahnen-kämpfe statt, und Don Arcadio berichtete, daß es mehr *refino* als Wasser gegeben hatte. Es war ein großes Fest mit jeder Menge *mole* und Reis und Bohnen und Tortillas für alle. Don Antonio war im großen Haus, und jede Gruppe von Männern wurde einzeln zu ihm gebracht. So hat es mir Arcadio erzählt.

Die *pistoleros*, seine bewaffneten Leute, kamen zu jeder Gruppe und sagten: ›Don Antonio will euch sprechen, so-fort!‹ Sie brachten die Männer zu Don Antonio ins Zimmer. Manche aus seiner *guardia* hatten Gewehre, andere hatten Pistolen, aber bewaffnet waren sie alle. Don Antonio fragte: ›Wer sind diese Männer? Wo kommen sie her?‹

›Das sind die Männer aus San Martín‹, sagte einer seiner Leute.

Don Antonio sagte: ›Sag ihnen, daß ich sie reich machen werde, und sag ihnen, daß ich viele Sachen für sie habe. Sag ihnen, daß sie alles aus meinem großen Lagerhaus hier haben können.‹ Und einer der Männer, der ein großes Buch hatte, wiederholte das alles.

›Sag ihnen, daß es viel zu essen und jede Menge *refino* für sie gibt. Sag ihnen, daß sie sich aus meinem Vorratshaus hier nehmen können, was sie wollen. Sag ihnen, daß sie es mir mit ihrem Kaffee bezahlen werden. Wenn sie ihn ernten, bringen sie jede Bohne zu mir hier nach Ahueta. Ich will ihren ganzen Kaffee, sie dürfen ihn keinem anderen ver-kaufen, sonst haben sie bald keinen mehr‹, sagte er, und der Mann mit dem großen Buch wiederholte es für die Männer. Er wollte von jedem Mann den Namen wissen und wieviel Kaffee er bringen konnte. So hat es Don Arcadio erzählt.

Dann wurden sie alle in Don Antonios Lagerhaus geführt und man gab ihnen Stoffballen und Haushaltsgegenstände,

Macheten und Kochtöpfe. Jeder nahm, was er brauchte, und dann wurden sie wieder zu Don Antonio gebracht. Ein anderer zählte dem Mann mit dem Buch alles vor, was sie mitgenommen hatten.

›Sag ihnen‹, wies Don Antonio den Mann mit der Liste an, ›sag ihnen, daß sie von mir für ihren Kaffee auch Mais und Bohnen bekommen und auch Reis. Sag ihnen, daß sie mehr Kaffee anpflanzen müssen. Sag ihnen, daß sie keinen Mais mehr anpflanzen sollen, daß sie keine Maisfelder brauchen.‹

Don Arcadio hat erzählt, daß ihm das alles nicht gefiel und daß er nichts von Don Antonio annahm.

›Was sollen wir essen? Von was sollen wir leben?‹ hatte Arcadio zu den anderen gesagt. ›Der Mais ist unser Leben. Mais ist unser Blut. Wenn wir unsere Felder nicht mehr haben, wie können wir dann essen? Was ist, wenn Don Antonio uns keinen Mais gibt? Wie sollen wir dann überleben?‹

Don Antonio hatte das nicht gehört, sonst hätte er Arcadio auf der Stelle die Kehle durchschneiden lassen.

›Ach, mach dir keine Sorgen, Don Antonio ist ein guter *patrón*‹, sagten alle anderen. ›Er wird für uns sorgen. Er wird uns gut bezahlen für den Kaffee, den wir ihm bringen. Er ist reich, und er gibt uns für den Kaffee, was wir brauchen‹.

Mein Vater und meine Onkel haben auch so geredet, hat mir Arcadio erzählt. Sie hatten alle gedacht, daß Don Antonio ihren Kaffee verarbeiten und verkaufen und ihnen dafür Mais geben würde. Er hatte ihnen gesagt, sie könnten einfach in sein Lager kommen und mitnehmen, was sie bräuchten. Er hatte ihnen gesagt, daß sie essen könnten, was sie wollten, solange sie da waren, und es gab genug *aguardiente,* um ganz Quetzalan betrunken zu machen. Es gab

Stierkämpfe und Hahnenkämpfe, alles nur für sie, so meinten die Männer.

›Don Antonio ist ein *patrón*, unser *talocan tatatzin,* unser Vater der Erde, ein Herr der Erde‹, sagten alle. Aber er war alles andere als das. All die Sachen waren gar nicht wirklich für sie, meine Arcadio. Don Antonio war nämlich ein übermächtiger Hexer.

Don Antonios Männer schrieben alles auf, was mitgenommen wurde. Es kam alles in sein großes Buch; sie haben über alles Buch geführt, und als die Männer nach drei Tagen von der Finca El Rosal nach Hause gingen, sagte man ihnen, wieviel Kaffee sie Don Antonio jetzt bereits schuldeten. Alle mußten ihren Kaffee nun zu Don Antonio bringen.

Don Antonio wollte immer mehr Kaffee haben, erzählte Arcadio. Wenn er von den Dorfbewohnern nicht genug Kaffee bekam, hat er ihn den Leuten einfach gestohlen. Er hat allen den Kaffee weggenommen, die ihn aus der Gegend wegbringen wollten; auf diese Weise hatte er den ganzen Kaffee.

Mein Vater, Don Raul, Don José und die anderen hatten auf den meisten ihrer Felder Kaffee angepflanzt, während Arcadios Familie auf der Ebene unterhalb der Flüsse nur Mais anpflanzte. Die Leute gaben den Cruzes Kaffee und bekamen dafür Mais. Die Cruzes hatten nicht viel Kaffee, aber sie hatten das beste Land in der ganzen Gegend. Sie hatten schon seit ewigen Zeiten Mais auf ihren Feldern angebaut, schon seit man sich die Geschichten von Juan Oso erzählt.«

Juan Oso war eine Gestalt aus der Sagenwelt. Er war der Held der mythischen Vergangenheit dieser Kultur. Viele der Geschichten um Juan Oso weisen eine verdächtige Ähnlichkeit mit denen von Quetzalcoatl auf, dem gefiederten Schlangengott der Tolteken und Helden der Aztekenkultur.

Pedro fuhr mit seiner Erzählung fort: »Don Arcadio erzählte, daß er nichts von Don Antonio genommen habe. Er war sehr vorsichtig und wollte sich nicht bei Don Antonio verschulden. Er meinte, er war der einzige, der keine Schulden bei Don Antonio hatte, als sie gingen. Don Antonios Männer sagten immer wieder: ›Nimm dies, nimm das, nimm es doch einfach, du kannst uns dafür Kaffee geben.‹ Aber Don Arcadio sagte, daß er keinen Kaffee habe.

›Dann pflanz welchen an!‹ sagten alle, sowohl Don Antonios Männer als auch die Männer aus dem Dorf. ›Sei kein Dummkopf, nimm die Sachen und bezahle Don Antonio mit Kaffee!‹ Es schien ihnen besser, die Sachen von Don Antonio zu nehmen und mit Kaffee zu bezahlen, als sich den Kaffee von seinen Männern stehlen zu lassen; denn so waren die Verhältnisse zu jener Zeit.

Die Männer brachten viele Sachen mit von El Rosal und standen dadurch tief in Don Antonios Schuld. Sie brachten ihm soviel Kaffee wie sie konnten, aber Don Antonio war es nie genug. Immer schuldeten sie Don Antonio mehr Kaffee, als sie hatten, und sie sagten zu Don Arcadio und den anderen Cruzes und den Sandovals: ›Gebt uns von eurem Land. Laßt uns euer Land nutzen, das brach liegt.‹ Aber die Cruzes und die Sandovals weigerten sich. Wo einmal Kaffee angebaut worden ist, kann kein Mais mehr wachsen, zumindest kein guter Mais.

Und damals, so hat Arcadio mir berichtet, fingen die Hexen an, Böses zu tun in San Martín. Don Antonio schickte Hexen los, die dafür sorgen sollten, daß er genug Kaffee bekam und daß alle Kaffee anbauten. Als erstes haben die

Hexen, glaube ich, Don Arcadias Tante erwischt, Doña Antonia Cruz.

Arcadio erzählte, daß es viel Neid und Eifersucht hier in San Martín gab, nachdem die Männer von El Rosal zurückgekommen waren. Diejenigen, die von El Rosal viel mitgenommen hatten, wollten mehr Land für Kaffee, damit sie noch mehr Sachen von Don Antonio kriegen konnten. Deshalb baten sie die Dorfältesten, ihnen mehr Land zu geben.

Don Arcadio glaubte, daß mein Vater und meine Onkel – überhaupt alle Sanchez – mit Don Antonio und den Hexen eine Vereinbarung getroffen hätten, aber ich glaube nicht, daß es so war. Mein Vater hatte große Angst vor Don Antonio und seinen *naguals*.

Niemand mochte die Cruzes. Sie ließen nicht zu, daß auf ihrem Land Kaffee angebaut wurde. Und so etwas gefällt den Hexen, sie freuen sich über Streit und Zwietracht. Alle fanden, daß die Cruzes und die Sandovals ungerecht waren.

Wenn jemand bei allen unbeliebt ist und viel Mißgunst herrscht, können die Herren getäuscht werden. In der Verwirrung helfen sie vielleicht jemandem, dessen Sache nicht gerecht ist. Wenn der Hexer den Fall an seinem Altar vor die Herren bringt, dreht er die Kerze mit dem Docht nach unten und träumt. Er bittet die Herren, das *tonal* des Opfers zu nehmen. Die Herren haben nichts dagegen, daß wir ihnen bei etwas helfen, das ein bißchen böse, ein bißchen wild ist. Wenn jemand, der ungerecht ist oder nicht richtig lebt, ein bißchen etwas Böses abbekommt, dann kriegen die in der Erde mehr Nahrung. Die Herren mögen das gern, davon existieren sie, das ist ihre Nahrung.

Wenn der Hexer die Herren aber hereingelegt hat, wird der Verhexte später selbst um Gerechtigkeit bitten. Die Herren warten, bis der Hexer kommt, und dann gibt es eine große Verhandlung in der Unterwelt. Wird er schuldig gesprochen, muß er für immer den Feuern des Südens dienen.«

Pedro blickte mir in die Augen, um zu sehen, ob ich ihn verstand. Ich nickte.

»Wir wissen alle, bei welchen bösen Dingen die Herren unserem anderen Selbst, unserem Tier, unserem *nagual*, helfen können. Aber wenn die Herren glauben, daß es uns nicht um Gerechtigkeit geht, dann passiert nichts. Dann sind wir selbst in Gefahr, in der Welt der Träume bleiben zu müssen. Oft funktioniert diese Methode nicht, und die Hexe wird getötet. Viele Hexen sind so ums Leben gekommen.

Es war Don Antonio, der anfing, die Hexen dafür zu bezahlen, daß sie Böses taten. Sie sollten dafür sorgen, daß der ›Schatten des Todes‹ und andere schlimme Sachen über die Cruzes kamen. Arcadios Tante erwischte es als erste. Sie war Witwe und sie hatte viel Land, das sie niemanden nutzen ließ. Da kam der ›Rauch des Todes‹ über sie. Sie wissen schon, der Rauch der Blätter, die wir Vipernblätter nennen.«

Was Don Pedro hier erwähnte, war eine Kriegsführung mit chemischen Waffen nach Art der Indios. Die sogenannten Vipernblätter werden vor dem Haus des Betreffenden verbrannt, ihr Rauch ist tödlich.

»Don Antonio wollte, daß auf jedem Felde Kaffee angepflanzt wird, und Don Arcadios Tante hatte das nicht zugelassen. Sie hatte keine Söhne und einige ihrer Neffen bestellten ein oder zwei Maisfelder für sie. Das reichte ihr zum Leben. Den Rest ihres Landes mußte sie nicht nutzen, aber sie ließ auch sonst niemanden Kaffee darauf anpflanzen. Sie war ungerecht. Don Antonio wußte das, und deshalb bezahlte er eine Hexe, die sie fertigmachen sollte. Er wollte, daß überall Kaffee angepflanzt wird, so wie es heute ist. Antonio Cruz und Martín Sandoval haben dort unten zwar noch ein paar Maisfelder, aber ansonsten gibt es fast nur noch *cafetales*.

Arcadio glaubte, daß Don Antonio selbst mit den bösen Hexereien angefangen hätte, aber ich denke, er hat einfach die Hexen dafür bezahlt. So habe ich es gehört. Mein Vater hat erzählt, daß Don Antonio, ebenso wie die anderen, der Meinung war, daß die Cruzes nicht richtig handelten. Und ich glaube daran, daß es Don Antonio war, der einer Hexe zuerst Geld gegeben hat, damit den Cruzes etwas Böses zustoßen würde. Er selbst war kein Hexer, aber er hat die Hexen benutzt. Irgend jemand hätte den alten Don Antonio verhexen sollen, aber das hat keiner getan. Er war zu mächtig. So war das also mit Don Antonio. Vielleicht war er wirklich der größte und der gefährlichste Hexer von allen.

Die Hexer waren damals sehr mächtig. Sie konnten jemandem eine ›Fledermaus-Umarmung‹ oder einen ›Kaninchen-Tritt‹ geben und das war's. Peng! Ihr Licht war aus, ihre Kerze abgeschnitten. Bei der Fledermaus-Umarmung legten sie einfach die Arme um jemanden, etwa so«, sagte Pedro und zeigte mir, wie man jemanden mit beiden Armen von hinten in Höhe des Nackens packte. »Dann haben sie zugezogen«, sagte er und zeigte mir, wie damals Inocente, wie man die Arme verschränkte. »Knack! Der zuckt noch zwei-, dreimal auf dem Boden, dann ist sein Licht aus«, sagte Don Pedro, der mir gerade eine sehr wirkungsvolle Technik vorgeführt hatte, wie man jemandem das Genick bricht und ihm dann beim Sterben zusieht.

»Manche von den Hexen haben auch das ›Maultiertrampeln‹ bei ihren Opfern angewendet. Dafür nahmen sie die Hufe eines toten Maultiers, an denen noch die Eisen waren, und haben damit auf ihr Opfer eingeschlagen, sind mit den kleinen Hufen auf ihm rumgetrampelt, bis er Hackfleisch war, und haben ihn schließlich in die Schlucht geworfen. Wenn man die Leiche fand, sah es aus, als wäre der Tote von einem Pferd zertrampelt worden. Aber jeder wußte, daß eine Hexe dafür verantwortlich war.

Mein Vater erzählte, daß sie auch mit Hundedärmen gearbeitet haben. Ein klitzekleines Stückchen behandelten Hundedarms wurde in einen Taco oder eine Maispastete gesteckt, und schon kamen dem, der sie aß, die Därme raus. Er war binnen ein oder zwei Tagen tot, wenn er es überhaupt so lange überlebte. Diese Hexen beherrschten ihr Handwerk. Ein paar von ihren Tricks habe ich gelernt, aber nicht genug. Sie kennen sicher auch etliche, wo Sie doch so viel Zeit mit Rubia und dem alten Inocente verbringen, oder?« fragte Pedro neugierig.

»Ja, ein paar«, sagte ich. Ich wollte Don Pedro nicht wissen lassen, wieviel ich über Hexen und Hexerei wußte. »Und alles richtige Killer-Tricks«, sagte ich und lachte.

»Das kann man wohl sagen«, stimmte er mir zu. Dann richteten wir den Altar für die bevorstehende Heilung her.

Ich nahm an, daß die Garcías bald kommen würden, da der Nachmittag bereits fortgeschritten war. Amalia, Pedros Frau, brachte etwas zu essen und ermahnte uns, bei der Heilung nicht zu viele *copitas* zu uns zu nehmen, sonst seien wir am Ende der Zeremonie auch »geheilt«. Don Pedros *refino* war ein besonders gefährlicher *aguardiente*, den er von einer *hacienda* in Ahueta bezog, und ich wußte, daß man davon einen schrecklichen Kater bekommen konnte.

Raul und María kamen mit Linda und der ganzen Familie: Das waren José mit seiner Frau und ihren drei Kindern und seine Mutter sowie Marías Mutter, Lilia Sanchez, die eine Cousine von Don Pedro war, mit ihren beiden anderen Töchtern, Marías Schwester und ihrer Halbschwester.

Linda und ihre beiden Großmütter waren unzertrennlich. María García und Lilia Sanchez waren offentsichtlich seit langem eng befreundet, und beide vergötterten die kleine Linda. Während ich mit Don Pedro die zusätzlichen Opfergaben, welche die Garcías und die Sanchez mitgebracht hatten, auf dem Altar aufbaute, erklärten die beiden alten Frauen Linda geduldig, was alles auf dem Altar stand.

Sobald alle Opfergaben, die aus Lebensmitteln, Wasser und Blumen bestanden, ordentlich aufgestellt waren, fingen Don Pedro und ich an zu beten. Ich zündete zuerst das Duftharz und dann die Kerzen an. Don Pedro betete als erster und ich fiel mit ein, während ich weitere Kerzen anzündete und noch ein paar Bröckchen Duftharz in den Brenner legte.

Dann baten wir Linda, sich vor den Altar zu stellen, auf dem die Fotos ihrer Ahnen standen, die ihre Familie mitgebracht hatte. Die beiden Großmütter gingen mit zum Altar und halfen dem Mädchen, uns zu erklären, wer die Leute auf den Fotos waren.

»Das ist mein Großvater Miguel García mit meiner Großmutter María«, sagte die Kleine zu Don Pedro und mir. Sie sah immer wieder zu ihrer Großmutter hoch. »Und das hier ist sein Vater in Quetzalan.« Sie zeigte auf ein anderes, vom Alter vergilbtes Foto. »Sein Vater hieß ... wie hat er geheißen, Großmutter?« fragte sie Doña María.

»José«, half ihr die alte Dame weiter.

Linda zählte weiter die einzelnen Personen auf und erklärte, mit etwas Hilfe, wie sie mit ihr verwandt waren.

»Da hast du aber viele Vorfahren hier, meine Kleine. Und wenn sie auch in der Hochheiligen Erde ruhen«, sagte ich und stampfte auf den Lehmboden, »so bitten wir sie doch, daß sie alle uns helfen. Sie sollen uns zeigen, wo dein *tonal* ruht, und uns helfen, es zurückzuholen, damit du wieder ganz gesund wirst.«

Wir gaben Linda etwas *copal* und baten sie, es in den Harzbrenner zu legen. Dann blies ich den Rauch über sie und schickte sie wieder zu ihren Großmüttern, die sich in eine Ecke des Raums gesetzt hatten und schwatzten.Wie es bei Ritualen der Nahua üblich ist, redeten alle durcheinander und achteten kaum auf die Zeremonie, die gerade abgehalten wurde.

Unterdessen beteten Don Pedro und ich leise darum, daß alle ihre Vorfahren uns helfen sollten, die verlorene Seele der kleinen Linda zu finden. Dann betete Don Pedro zu den *patrones*, den Schutzpatronen unserer Heiler-Tradition, die am Rand des Universums Erde und Himmel auseinanderhalten. Er betete zu San Juan Lucera de la Mañana (der Heilige Johannes Morgenstern), San Juan Crecincia de Dios (der Heilige Johannes, Schößling Gottes), San Miguel Salvador del Mundo (der Heilige Michael, Retter der Welt), Santiago de las Estrellas (der Heilige Jakobus der Sterne) und andere, die wenig mit dem Kirchenritual, aber viel mit der Hochheiligen Erde zu tun haben. Danach betete Don Pedro zu Don Juan Manuel Martín, Don Miguel Martín Francisco, Manuel Martín Francisco, Juan Ocelotl und Juan Antonio Abad, welche die wahren Schutzpatrone unserer Tradition waren. Als er geendet hatte, gefiel mir sein Gebet so gut, daß ich beschloß, es für die Zukunft zu übernehmen.

Dann sprenkelten wir Wasser aus einer Schale auf dem Altar über alle, die in Reichweite waren, und legten *copal* nach. Der dunkle, fensterlose Raum war voller Rauch und angenehmer Stimmen. Wir nahmen die Flasche *aguardiente* vom Altar und ließen sie herumgehen – es war Don Pedros stärkster *refino*, fast reiner Alkohol.

Doña Amalia, Pedros Frau, hatte winzige Gläser bereitgestellt und griff nun schnell nach der Flasche. Zusammen mit María füllte sie die Gläser und gab jedem eines. So ein kleiner Schluck *refino* war im Grunde gefährlicher als eine Flasche, die herumgeht. Aus der Flasche konnte man so viel oder so wenig trinken wie man wollte, was angenehm war, wenn es so aussah, als würde eine Runde auf die andere folgen. Aber die Gläser mußte man fast ganz austrinken und durfte nur einen Tropfen übrig lassen, den man als Opfer für die Hochheilige Erde auf den Boden goß.

Die erste Flasche hatten wir schnell geleert, und als José eine zweite holte, leerten wir die auch noch. Bei den letzten Gebeten angekommen, waren alle schon sehr angeheitert.

Als wir mit dem Beten fertig waren, ließ Pedro noch einmal Doña María, Lindas Großmutter, mit dem Mädchen zum Altar kommen und sagte zu Linda, sie solle sich auf eine *petate*-Matte legen, die dort ausgebreitet war. Dann rollte er ein Ei über ihren ganzen Körper. Das gehörte nicht zu den traditionellen Heilmethoden, aber ich hatte gesehen, wie Rubia diesen Trick bei Leuten anwandte, die keine Indios waren. Pedro drückte fest auf das Ei, worauf sich das Mädchen krümmte und wand. Als er fertig war, nahm er das Ei und schlug es in eine Schale auf dem Altar auf. In dem Ei war ein Stein, und er sagte zu Linda, der Stein sei anstelle ihres *tonals* zurückgeblieben, als sie irgendwo auf einen Fels gefallen sei. (Diesen Effekt erzielt man, indem man den Fremdkörper weit oben in den Eileiter einer Henne positioniert, so daß sich das Ei darum herum bilden kann. Der Trick ist sehr beeindruckend und hilft, zumindest metaphorisch, dem Patienten klarzumachen, daß ihm etwas weggenommen wurde und daß er jetzt vorbereitet ist, seine Seele zurückzubekommen.)

Linda stand auf, ging zu ihren Großmüttern und hörte deren Unterhaltung zu. Don Pedro holte die Zigaretten und selbstgedrehten Zigarren vom Altar. Fünf von jeder Sorte ließ er liegen, den Rest reichte er herum. María und ihre Schwiegermutter holten die Tortillas und den Topf mit Bohnen vom Altar und bereiteten für jeden einen kleinen Teller vor, auf den sie auch noch eine Portion von dem köstlichen Eintopf gaben, den sie mitgebracht hatten. Zum ersten Mal sah ich die kleine Linda mit Appetit essen. Ihre Großmutter väterlicherseits ging herum und erzählte allen, daß Linda den Eintopf gekocht habe und eines Tages eine gute Köchin abgeben würde. María und ihre Mutter unterhielten sich mit Linda und ließen sich dabei die kleine Zwischenmahlzeit schmecken.

Ich konnte förmlich zusehen, wie das Mädchen langsam geheilt wurde. Bei ihren Großmüttern hatte sie einen Platz im Haushalt, und sie zeigten ihr Dinge, die sie später können mußte. Wenn es nur eine Möglichkeit gäbe, eine ähnliche Situation in Mexico City herzustellen, dann hätte die Kleine ihr *tonal* wirklich zurück. Wenn Raul die Stelle in der Universität, die er gerade angetreten hatte, behielt und María weiterhin mit Marta putzen ging, würde eine Großmutter im Haushalt der Garcías in Mexico City gebraucht werden, zumal sie sich jetzt eine angemessene Unterkunft leisten konnten. Das würde die Probleme aller lösen, dachte ich, und so kam es dann auch. Rauls Mutter zog ein paar Monate später zu Lindas großer Freude nach Mexico City.

Die Sonne war schon lange untergegangen, und ich erzählte Pedro, daß ich in der Nacht wieder nach einem Traum suchen würde. Es war ziemlich spät, der *aguardiente* war reichlich geflossen, und es war besser zu gehen, wenn ich nicht die ganze Nacht bleiben wollte. Ich verabschiedete mich von Linda und ihren Eltern und versprach ihnen, für die Kleine zu träumen.

Don Pedro trat mit mir vor die Hütte in die Nacht. Die Sterne schienen, und die Geräusche der Nacht waren schon zu hören. »Jetzt müssen Sie nach einem Traum suchen«, sagte er. »Die Kleine hat ihre Seele fast wieder. Wenn Sie herausfinden können, wo sie sich befindet, dann können wir der Familie sagen, wo sie ihre Opfergaben hinbringen muß, um sie zurückzubekommen. Ich bin auch müde und werde versuchen, das *tonal* der Kleinen in meinen Träumen zu finden. Aber Sie haben mehr für sie getan als ich und sollten sie finden. Behalten Sie den Stein im Ei im Auge. Ich denke, da müssen wir suchen. Vielleicht haben die Hügelherzen ihr *tonal*. Die Hügelherzen sehen aus wie wir, kommen aber aus der Höhle. Sie sind die Herzen der Berge und ihre eigenen Herzen sind Steinbrocken, schwarze, glänzende Steine.«

Ich gab Don Pedro die fünfzig Pesos, die wir vereinbart hatten. Das war eine sehr hohe Summe für die Mithilfe bei einer Heilung, aber mir war es die Sache wert. Ich freute mich, daß er mir so viel über den Krieg der Hexen erzählt hatte, und wollte gleich am Morgen mit Rubia darüber reden. Pedro hatte gehört, daß Raul jetzt die fürstliche Summe von zwölfhundert Pesos im Monat verdiente, das waren fast hundert Dollar, und ich bin sicher, daß er glaubte, ich würde mir das Geld zurückgeben lassen.

In diesem Augenblick kamen die männlichen Garcías aus dem Haus, wahrscheinlich um auszutreten, und ich verabschiedete mich noch einmal. Während der ganzen Fahrt nach Quetzalan versuchte ich, einen Sinn in das zu bringen, was ich über den Krieg der Hexen gehört hatte. Da war so viel, was Rubia und Inocente mir nicht erzählt hatten. Welche Rolle spielten sie bei dem Ganzen? Wußten sie etwas, das sie mir nicht erzählen wollten? Es war eine heikle Angelegenheit.

Bevor ich am nächsten Morgen nach Mexico City aufbrechen konnte, mußte ich nach San Martín zurückfahren und die Garcías abholen. Außerdem wollte ich natürlich mit Rubia sprechen. In Quetzalan besorgte ich ein paar süße Brötchen, die sie so gerne aß, und dieses Mal fuhr ich nicht mit dem Wagen über die Piste nach San Martín, sondern ging zu Fuß. Der alte, kopfsteingepflasterte Pfad wand sich durch den Dschungel und entlang den Kaffeeplantagen, die auf dem Weg nach San Martín liegen. Es war ein strahlend schöner Morgen, und die Wolken verzogen sich über den Friedhof hinter die Berge. Und ich wußte jetzt, daß der Friedhof die Knochen meines »Freundes« Arcadio beherbergte.

Ich beschloß, Rubia an diesem Morgen auf den Krieg der Hexen anzusprechen. Ich wollte erfahren, was sie über den Beginn des Krieges wußte.

Es fing sehr gemütlich an mit Kaffee und den mitgebrachten süßen Brötchen. Rubia wollte wissen, wie die Heilung verlaufen sei. Ich verstand immer noch nicht, warum sie mich nicht zu Don Pedro begleitet hatte. Sein Haus war nur ein paar hundert Meter von ihrem entfernt, und bisher war sie immer zu den Heilungen mitgekommen. Ich wußte, daß sie sich mit Don Pedro noch nie gut verstanden hatte, aber ich hatte keine Ahnung, warum das so war. Ihr erster Mann war ein Sanchez gewesen, aber später hatte sie einen Lehrer aus dem Ort geheiratet, der zu Beginn des Kriegs der Hexen fortging und sie mit fünf Kindern zurückließ.

Ich erzählte ihr alles über die Heilung und meinen Traum letzte Nacht, der nicht sehr spektakulär war. Sie meinte, ich solle trotzdem zu den Garcías gehen. Auch wenn der Traum keine neuen Erkenntnisse brachte, würden die Garcías zumindest sehen, daß ich an dem Problem ihrer Tochter arbeitete. Rubia freute sich sehr, daß die beiden Großmütter Linda geholfen hatten, ihre Vorfahren aufzuzählen.

»Die beiden können dir wahrscheinlich mehr helfen, das *tonal* der Kleinen zu finden als Don Pedro mit seinen ganzen Gebeten«, riet sie mir. »Mit einigen weiteren Opfergaben für unsere Mutter, unseren Vater und die Hochheilige Erde, müßten die Großmütter die Seele der Kleinen befreien können.

Sag Raul und María bevor sie abreisen, daß die Großmütter mit Linda zum Brunnen gehen sollen, um ein paar Sachen für die alten Frauen des Westens, für die Herrin des Wassers und die Mütter der Quellen zu opfern.«

»Du hast recht«, antwortete ich, »genau dafür braucht unser kleines Täubchen seine Großmütter.« Langsam verstand ich, wie klug Rubias Trick war. Die Großmütter standen der Lösung näher als die Bergheiligtümer der Hügelherzen, wo Don Pedro zu opfern vorgeschlagen hatte.

»Was hast du gestern abend sonst noch gehört, da drüben bei Don Pedro, bevor sie alle betrunken waren?« fragte sie mich.

»Er hat mir viel über die Cruzes erzählt, und er hat mir Fotos gezeigt. Hast du mal einen Mann namens Arcadio Cruz gekannt?«

Das strahlende Lächeln in ihrem runzeligen Gesicht verwandelte sich ein ein eisiges Starren. »Du hast es also rausgekriegt, was?«

»Ja. Ich habe Arcadio Cruz auf einem Foto gesehen.«

»Ich wußte, daß du herausfinden würdest, wer es war. Don Arcadio ist als einziger so stark, nach fünfzig Jahren immer noch darauf zu warten, daß die Herren die Hexe kriegen, die ihn erwischt hat. Nach all den Jahren sucht er immer noch nach Gerechtigkeit. Er geht nicht einfach weg, wie ein gutes *tonal*. Was hat dir Pedro sonst noch erzählt?« fragte sie ernst.

»Er hat mir ein Bild mit deinem Onkel, Inocente und ein paar anderen auf El Rosal gezeigt und erzählte mir von dem alten Don Antonio aus Ahueta. Er sagte, daß Don Antonio hinter allem gesteckt und die Hexen für ihre bösen Taten bezahlt habe und daß damit alles anfing. Er erzählte weiter, daß es Doña Antonia Cruz als erste erwischt habe.«

»Er hat überhaupt nichts kapiert«, sagte sie müde. »Er hat Don Arcadio zu oft zugehört. Arcadio hat mit allen darüber geredet. Sein Vater hätte ihm das sicher nicht so erzählt.«

»Wie war das mit der Kreuzigung?« fragte ich. »Was ist damals passiert?«

Falls sie überrascht war, zeigte sie es nicht. »Das mußt du herausfinden. Sie haben wirklich einen gekreuzigt. Sie haben den alten Martín Santos direkt da unten aufgehängt«, sagte sie und zeigte auf den Kirchhof. »Das hat diesen ›Dingern‹, den Hexen, das Handwerk gelegt. Ich war nicht da, sonst hätten sie mich vielleicht auch erwischt. Ich weiß nicht viel über die Sache.

Als alles anfing und die Hexen loslegten, hatten wir alle keinen Mais. Es war kein Leben mehr im Dorf. Die Kinder meines Onkels und meines Vaters, meine kleinen Brüder und Schwestern, waren am Verhungern. Don Antonio bot ihnen Mais für ihren Kaffee an – aber erst, wenn sie ihn ablieferten. Die Cruzes gaben uns nichts von ihrem Mais für unseren Kaffee. Sie wollten ihn nicht. Sie gaben nicht ein Gramm von ihrem Mais her. Andere sind vor Antonia Cruz gestorben – viele. Sie war eine geizige alte Frau mit viel Land, das sie nicht nutzte. Es gab keinen Mais und die Menschen, vor allem die Kleinen, die Kinder, sind verhungert. Sie sind gestorben, weil es hier nichts zu essen gab. Unsere Mutter und unser Vater, die Erde, gab uns nicht genug zum Leben. Wir versuchten es, aber der Mais wuchs nur schlecht in unseren *cafetales*.

Es gab damals wirklich einen Hexer, aber das war nicht der alte Don Antonio. Der Hexer war einer von den Cruzes. Die Menschen sind gestorben, bevor Don Antonio den Leuten Mais für ihren Kaffee gab. Don Antonio war ein mächtiger Mann, ein großer Vater, ein *patrón*, aber er war kein Hexer. Er folgte nicht dem guten Weg, aber er war kein Hexer. Vielleicht wäre es besser gewesen, wenn jemand ihm den guten Weg gezeigt hätte, er war nämlich ein guter *patrón*. Er hat uns dann später Mais gegeben, er gab meinem Vater Mais, gab meinem Onkel Mais, und wir konnten davon leben. Don Antonio hat nicht mit dem Morden angefangen. Das war einer von denen da unten, einer von den Cruzes oder den Sandovals. Die sind da unten auf ihren *milpas*, ihren Maisfeldern, geblieben und haben niemandem von ihrem Mais abgegeben. Sie haben keinen Kaffee für ihren Mais genommen, und im Dorf sind die Menschen gestorben.

Meine Mutter und meine Großmutter haben den guten Weg von den *Totonacs* gelernt, die vor langer, langer Zeit, noch vor der Revolution, in unser Haus kamen. Sie wußten, daß unser Vater und unsere Mutter in der Erde gerecht sind. Die Herren und Herrinnen von *talocan* sind gerecht. Meine Mutter und Großmutter wußten, wie man um Gerechtigkeit bittet. Sie wußten auch, wie man mit einer Hexe fertig wird, die ungerecht ist. Andere im Dorf folgten nicht dem Weg, aber sie waren trotzdem Hexen. Meine Mutter und ihre Mutter wußten, wie man mit ihnen fertig wird.

Ja, die alte Antonia hat es erwischt, aber das waren nicht die Hexen, das waren die Herren. Die haben sie vertilgt. Sie war ungerecht. Pedro hatte recht mit Antonia, aber die Hexen kamen von den Cruzes, die uns den ›Rauch‹, den ›Schatten des Todes‹ und viele andere schreckliche Dinge auf den Hals hetzten.

Bevor du nach Mexico City zurückgehst, frag Pedro nach den Cruzes und was sie hier in San Martín getan haben. Sie haben Pedros Schwiegermutter und eine seiner Tanten erwischt. Arcadio war einer der Guten. Er war mit einer von Pedros Tanten verheiratet, aber ihn haben sie auch erwischt. Vielleicht weiß Pedro genauer, was Arcadio zugestoßen ist.

Sag Inocente nichts über Arcadio Cruz, jetzt, wo du von ihm weißt. Der alte Mann kann immer noch sehr gefährlich sein«, warnte mich Rubia. »Inocente hat immer behauptet, Arcadio Cruz sei ein Hexer, und wenn er erfährt, daß es Arcadio ist, den du in *talocan* siehst, dann denkt er vielleicht, daß auch du ein Hexer bist. Er wird denken, du könntest ihm womöglich etwas Böses zufügen. Und dann wird er versuchen, dich zu erwischen, bevor du ihn erwischst. Er ist ein sehr gefährlicher Freund, ja, das ist er, mein *compadre*.

Du solltest jetzt zu Don Pedro geben, aber sei vorsichtig, was du sagst. Und glaub nicht alles, was er dir erzählt. Es gibt viel über diese Sache und auch über den Weg, das er nicht weiß, obwohl er es eigentlich wissen sollte. Vergiß nicht, er kommt aus Puebla, nicht aus San Martín.

Kümmere dich zuerst um das Problem der Garcías, dann kannst du Pedro nach diesen Dingen fragen«, wies sie mich an.

10

Cruz

Als ich hinüber zu Don Pedro ging, dachte ich, daß ich nun endlich weiterkäme, aber wohin führte das Ganze? Es gibt keine klare Grenze zwischen hexen, heilen und sozialen Beziehungen, genauso wie es keinen eindeutigen Weg zur Wahrheit gibt, keine eindeutige Realität. Jeder Dorfbewohner hatte seine eigenen Erinnerungen und Vorstellungen über die Ereignisse der zwanziger und dreißiger Jahre, und jeder hatte dazu seine eigene Geschichte. Ich wunderte mich, daß Don Pedro so bereitwillig über die Hexen redete, und ich hatte keine Ahnung, warum er das tat, außer vielleicht, um seinen Vater reinzuwaschen. Ich kam schon seit fast zehn Jahren nach San Martín und begann erst jetzt zu verstehen, welche Kräfte das Dorf geformt hatten.

Don Pedro stand hinter dem Ladentisch seines Gemischtwarenladens, als ich hereinkam. Es war noch nicht einmal zehn, aber draußen standen schon ein paar Betrunkene, die sich allem Anschein nach schon seit Sonnenaufgang Don Pedros *refino* genehmigten.

»Das Licht ist auf uns, guten Morgen«, sagte ich beim Eintreten.

»Guten Morgen«, antwortete Don Pedro. »Haben Sie in der Dunkelheit deutlich gesehen?« fragte er, und meinte damit, ob ich im Traum herausgefunden hatte, wo die Seele der kleinen Linda war.

»Nein, ich habe letzte Nacht nicht viel gesehen«, sagte ich. »Ich bin einen langen Fluß bis zu einem großen Teich hinabgekommen. Dort gab es Fische, und ich stieg aus dem Wasser in einen Garten mit vielen Blumen. Ich ging zurück in den Teich mit den Fischen und schwamm weiter, bis ich zu einem Haus kam. Ich blieb bei dem Haus und schwamm dann am Großen Wassermund aus der Unterwelt hinaus und wachte auf. Das war so ziemlich alles, was ich gesehen habe. Haben Sie Dinge gesehen, die deutlich waren?

»Nicht viel«, sagte er. »Aber ich war auch im Wasser, an einem großen Teich. Vielleicht ist dort die Seele der Kleinen und nicht bei den Hügelherzen. Ich ging einen langen Weg entlang und kam zum großen Teich. Es war sehr heiß, und ich stieg ins Wasser und blieb dort. Es gab dort Fische, aber keine Häuser oder Dörfer. Ich kam schließlich bei den Ahuetzic-Wasserfällen heraus.«

»Vielleicht hat die Kleine ihre Seele im Wasser verloren«, sagte ich und dachte an Rubias Lösung zu dem Problem. »Vielleicht sollten sie ein paar Blumen und Kerzen für die ›Wasserwesen‹ opfern, damit die Seele der Kleinen zurückkommt.«

»Das kann nicht schaden. Raul und María könnten mit ihrer Tochter zum Teich in Ahuetzic gehen und ein paar Sachen für die ›Wasserwesen‹ mitnehmen.«

»Vielleicht wäre es besser, wenn die Kleine mit ihren Großmüttern ginge«, schlug ich vor.

»Ja, vielleicht wäre das besser«, dachte Don Pedro laut und rief dann einem Jungen auf der Straße zu: »Pablo, komm her!« Der Junge kam herein, und Don Pedro sagte zu ihm: »Kennst du Doña Lilia Sanchez?«

»Ja«, kam die Antwort, »sie wohnt da drüben neben den Santos.«

»Ganz genau. Lauf bitte hinüber und sag ihr, daß ich sie sprechen möchte.«

»Klar«, sagte der Junge und war weg.

Während der Junge Lindas Großmutter holte, unterhielten wir uns über den Traum und berieten, welche Opfergaben sie mitnehmen und wo sie das Opfer darbringen sollten. Don Pedro war der Meinung, daß Ahuetzic der richtige Ort sei, aber das war über zwanzig Kilometer entfernt, und ich wußte nicht, ob die beiden alten Damen einen solchen Fußmarsch schaffen würden. Ich erinnerte mich an Rubias Rat und schlug den Dorfbrunnen vor.

»Wir werden sehen«, meinte Pedro. »Die Großmütter sind alt, aber zäh. Vielleicht haben sie gar nichts dagegen.«

Schließlich kam Doña Lilia. Wir erklärten ihr die Träume und unterbreiteten ihr Don Pedros Vorschlag. Sie schien sehr erfreut und sagte, dann könnten sie den Markt in Quetzalan besuchen. Sie war sich sicher, daß Doña María mitkommen würde. Sie müsse nach Hause gehen und ein paar Sachen für den Markt holen, sagte sie, aber dann werde sie sofort Linda und ihre Großmutter abholen, um gemeinsam zu den Wasserfällen zu gehen. Doña Lilia plante offenbar ein Picknick. Leider bedeutete das auch, daß Linda erst am frühen Abend zurückkommen und wir erst sehr spät in der Nacht Mexico City erreichen würden. Doña Lilia verließ vergnügt den Laden und ging den Berg hinauf zu ihrem Haus. Pedro und ich waren wieder allein.

»Das könnte klappen«, meinte Pedro. »Die beiden Alten könnten genau die Richtigen sein, der Kleinen zu helfen, ihre Seele wiederzufinden. Es scheint ihr ja auch schon viel besser zu gehen.«

»Bereits gestern abend in Ihrem Haus ging es ihr besser als in Mexico City«, lobte ich Don Pedro.

»Vielleicht haben das die Gebete und die Vorfahren geschafft. Die Kleine hatte Glück, daß keine Hexe sie erwischt hatte, sonst wäre es schwer gewesen, ihre Seele zurückzuholen.«

»Sie haben recht. Was ist damals mit all den Hexen passiert, als das Töten anfing?« Ich sah eine Chance, an das Gespräch über den Krieg der Hexen anzuknüpfen.

»Kaum jemand traut sich, darüber zu reden.« Er sah sich im Laden um. »Vielleicht ist Juanita hinten und kann die Kunden bedienen«, sagte er und zeigte auf die beiden Betrunkenen vor dem Haus.

Pedro ging nach hinten und kam mit seiner Tochter Juanita zurück, einem pummeligen Mädchen von zwölf oder dreizehn Jahren, das genau wie sein Vater aussah. Er hob die Klappe des Ladentischs hoch und führte mich nach hinten. Wir setzten uns vor seinen Altar, auf dem noch die Opfergaben der letzten Nacht standen. Die Blumen waren verwelkt, und alles außer der Votivkerze war von getrockneten Wachspfützen umgeben. Pedro bot mir einen niedrigen Hocker direkt vor dem Altar an, er selbst setzte sich so, daß er durch die Tür sehen konnte, wer im Laden war.

»Man kann hier nur vorsichtig über diese Sache reden«, begann Pedro, »aber wenn Sie wissen wollen, wie das Töten begann, nun gut! Es begann mit dem Tod von Doña Antonia Cruz. Als die Alte schließlich tot umfiel, gab es niemanden, der zur Nachtwache kommen wollte. Ihre beiden Brüder und der alte José Sandoval haben sie gewaschen und mit vielen Blumen geschmückt, um ihr den Weg zu erleichtern. Keiner kam, um *compadre* oder Helfer bei der Beerdigung zu sein. Normalerweise gehen hier alle zu den Beerdigungen, aber bei ihr ist keiner gekommen. Manche hatten zuviel Angst, und andere mochten sie einfach nicht. Man hat noch nicht einmal Sargträger für sie gefunden.« Pedro hatte recht, normalerweise kam in San Martín das ganze Dorf zu einer Beerdigung. Das war tatsächlich eine sehr ungewöhnliche Situation.

»Und noch bevor sie die alte Frau unter der Erde hatten, ging der Ärger richtig los. Sobald sie tot war, ging ihr Bruder zu unserem Bürgermeister Martín Sanchez, dem *Presidente Municipal*, und sagte ihm, daß er in diesem Jahr Antonias ganzes Land bestellen würde, da seine Söhne schon einen Teil davon für sie bebaut hätten. Don Martín sagte: ›Nein, du mußt nach Quetzalan gehen und dir eine Urkunde für ihr Land besorgen.‹

So war man hier aber noch nie vorgegangen, weil jeder ein Anrecht auf das Land hatte. Zunächst einmal die Cruzes, weil sie die Schwager waren und dann die Sandovals, weil Antonia eine Sandoval war. Aber auch mein Vater hatte sich schon lange, bevor die alte Frau gestorben war, darum beworben, das Land nutzen zu dürfen, also wollte auch er jetzt einen Teil davon. Don Arcadio hatte ihn dabei unterstützt, und er hatte die Alte schon fast überredet, als sie von den Hexen getötet wurde. Auch andere wollten das Land. Es war das beste Land für Mais hier in der Gegend, und alle wollten es haben.

Don Martín sagte ihnen, sie bräuchten eine Urkunde aus Quetzalan. Da wurden die Cruzes und die Sandovals richtig wütend. So hat Arcadio es mir erzählt. Alle Cruz-Brüder – Arcadios Cousins – trafen sich mit Don José Sandoval und den restlichen Sandovals, und sie waren alle überzeugt, daß das Land ihnen gehörte. Geschlossen gingen sie zu Don Martín und bedrohten ihn mit einer Machete, aber der verlangte immer noch, daß sie mit einer Abordnung nach Quetzalan gingen und sich die Urkunde besorgten. Schließlich stimmten sie zu. So haben sich die Cruzes und die San-dovals zusammengeschlossen. Jetzt waren es auch endlich genug Leute, um die alte Frau auf den Friedhof zu tragen und zu beerdigen. Bis dahin waren sie zu wenige gewesen.

Alle wußten, daß sie verhext worden war. Die Leiche wurde schon nach einem Tag schwarz, und sie waren sicher, daß Don Martín der Mörder war oder jemand, den er kannte. Don Martín bestimmte, daß Don Arcadio, Don José Sandoval, mein Vater und noch zwei andere nach Quetzalan gehen sollten, um die Urkunde für Doña Anto-nias Land zu besorgen.

Unter den Cruzes und den Sandovals gab es ein paar mächtige Hexen. Die waren ganz anders als wir. Sie folgten nicht dem Weg, aber sie wußten, wie man jemanden ver-hext. Sie kannten den ›Schatten des Todes‹, den ›Bösen Rauch‹, den ›Vipernbiß‹ und noch andere Sachen wie die ›Fledermausumarmung‹ und den ›Jaguarbiß‹. Vor allem der alte Inocente hat den oft gebraucht«, kommentierte Pedro.

»Ach ja?«

»O ja. Er hat die Zähne genommen und sie hier ange-setzt«, sagte er und zeigte auf zwei Stellen zu beiden Seiten der Halsschlagader. »Und dann, ratsch, war der andere erledigt.« Er führte mir vor, wie leicht man mit beiden Daumen und den Jaguarzähnen die Schlagader verletzen konnte. »Die Wunde sieht wie ein großer Biß aus«, beteu-erte er. Ich mußte an die beiden scharfen Zähne denken, die Inocente in zwei Lederbeuteln in seiner Tasche hatte. Die paßten wahrscheinlich genau über seine Daumen.

»Die Cruzes und die Sandovals trafen sich bei Doña An-tonias Beerdigung, und sie beauftragten ihre Hexen, Don Martín zu beseitigen. Arcadio erzählte, daß sie den ›Schat-ten des Todes‹ über das Haus von Don Martín gebracht hätten, und ich gláube, so war es auch. Martíns Frau und auch seine Tochter starben noch im selben Jahr.«

»Der ›Schatten des Todes‹?« fragte ich.

»Ja, der ›Schatten des Todes‹. Sie kennen doch die Höhle, in der wir die Erde bitten, den Schatten – die Dunkelheit der Höhle – über jemanden zu bringen.«

»Nein, damit kenne ich mich nicht so gut aus. Wie macht man das?« fragte ich neugierig und hoffte, etwas Neues darüber zu erfahren. Ich wußte, daß es etwas mit der Fledermauskrankheit zu tun hatte.

»Man geht einfach in die Höhle, in die Todeshöhle oder in die andere dort unten, die Höhle der Bösen Winde, und sammelt den Dreck ein. Dabei muß man aber viele Zigaretten rauchen, damit ›sie‹ einen nicht selbst erwischen. Den Dreck packt man gut ein und verstreut ihn im Haus des Opfers auf dem Boden. Der ›Schatten des Todes‹ fällt dann bald über das Haus und rafft jemanden dahin.«

»Wirklich?« Wieder einmal fragte ich mich, wer Rubia die Fledermauskrankheit vorbeigebracht haben könnte. Oder war es nur ein Versehen gewesen?

Pedro antwortete: »Na sicher, aber man weiß nie, auf wen der Schatten fällt. Auf den alten Martín ist er jedenfalls nicht gefallen. Und manchmal erwischt es den Hexer selbst, wenn es den Herren nicht gefällt, was er tut.« Ich konnte mir nicht vorstellen, daß Rubia versucht hatte, jemanden umzubringen.

Pedro redete im gleichen schnellen Tempo weiter über die alten Zeiten, so, als wäre ich nicht da. Gespannt hörte ich zu. »Arcadio wollte sich zusammen mit meinem Vater, Don José und den Cruz-Brüdern um Doña Antonias Land kümmern, das alle haben wollten. Es gab keinen Mais oder nur sehr wenig, und die Leute waren am Verhungern. Sie gingen in den Wald und auf die *cafetales* und sammelten, was nur ging, aber ohne Tortillas war es einfach nicht genug zu essen. Manche gingen auf der Suche nach Arbeit nach Puebla oder Veracruz, andere gingen nach Mexico City. Es gab damals viele Banditen, die gestohlen haben, was nicht niet- und nagelfest war. Wenn jemand Mais oder Essen nach Hause brachte, haben die Banditen es einfach geklaut. Manche von den Banditen gehörten zu Don Antonios Männern, aber die meisten waren einfach arme Leute. Don Antonios Männer stahlen eigentlich nur Kaffee, und er hat sie dafür bezahlt.

Es gab also viel Kaffee, aber keinen Mais, hat mir Arcadio erzählt, deshalb wollten alle Doña Antonias Land. Mein Vater dachte, man könnte aus Antonias Land gute *cafetal* machen, und Don Arcadio war klar, daß die Cruz-Brüder nicht das ganze Land nutzen konnten. Deshalb sagte Arcadio zu meinem Vater, er würde ihm helfen, das Land zu bekommen, wenn er darauf Mais anbauen würde, und mein Vater willigte ein. Er hatte aber vor, trotzdem eine *cafetal* daraus zu machen. Er würde für den Kaffee mehr Mais von Don Antonio bekommen, als das Land hergeben würde, dachte er bei sich. Kaffee war damals mehr wert als Mais.

Sie gingen alle zusammen nach Quetzalan, und mein Vater willigte ein, daß das Land den Cruzes gehören sollte; sie würden ihn dafür auf einem Teil des Landes Mais anbauen lassen. Als sie in Quetzalan ankamen, glaubten sie, zu einer Einigung gekommen zu sein; die Cruzes sollten das Land bekommen, und mein Vater durfte einen Teil davon nutzen.

Mein Vater ging zu Don Antonio, seinem *patrón*. Inocente hatte meinem Vater gesagt, daß Don Antonio ihm helfen würde, das gesamte Land, das er brauchte, zu bekommen. Inocente hatte mit Don Antonios Männern geredet, und Don Antonio wollte meinen Vater sprechen. Damals fing Inocente an, als *pistolero* für Don Antonio zu arbeiten.

Don Antonios Männer brachten Inocente und meinen Vater in einen großen Raum auf El Rosal, denselben, in dem die Männer das letzte Mal gewesen waren. Don Antonio saß an dem großen Tisch, an dem damals der Mann mit dem Buch gesessen hatte – aber der war diesmal nicht da.

Don Antonio sagte zu Inocente: ›Sag dem Mann, er kann das ganze Land haben, wenn er eine *cafetal* anpflanzt. Sag ihm, daß es jetzt mein Land ist, und wenn er eine *cafetal* anpflanzen will, dann kann er das. Ich gebe ihm sogar die Kaffeepflanzen, und er kann sie setzen.‹ Und Inocente sagte das meinem Vater.

›Inocente‹, fuhr Don Antonio fort, ›geh mit ein paar von den Männern hin und paß auf, daß sich keiner sonst auf meinem Land zu schaffen macht. Don Pedro hier ist der einzige, der es betreten darf.‹ Inocente tat, wie ihm befohlen wurde, und sagte zu meinem Vater, daß er zu den anderen zurückgehen, ihnen aber nichts von dem verraten solle, was auf El Rosal vereinbart worden war. Inocente ging mit den *pistoleros* los, und sie erschossen zwei von den Cruzes, die gerade auf dem Feld arbeiteten. Es waren Antonias Neffen, die das Land für sie bestellten. Dann errichteten Inocente und die *pistoleros* ein Lager und ließen niemanden sonst auf das Feld.

Mein Vater ging zurück nach Quetzalan, wie ihm aufgetragen worden war. Er wußte nicht, daß die beiden Cruzes von Antonios Männern erschossen worden waren. Er ging mit den anderen zu Don Manuel Fernandez, dem *Presidente Municipal* in Quetzalan.

Don Manuel sagte ihnen: ›Das Land gehört jetzt Don

Antonio. Er hat es gerade gekauft; denn die Witwe ist gestorben und hat es niemandem vermacht. Wenn ihr kein Testament habt, gehört das Land Don Antonio, und er hat bereits seine Männer losgeschickt, also seid vorsichtig.‹

Don Arcadio und Don José regten sich sehr darüber auf, und die Cruz-Brüder waren außer sich. Mein Vater schwieg dazu, doch dann sagte er, daß sie nichts dagegen tun könnten. Don Antonio habe Waffen und werde jeden töten, der sein Land betrat.

Und dann ging es richtig los mit dem Töten. Sie gingen ins Dorf zurück und versammelten sich bei den Cruzes. Ihre beiden Cousins waren schon tot, als die Männer zu Hause ankamen. Sie hielten die Nachtwache für die Toten ab und beerdigten sie. Alle trafen sich im Haus der Cruzes, und alle waren wütend. Sie hatten nicht nur ihr Land verloren, sondern auch noch zwei junge Männer. Die Cruz-Brüder wollten sich bewaffnen und die *pistoleros* erschießen.

Arcadio sagte, sie seien verrückt und würden nur selber erschossen werden. ›Die *pistoleros* können nicht ewig bleiben‹, sagte er. ›Wartet einfach ab.‹

Sie waren fast wahnsinnig vor Wut. Sie wollten eine Hexe finden, die es den *pistoleros* heimzahlen sollte. Diese Männer seien nicht gerecht, sagten sie zu Don Arcadio, und der sagte es meinem Vater. Das bedeutete, daß sie Don Antonios Männer verhexen wollten. Die Hexe, die sie beauftragten, war Doña María Cruz, eine böse, alte Frau.

Mein Vater erzählte es Inocente, und Inocente ging damit zu Don Raul, meinem und Rubias Onkel. Er sagte Don Raul, daß die Cruzes die *pistoleros* verhexen wollten. Don Raul erklärte ihm, wie er sich und seine Männer vor den Hexen schützen könne, und Inocente gab die Anweisungen an die *pistoleros* weiter.

Die Männer glaubten Inocente zuerst nicht. Sie hatten Pistolen und dachten, damit jede Hexe töten zu können, die sich blicken ließ. Aber die Hexen waren schon an der Arbeit. Je länger die Männer blieben, desto mehr von ihnen starben. Die Schlangen erwischten sie, denn der ›Schlangenbiß‹ funktionierte gut, und einer von ihnen wurde ›zertrampelt‹; aber sie blieben trotzdem. Sie waren auf alles gefaßt, nur nicht auf Hexen. Irgendwann hörten sie auf Inocente und merkten sich die Sachen, die er von Don Raul gelernt hatte. Danach starben nicht mehr so viele *pistoleros,* denn jetzt waren sie auf die Hexen vorbereitet. Sie suchten nach den Stöcken, welche die Hexen für den ›Schlangenbiß‹ im Gebüsch versteckten, und sie ließen nachts niemanden in ihr Lager. Inocente erfuhr von Onkel Raul, was die Hexen mit den *pistoleros* vorhatten, und er verhinderte es, aber im Dorf unternahm er nichts gegen sie.

›Wir müssen die Männer erledigen‹, sagten die Cruz-Brüder, aber Doña Marías Hexerei funktionierte bei den *pistoleros* nicht mehr. Sie dachten, Don Martín sei hinter ihrem Land her, und als der ›Schatten des Todes‹ bei ihm nicht funktionierte, mußte die alte María die Herren der Unterwelt bitten, ihn fortzuholen. Man erzählt sich, die *talocana*, die Diener der Erde, die in der Höhle leben, hätten ihn erwischt. Sein Pferd wurde in der Nähe des Erdmunds gefunden, und man hat Don Martín nie wiedergesehen. ›Sie‹ haben ihn sich geschnappt und mit in die Höhle genommen, da bin ich sicher.

Jetzt waren die Familien Santos und Sanchez wirklich aufgebracht, und sie gingen gegen die Cruz-Brüder und José Sandoval vor. Don José Sandoval wurde von einem Jaguar erwischt, und beide Cruz-Brüder fand man mit einem ›Schlangenbiß‹ tot auf ihrem Maisfeld.

Ich glaube, es war Inocente, der José Sandoval erwischt hat«, sagte Pedro, »oder vielleicht war es auch mein Onkel Raul. Raul hat diese Sachen als Kind von den *Totonacs* gelernt, genau wie Rubias Mutter. Die *Totonacs* haben ihrer Mutter den Weg gezeigt, aber es war Don Raul, der wußte, wie man die Herren um Gerechtigkeit bittet.« Pedro sah durch die offene Tür in den Laden und stand kurz auf, um zu sehen, wie seine Tochter zurechtkam. Es schien alles in Ordnung zu sein, und er setzte sich wieder auf seinen niedrigen Hocker.

»Inocente war damals schon ein hinterhältiger und gefährlicher Kerl, aber er wurde noch schlimmer«, nahm Pedro die Erzählung wieder auf. »Damals war er ein *pistolero*, aber Onkel Raul zeigte ihm, wie er dasselbe ohne Pistole erreichen konnte. Inocente lebte drei Jahre mit den *pistoleros* auf dem Feld. Arcadio hatte sich geirrt. Sie gingen nicht einfach wieder weg. Sie waren furchtbar. Sie nahmen sich einfach, was sie wollten. Sie kamen sogar in unser Haus, und mein Vater gab ihnen, was sie wollten, sonst hätten sie ihn erschossen.

Schließlich nach drei Jahren sagte sie: ›Don Pedro, komm her, rode alles ab, damit hier eine *cafetal* angepflanzt werden kann.‹ Und mein Vater ging mit uns hin und begann, das Feld nutzbar zu machen. Die Cruzes waren außer sich. Sie schickten einen ›bösen Wind‹, der meine Schwester erwischte. Sie starb, noch bevor sie ins Dorf zurückkam, und mein Vater war so traurig, daß er aufhörte, das Feld zu roden und Kaffeesträucher anzupflanzen, aber die *pistoleros* sagten, daß sie ihn töten würden, wenn er nicht weitermache, und so gingen sie alle wieder aufs Feld. Die *pistoleros* hielten dort Wache, damit niemand die Kaffeesträucher vernichtete.

Inocente war der Anführer der *pistoleros*. Er war der Schlimmste. Er heiratete die Cousine der Frau meines Onkels und nahm sie mit auf die *cafetal*. Sie wollte aber lieber im Dorf leben und war daher die meiste Zeit hier, und Inocente kam deshalb auch hierher. Alle außer meinem Onkel Raul hatten Angst vor ihm. Er und Raul waren gute Freunde. Mit Inocente und Raul vor Ort konnten die Hexen den *pistoleros* nichts mehr anhaben. Die *pistoleros* begannen, jetzt auch Land von den Söhnen der Cruz-Brüder zu nehmen. Raul und Inocente ließen Martín Santos *cafetales* anpflanzen. Die Cruzes wollten Martín Santos deshalb verhexen lassen, aber Don Raul beschützte ihn. Inocente war ein viel besserer Hexer als *pistolero* und damit um vieles mächtiger. Wenn er und mein Onkel jemanden verhexten, war es um ihn geschehen. Tot! Aus!

Doña María Cruz war die größte Hexe hier. Jeder wußte, daß sie Don Martín in die Höhle hatte bringen lassen. Alle wollten sie erwischen und ihr das Licht ausblasen, aber auch Inocente und mein Onkel Raul wußten nicht, wie, und Rubias Mutter konnte es auch nicht. Schließlich fand eine junge Frau, die gerade von Rubias Mutter eingewiesen wurde, einen Weg. Sie machte ein paar von den ›Blumen von *Talocan*‹, wie wir es nennen, und während der Messe am Tag des Heiligen legte sie Doña María eine davon auf, mitten in der Messe. Doña María drehte sich um und starrte sie mit dem ›Bösen Blick‹ an. Der war so mächtig, daß die Frau innerhalb von einer Woche starb, aber Doña María starb auch. Ihr *tonal* war von der ›Blume von *Talocan*‹ bedeckt, und die fette alte Frau lebte nur noch zwei Wochen.

Ich weiß nicht genau, was sie der jungen Frau angetan hat, aber es könnte auch der ›Rattenbiß‹ oder die ›Bussardklaue‹ gewesen sein und nicht der ›Böse Blick‹. Sie wissen schon, man muß jemanden nur mit diesen Dingen stechen, und er ist tot. Manche von den Hexen hatten diese Sachen immer dabei. Sie trugen sie am Gürtel oder in einer Tasche, und keiner wußte, daß sie es bei sich hatten. Als ich noch klein war, trug mein Vater auch immer so etwas mit sich herum. Es hieß, diese Dinge seien besser als Pistolen, weil niemand wisse, daß sie da seien.

Nachdem es María Cruz erwischt hatte, gab es eine Weile weniger Tote. Sie war eine große Hexe gewesen. Jetzt gab es noch ein paar Hexen bei den Sandovals, und die Cruzes, die noch am Leben waren, kannten nur noch einige Hexen in Yohualichan, dem Dorf am Fuß des Bergs. Sie waren aber nicht demselben Weg gefolgt wie wir. Wir hatten unser Handwerk von den *Totonacs* gelernt. Naja, vielleicht hatten sie es auch von den *Totonacs* gelernt. Unten in Yohualichan gab es viele *Totonacs*.

Zu dieser Zeit bauten die Cruzes nicht viel Mais auf ihrem Land an. Don Antonio bezahlte allen so viel Mais für ihren Kaffee, daß es zuviel davon gab. Die Leute wußten nicht, was sie mit dem ganzen Mais anfangen sollten, also haben sie ihn verkauft. Viel haben sie allerdings nicht dafür gekriegt.

Don Arcadio überredete die Cruzes, auf ihrem brachliegenden Land von anderen *cafetales* anpflanzen zu lassen, und unsere *cafetal*, auf der die *pistoleros* waren, brachte uns viel Kaffee. Inocentes Männer halfen uns bei der Ernte, und zwei von ihnen, Pablo und Manuel, heirateten Santos-Mädchen. Ismael war auch einer der *pistoleros,* die für Inocente arbeiteten. Und Ignacio auch. Er hat ein Mädchen vom anderen Ende des Dorfes geheiratet. Irgendwann lebte keiner von ihnen mehr auf dem Feld, sondern alle hatten Häuser hier im Dorf. Und sie hatten alle ihre eigenen *cafetales*.

Inocente trug nicht einmal mehr eine Pistole. Er kannte jetzt bessere Methoden, jemanden zu töten. Das hatte er von Onkel Raul gelernt. Er konnte jemandem den ›Bösen Blick‹ oder den ›Atem des Todes‹ geben. Er hauchte sie einfach an, und sie waren so gut wie tot. Jeder wußte das, und keiner wagte sich an Inocente heran.«

»War damit das Töten beendet?« fragte ich Don Pedro. Ich vermutete, daß sich das alles Ende der zwanziger Jahre abgespielt hatte, und Pedro hatte die Kreuzigung oder das Ende des »Krieges« noch nicht erwähnt. Zu diesem Zeitpunkt hatte sich die wirtschaftliche Situation offensichtlich verändert, und Kaffee war die Stütze der Wirtschaft. Das Dorf schien recht wohlhabend geworden zu sein und spiegelte im kleinen den Kaffeeboom von Quetzalan wider. Zu dieser Zeit war auch die Kathedrale gebaut worden. Meine Nachforschungen im Stadtarchiv hatten ergeben, daß der Handel mittels Geld die Existenz auf der Grundlage von Mais abgelöst hatte. Darüber redeten die alten Dorfbewohner ohne Hemmungen. Nur hinsichtlich der Hexerei waren sie zurückhaltend. Es würde allerdings sehr schwierig sein, im Stadtarchiv noch mehr Nachforschungen anzustellen, da dieses in einem absolut chaotischen Zustand war.

Ich wußte, daß mehr hinter der Geschichte steckte, als ich bis jetzt erfahren hatte, und mir lag viel daran, daß Don Pedro weiterredete. Vielleicht konnte ich noch mehr über die Kreuzigung und das endgültige Ende des Kriegs der Hexen in Erfahrung bringen.

»Wie ging es weiter mit den ganzen Hexen?« spornte ich ihn an.

Es war bereits früher Nachmittag, und Doña Amalia kam gerade vom Sonntagsmarkt in Quetzalan zurück. Sie kam durch das Hintertürchen in den Hof und setzte ihr schweres Paket im Küchengebäude ab, bevor sie in den Hauptraum des Hauses kam, wo ich mit Don Pedro saß.

»Und, was habt ihr den ganzen Morgen gemacht? Habt ihr wieder einen sitzen, so wie gestern abend?« fragte sie.

»Nein, wir haben keinen Tropfen angerührt«, sagte ich. »Don Pedro hat Geschichten erzählt.« Ich wollte ihr nicht sagen, über was.

»Soll das heißen, er hat Ihnen nicht mal eine *copita* angeboten?« Sie nahm eine Flasche mit grünem *yolixpa,* die hinter mir auf dem Altar stand, goß zwei Gläschen davon ein und gab sie uns. »Das wärmt euch das Herz und beflügelt eure Erzählungen. Ich koche uns etwas zu den Tacos. Hat Juanita Ihnen etwas gebracht?«

»Nein, sie war den ganzen Morgen im Laden«, antwortete ich.

Doña Amalia ging zurück ins Küchengebäude und verstaute ihre Einkäufe. Don Pedro und ich waren wieder allein im Hauptraum.

»Kommen Sie, erzählen Sie mir, wie es weiterging, nachdem es María erwischt hatte.«

»Also, nachdem es sie erwischt hatte, ist nicht viel passiert, zumindest eine Weile nicht. Sie war eine mächtige Hexe der Cruzes. Wie schon gesagt, sie kannten noch ein paar Leute aus Yohualichan, die wußten, wie man Böses tut, aber die waren nicht besonders schlimm. Es gab da eine Krankheit, von der es hieß, sie sei von ihnen. Aber sonst passierte nicht viel, bis es Martín Santos' Sohn erwischte.

Arcadios Sohn und einer von den Cruz-Jungen töteten ihn. Sie warteten unten in der Schlucht mit Macheten auf ihn, hackten ihn in Stücke und begruben ihn. Man hätte ihn nie gefunden, wenn nicht Pablo gerade auf der Jagd gewesen wäre. Pablo war einer der *pistoleros,* die für Inocente arbeiteten. Er war im Dorf verheiratet und lebte an der Straße nach Quetzalan. Er war dort unten, als sie den Jungen begruben. Pablo hat ihn ausgegraben und nach Quetzalan zu Don Manuel Fernandez gebracht. Er erzählte Inocente nichts davon und auch keinem anderen im Ort. Er ging einfach nach Quetzalan. Pablo war kein Sanmartino.

Don Manuel schickte die Polizei los, die die beiden Jungen auf der Straße nach Quetzalan aufgriff und sie ins Gefängnis steckte. Keiner weiß, was sie dort mit ihnen anstellten, und zwei Tage später wurden sie gehängt. Dann kam Don Manuel ins Dorf und machte viel Ärger. Er ließ den Bürgermeister und die Richter festnehmen, weil sie nicht ihre Pflicht getan hatten. Die Cruzes waren wütend, weil ihnen keiner gesagt hatte, daß die Jungen verhaftet worden waren; sie hätten sie sonst freigekauft. Sie haben die Jungen einfach in Quetzalan aufgehängt. Sie haben sie am Stadtrand an einem Galgen aufgeknüpft und runtergeworfen. Plumps! Tot!

Arcadios Sohn war nur wenig älter als ich. Ich bin mit ihm zur Jagd gegangen, und wir haben zusammen Kaffee geerntet. Ich weiß nicht, warum er hinter Pepe, Don Martíns Sohn, her war, aber vielleicht war es wegen seiner Schwester. Pepe war älter und suchte eine Frau. Er interessierte sich für die Schwester des jungen Arcadio, vielleicht hat er ihr was angetan, vielleicht hat er sie im Maisfeld genommen, ich weiß nicht. Als Elena hörte, daß man ihren Bruder gehängt hatte, wurde sie sehr krank. Don Arcadio war sicher, daß Martín eine Hexe auf seine Tochter angesetzt hatte.

Die Santos' waren natürlich wütend, weil ihr Sohn zerstückelt worden war, aber Don Manuel ließ die Leiche – oder was von ihr übrig war – nicht einmal ins Dorf zurückbringen. Sie haben ihn in Quetzalan begraben, bevor irgend jemand hier überhaupt wußte, daß er tot war. Er hatte dort keine Verwandten, und er würde am Tag der Toten nie den Weg nach Hause finden. Er wurde mit den Knochen von Fremden begraben. Nicht mal eine richtige Nachtwache oder Beerdigung konnten sie für ihn abhalten. Viele Jahre erzählte man sich, daß er nachts über den Friedhof von Quetzalan ginge, zusammen mit den Jungen, die man wegen des Mordes an ihm gehängt hatte. Die drei hätten versucht, den Weg zurück nach San Martín zu finden. Die Leute hatten wirklich Angst, nachts dort vorbeizugehen. Manche behaupteten, sie hätten die Jungen wirklich gesehen. Alle drei hätten nach Sanmartinos gesucht, die sie nach Hause zurückbringen würden.

Und dann fingen die Hexen wieder mit ihren bösen Umtrieben an. Inocente war etwa zur selben Zeit nach Quetzalan gegangen. Die Cruzes waren sich sicher, daß Pablo ihm von dem Mord erzählt hatte, bevor er aufbrach, aber das hatte er nicht. Sie dachten, daß Inocente dahintersteckte und die Jungen auf seine Veranlassung hin verhaftet und aufgehängt worden waren. Don Arcadio war wirklich wütend. Er sagte, Inocente sei der größte Hexer im Dorf und noch schlimmer als mein Onkel Raul. Don Arcadio ließ eine Hexe einen bösen Wind schicken, der Inocentes Frau erwischte. Das war kurz nach der Geburt von Lucas, der fast gestorben wäre ohne Mutter. Aber seine Tanten haben sich um ihn gekümmert, und er ist ein starker Mann geworden.

Inocente und mein Onkel beschlossen, daß man den Cruzes Einhalt gebieten müsse, und veranstalteten ein paar ziemlich üble Sachen. Sechs von den Cruzes erwischte es damals, und sie machten sogar vor den Kleinen, den Kindern, nicht halt. Dann erwischten die Cruzes meine Tante, Rauls Frau, und dann ging es mit dem Töten erst richtig los.

Inocentes Tochter, Lucas' Schwester, starb. Sie war eines der hübschesten Mädchen im Ort. Sie war ein Juwel, ein wahrer Schatz, aber auch sie hat es erwischt.

Der alte Inocente war außer sich und hat die Tochter von Manuel Sandoval getötet. Um die war es wirklich schade. Er hat sie zu Hackfleisch zertrampelt und hier im Dorf in die Schlucht geworfen. Das war Inocente persönlich. Ich habe gesehen, wie er ganz und gar mit Blut besudelt zurückkam. Er ging rüber zu meinem Onkel – die beiden Männer hatten keine Frau mehr, und meine Mutter half ihnen und kochte für sie. Die beiden Hexer dachten an nichts anderes als an ihre bösen Machenschaften. Das hat mein Vater mir erzählt. Er kannte auch ein paar von den Methoden, aber die beiden Hexer waren wirklich gefährlich.

Inocente und mein Onkel haben dann immer schlimmere Dinge gemacht, und auch die Cruzes haben Schreckliches getan. Drei Jahre lang brachten sie sich gegenseitig um. War einer verhext, war auch gleich darauf der nächste verhext. Es wurden so viele Leute verhext, daß keiner von uns wußte, wer der nächste sein würde. Ich hatte wirklich Angst. Es hat jeden erwischt, vor allem die Kinder; sie sind noch schwach und verlieren ihre Seele leicht. Viele Kinder hat es damals erwischt, eins ums andere.« Don Pedro fing an sich aufzuregen. Seine Stimme wurde hoch und durchdringend.

»Rubias Mutter versuchte, das Ganze zu beenden«, fuhr er leicht außer Atem fort. »Sie war die ganze Zeit bei Inocente und wollte, daß er und Raul mit dem Töten aufhören sollten. Aber ihr Bruder und Inocente hörten nicht auf. Die Cruzes und die Sandovals waren genauso schlimm, und viele Leute mußten dran glauben. Rubias Mutter setzte sich dafür ein, daß Schluß sein sollte mit dem Morden, und ging deshalb zu Don Arcadio. Sie sagte ihm, daß alle mit dem Töten aufhören müßten, und Arcadio ging zu meinem Onkel und Inocente. Er wollte sie überreden aufzuhören, aber sie taten es nicht. Und dann erwischte es Rubias Mutter. Einer der Cruzes war es. Sie haben den ›Regen der Unterwelt‹ über sie gebracht, als sie bei ihnen war.

Da war eine sehr schlimme Zeit hier im Dorf; niemand entlohnte uns für unseren Kaffee. Don Antonio gab uns nicht mehr soviel Mais für den Kaffee wie zuvor, und es brach eine Hungersnot aus. Die Leute hatten nur, was sie im Wald sammelten und sonst nichts. Nur Inocente ging es gut, weil er von Don Antonio bezahlt wurde, aber er war der einzige.

Dann kam Arcadio dran. Das war gestern vor vierzig Jahren, am 5. April 1937. Mein Vater bestand darauf, daß wir zur *velada* gingen, und Rubia ging auch hin. Mein Vater war Arcadios *compadre de la cruz* bei der Beerdigung. Sieben Jahre haben wir seinen Namen lebendig gehalten, nachdem Arcadio von der Erde gefressen worden war. Alle warnten uns, wie gefährlich das sei und daß die Cruzes uns auch verhexen würden, aber mein Vater war Don Arcadios *compadre*. Wir gingen hin mit Blumen und Duftharz, aber ich hatte große Angst. Mein Onkel sagte, sie würden uns fressen, da unten bei den Cruzes zu Hause, aber so kam es nicht.«

»Und war dann Schluß?« Ich war sprachlos. Wie konnte das alles hier passiert sein?

»Nein, damals noch nicht, aber es hat nicht mehr lange gedauert, bis sie den alten Martín vor dem Friedhof gehängt haben.«

In dem Moment kam Doña Amalia mit zwei Tellern Bohnen und einem großen Tuch voller selbstgemachter Tortillas. »Hast du wieder von den Hexen erzählt, was, Pedro?« fragte sie, und sah ihn aufmerksam an. »Du hattest Glück, daß du nach Puebla gegangen bist. Sonst wärst du auch tot. Dein Onkel, das war ein ganz Übler. Und jetzt eßt und redet nicht über diese ›Dinger‹. Sie waren böse und gefährlich. Du hast Glück, daß es hier keine Hexen mehr gibt.«

11

Der Krieg der Hexen:
Das Ende

Linda und ihre Großmütter waren immer noch nicht zurück, als wir mit dem Essen fertig waren. Ich verabschiedete mich von Don Pedro und sagte ihm, daß ich bei Rubia zu finden sei. Einer von den Garcías müßte mich nur holen, ich sei für die Rückreise nach Mexico City bereit.

Nach Pedros langer Erzählung war ich wie vor den Kopf gestoßen. Die Geschichte klang phantastisch und war wahrscheinlich ziemlich korrekt wiedergegeben. Ich konnte nichts weiter zu diesem Thema sagen, und auch Pedro hatte sich nicht weiter dazu äußern wollen, so daß seine Frau während des Essens als einzige lebhaft erzählt hatte.

Auch nach dem Essen konnte ich immer noch nicht alles fassen, was er mir erzählt hatte. Ich ging den Berg hinauf und zog mich an den Rand des Dorfs zurück. Dort oben, über einem Maisfeld, das der Familie Sanchez gehörte, befand sich ein hoher Felsen. Ich kam oft hierher, wenn ich nachdenken wollte. Von dem Fels aus hatte ich einen Blick über die ganze Sierra mit ihren hohen Bergen und tiefen Tälern und den verstreuten weißen Dörfern und Steinkirchen. Das Land war kreuz und quer von Maisfeldern und Kaffeepflanzungen überzogen, und die Wolken ließen das Mosaik der Landschaft in wechselnden Farbschattierungen erstrahlen.

Ich schrieb wie wild, während ich dort saß und in die

Sierra blickte. Namen, Daten und alles, was passiert war. Ich konnte mir einfach nicht vorstellen, wie es gewesen sein mußte, hier aufzuwachsen. Ich versuchte, mir die verzweifelte Lage der Dorfbewohner vor Augen zu führen. Hatte man Gerechtigkeit von der Hochheiligen Erde verlangt, oder war Rache das Motiv für den Krieg der Hexen gewesen? Wie endete alles? Was war bei der Kreuzigung wirklich passiert? Die Überlebenden – Rubia, Pedro und Inocente – schien die Gerechtigkeit der Erde nicht zufriedenzustellen. Kein Wunder, daß sie nicht über diese Dinge reden wollten. Sie kannten einander seit siebzig oder achtzig Jahren. Schon das überstieg mein Vorstellungsvermögen – ich war gerade mal achtundzwanzig. Also trieben mich sowohl meine Neugierde als auch meine Gefühle dazu, nach weiteren Antworten zu suchen und Erinnerungen zu wecken, die lange geruht hatten.

Als ich den Berg hinabging, sah ich Rubia auf der Treppe sitzen, ihre langen weißen Haare zu einem Zopf geflochten, der ihr über den Rücken hing. Sie blickte die Straße hinab zum Friedhof und sah mich nicht kommen.

Als ich so nahe herangekommen war, daß sie mich hören konnte, grüßte ich sie: »Guten Tag, unsere kleine Großmutter.«

»Heh! Beinahe hättest du meine Seele verschreckt! Was schleichst du dich so ran und erschreckst eine arme alte Frau? Was willst du denn?« fragte sie kurz angebunden.

»Die Garcías sind noch nicht zurück, da dachte ich, wir könnten uns noch ein bißchen unterhalten.«

»Ist's dir langweilig geworden bei Don Pedro?«

»Eigentlich nicht. Er hat mir viel über ›sie‹ erzählt.«

»Hat er dir erzählt, was wirklich passiert ist, oder wieder so einen Haufen Lügenmärchen?«

»Ich weiß nicht. Ich dachte, du könntest mir das vielleicht sagen.«

»Aber hier geht das nicht. Gehen wir rein«, sagte sie und hievte sich mit Hilfe ihres Stockes hoch. Mit großer Anstrengung gelangte sie ins Haus und setzte sich an den großen Tisch vor dem Altar.

»Lupe!« rief sie. Ich hörte Lupe und eine Freundin in der Küche. »Ist noch Kaffee da?«

»Natürlich, Großmutter.«

»Dann bring uns zwei Tassen. Also, was hat dir Don Pedro die ganze Zeit erzählt?«

»Er hat mir erzählt, daß sie sich damals alle gegenseitig umgebracht haben, die Cruzes und die Sandovals. Er hat erzählt, daß Inocente seine Frau an ›sie‹ verlor, und daß deine Mutter versuchte, dem ein Ende zu setzen und es sie dann selbst erwischte. Es muß furchtbar gewesen sein damals. Hat es so geendet? Sind sie so die ganzen Hexen losgeworden? Was ist mit ihnen allen passiert?«

»Sie sind alle entweder weg oder tot«, sagte sie langsam.

»Aber was ist passiert, Rubia? Warum hat man beschlossen, sie loszuwerden, und warum sind sie gegangen?«

»Ich hab dir schon gesagt, daß ich darüber nichts sagen kann. Ich war nicht hier, als sie Martín Santos da unten auf dem Kirchhof ans Kreuz genagelt haben.«

»Und wo warst du?«

»Wir waren auf El Rosal. Inocente hatte dafür gesorgt, daß wir bei Don Antonio bleiben konnten. Man war hier nicht sicher. Sie hatten schon meine Tochter und meine Mutter erwischt und Inocentes Frau und seine Tochter. Lucas blieb auch bei uns, und er war wie ein Sohn für mich. Inocente hatte keinen, der sich um ihn kümmerte, und mein Mann war schon lange verschwunden. Er ist abgehauen, als die ersten Hexen dran glauben mußten. Er dachte, mein Onkel hätte es auf ihn abgesehen. Er war nicht von hier, mußt du wissen. Er war Lehrer. Von den Hexen wollte er nichts wissen, aber als er sah, wie alle starben, kriegte er es mit der Angst zu tun. Und als er dann rausbekam, daß mein Onkel Raul und meine Mutter auch mit der Hexerei zu tun hatten, ging er weiter. Er wollte nichts mit dem zu tun haben, was hier in San Martín vor sich ging.

»Wie lange wart ihr auf El Rosal?«

»Es kam mir wie eine lange Zeit vor. Wir waren etwa drei Jahre dort. Wir gingen hin, als meine Mutter starb und blieben noch ein Jahr, nachdem sie den alten Hexer Santos gekreuzigt hatten. Dann waren alle Hexen weg, und keiner hier im Ort machte mehr solche Sachen. Alle hatten Angst. Onkel Raul ging mit Pedros Mutter nach Puebla, wo sie warteten, daß sein Vater aus dem *calaboose* freikam. Die anderen Hexer waren auch aus dem Dorf verschwunden. Seit damals gibt es keine Hexen mehr«, sagte sie und blickte nachdenklich auf den Altar, zuerst auf die Heiligen, dann auf ihre Vorfahren und die Opfer für die Hochheilige Erde und schließlich auf die Sachen, die sie in ihrer Kiste für die Herren hatte.

Dachte sie vielleicht an all jene, die von der Erde vertilgt worden waren?

»Als es Inocentes Frau erwischt hatte«, fuhr Rubia fort, »wußte ich, daß es hier im Ort wirklich schlimm werden würde. Inocente hatte zwei Kinder, und die waren öfter hier als bei ihm zu Hause. Und er auch. Meine Mutter war oft mit Inocente und Onkel Raul zusammen. Als der ›Schatten des Todes‹ über meine Tochter kam, bestand meine Mutter darauf, daß ich zu träumen lernte. Ich kannte ihre Gebete und alles, aber ich wußte nicht, wie man sich im Traum fortbewegt. Sie und mein Onkel haben mir geholfen, den leuchtenden kleinen Kolibri zu finden, der mich dann immer im Traum mitnahm.«

Zum ersten Mal hatte Rubia gesagt, was ihr wirkliches *nagual* war. Sie hatte offensichtlich keine Angst, mir dieses große Geheimnis zu offenbaren. Sie mußte sicher sein, daß ich keine Laufbahn als Hexer anstrebte.

»Aber meine Kleine, die kleine Marta, ist trotzdem gestorben. Sie war verhext, und ich konnte nichts dagegen unternehmen.«

Rubia schweifte jetzt weit von der eigentlichen Geschichte ab. Das war normalerweise nicht ihre Art beim Erzählen, und dies war offensichtlich keine Geschichte, die sie schon einmal erzählt hatte. Sie brach bruchstückhaft und ohne Zusammenhang aus ihr heraus. Es fiel ihr nicht leicht, über all das zu reden. Eine Frage hier und da würde ihr vielleicht helfen, dachte ich.

»Was hat deine Mutter unternommen, um die Hexerei zu beenden?«

»Mutter sagte, daß es aufhören müsse mit der Hexerei. Bei Martas Nachtwache sagte sie Inocente und Onkel Raul, daß sie zu den Cruzes und den Sandovals gehen und mit ihnen reden würde. Es wären genug Menschen getötet worden hier in San Martín.

Onkel Raul war über ihr Vorhaben sehr erbost. Er sagte, sie würden sie erwischen, wenn sie dort hinginge, aber Mutter war nicht davon abzubringen. Das war direkt nachdem es Inocentes Tochter und meine kleine Marta erwischt hatte. Alle warnten meine Mutter, sie würde einen bösen Wind oder irgendeinen üblen Hauch mitbringen. Sie ging trotzdem, und mit Arcadios Hilfe hat sie ihnen zugeredet; sie hat sie bekniet, die Herren nicht mehr zum Töten aufzufordern.

Die Herren der Erde hätten genug Sanmartinos verzehrt, sagte sie. Sie bräuchten keine mehr. Es sei Gerechtigkeit geschehen, und die Herren um mehr zu bitten, würde sie nur verärgern, sagte sie. Sie hätten es sicher satt, Sanmartinos zu essen und würden sich ärgern, wenn sie ständig gebeten würden, hier auf der Erde zu helfen.

Arcadio war derselben Ansicht, und er kam zu meinem Onkel, um mit ihm zu reden. An meinen Onkel traute sich keiner ran. Er hatte viele, viele Tiere, und alle waren gefährlich. Er hat Inocente den Weg gezeigt. Inocente wußte nicht halb so viel wie mein Onkel, aber er war immer noch sehr wütend über den Tod seiner Tochter, und auch mein Onkel trauerte sehr. Inocentes Tochter, die kleine Alicia, war wie seine eigene gewesen. Sie sagten Arcadio, daß sie nicht aufhören würden. Außerdem hätten sie nichts getan, außer die Hochheilige Erde um Gerechtigkeit zu bitten. Sie wollten Gerechtigkeit, und die Hochheilige Erde würde sie ihnen gewähren.«

»Hast du das alles selbst gehört? Hast du das alles gesehen?« fragte ich Rubia.

»Aber natürlich. Arcadio wohnte bei uns, während meine Mutter sie anflehte aufzuhören. Arcadio bedrängte sie tagelang, aber sie dachten nur, er hätte Angst vor ihnen. Meine Mutter hat auch auf sie eingeredet, aber sie meinten, es sei einfältig, zu den Cruzes und den Sandovals zu gehen. Es seien nicht die Menschen, sondern die Herren, die Gerechtigkeit wollten. Niemand könne mehr tun, als den Herren zu helfen, Gerechtigkeit zu gewähren. Sie folgten dem Weg. Die Hochheilige Erde und die Vorfahren würden uns die einzige Gerechtigkeit geben, die wir hier auf der Erde brauchten, sagten sie.

Sie haben den Vorfahren sehr geholfen. Die beiden wußten besser als alle anderen, wie man den Herren hilft und das haben sie getan, das haben sie wirklich getan. Meine Mutter wußte, wie man es machte, und Arcadio und Pedros Vater wußten es auch. Wenn sie die Herren um Gerechtigkeit baten, bekamen sie sie auch.«

»Und was ist mit deiner Mutter passiert?« fragte ich.

»Ich glaube, es war der ›Regen des Todes‹, der sie traf. Sie war draußen im Regen und hatte überall blutende Wunden. Wir haben versucht, ihr zu helfen, aber wir konnten nichts tun. Inocente kam nicht mal zu ihr ins Haus. Sie waren oft zusammen gewesen, seit seine Frau gestorben war, und sie hat sich mehr als ich um ihn und seinen Jungen gekümmert. Lucas wohnte bei uns, aber Inocente kam nicht mehr zu uns, bis meine Mutter gestorben war.

Er kam zu ihrer Nachtwache, zur Beerdigung. Als sie starb, wußte ich nicht, was ich tun sollte, und ich wollte nicht im Dorf bleiben. Ich war sicher, daß sie mich auch erwischen würden oder einen von den Jungen. Inocente sagte, es gebe ein Haus auf El Rosal, und da sind wir alle hingegangen, Inocente auch. Er dachte, er sei vielleicht als nächster dran. Aber Inocente kam oft hierher ins Dorf zurück und wohnte bei meinem Onkel. Er und mein Onkel kannten wirklich ein paar böse Tricks. Wir waren damals froh, nicht in San Martín zu sein.

Zu viele Menschen starben, und wir bekamen nicht genug Mais für den Kaffee, den alle anbauten. Ich habe Gemüse auf dem Markt gekauft und verkauft – Guaven und Paprika – und habe Sachen mit nach Zacopoaxtla und Tezuitlan genommen. Manchmal baten mich Leute aus Quetzalan oder San Andrés zu heilen, das habe ich dann auch getan. Don Antonio hat Inocente immer noch bezahlt. Don Antonio und Dr. Rosas aus Quetzalan bestanden darauf, daß die Jungen weiter in die Schule gingen. Sie haben uns geholfen und beide wurden *compadres*.«

Dann schweifte Rubia zu einer weiteren langatmigen Erzählung über die Zeit auf El Rosal und die Ausbildung ihrer Söhne ab, die alle bis auf einen Dorfschullehrer geworden waren. Mit einer weiteren Frage brachte ich sie zum Thema zurück.

»Was geschah mit Don Arcadio?«

»Als er sich auf den Weg nach El Rosal machte, war er schon am Sterben. Ihn hatte derselbe ›Böse Regen‹ erwischt wie meine Mutter. Alle dachten, mein Onkel sei es gewesen, und ich glaube, sie wollten meinen Onkel kriegen, aber er war einfach zu stark. Sie konnten ihm nichts anhaben und meinem *compadre* Inocente auch nicht. Auf ihn und meinen Onkel hatten es die Cruzes und die Sandovals wirklich abgesehen. Keiner konnte ihnen etwas anhaben, aber dafür mußten andere dran glauben.

Don Pedros Großmutter mußte dran glauben. Alle dachten, Pedros Vater sei ein Hexer. Aber er war nicht wie Onkel Raul und Inocente. Er hatte nicht viele Tiere. Meine Mutter und Onkel Raul haben ihm den Weg gezeigt und ihm das Träumen beigebracht. Er war ein Heiler, aber kein Hexer, glaube ich. Zu meiner Mutter hat er immer gesagt, daß es ihm nicht gefällt, was die Hexen anrichten. Er war der *mayordomo* von San Martín, und er war *Presidente Municipal*, unser Bürgermeister. Deshalb haben sie ihn nach Puebla geschleift. Sie sagten, er hätte die Kreuzigung verhindern müssen.«

»Guten Tag«, rief eine weibliche Stimme vor der Tür. Es war Doña María, Rauls Mutter. Ich fragte mich, wo Linda und ihre andere Großmutter wohl waren. Doña María hatte sich für den Besuch des Heiligtums und des Marktes in

Quetzalan herausgeputzt. Sie trug eine mehrreihige leuchtend rote Perlenkette und ihre besten goldenen Ohrringe. Über ihrem dunklen, verhutzelten Gesicht war grüne und violette Wolle in ihr Haar geflochten, das von ihrem besten weißen *quechquemetl* aus Spitze bedeckt war. Man konnte sich kaum vorstellen, daß sie mit all dem zwanzig Kilometer weit gelaufen war.

»Ah, da ist unsere verehrte kleine Mutter. Komm bitte herein. Lupe, ist noch Kaffee da? Warst du auf dem Markt, María?« fragte Rubia.

»Ja, auf dem Weg zu den ›Wasserwesen‹. Wir wollten ihnen ein Opfer bringen, damit sie uns Lindas Seele zurückgeben«, sagte Doña María.

»Was gab es denn heute auf dem Markt? Ich war nicht selber dort, aber Lupe ist hingegangen.« Die beiden alten Frauen begannen in allen Einzelheiten über das Warenangebot, die Preise und das Publikum auf dem Markt zu reden. Ich wollte mir das nicht alles anhören, und so entschuldigte ich mich und sagte, daß ich nach Quetzalan gehen würde. Später wollte ich nach San Martín zurückkommen, um Linda und ihre Eltern nach Mexico City mitzunehmen.

Als ich gehen wollte, bat mich Doña María: »Herr, darf ich Ihrem Weg in die Großstadt folgen?«

»Natürlich, meine verehrte kleine Mutter«, antwortete ich. Ich war sehr erfreut. Ihre Großmutter konnte Lindas Seele sehr viel mehr helfen, als ich das je vermocht hätte. Rubia lächelte wissend, auch sie freute sich, daß Doña María uns zurück nach Mexico City begleitete.

Während meines Fußmarschs dachte ich über den Krieg der Hexen und alles, was ich gehört hatte, nach. Es gab immer noch eine Sache, über die ich nicht viel wußte – die Kreuzigung. Ich hatte gehofft, daß Rubia mir mehr darüber erzählen würde. Ich war sicher, daß sie von den Klatschmäulern des Dorfs über alle Einzelheiten informiert worden war, auch wenn sie nicht im Ort gewohnt hatten. War es Scham oder Trauer oder die Politik im Ort und die Rolle, die ihre Familie gespielt hatte, die sie davon abhielt, mir mehr zu erzählen? Wie konnte es soweit kommen, daß man einen Hexer kreuzigte?

Bis ich in Quetzalan war, gepackt und die Rechnung bezahlt hatte, war es dunkel geworden und regnete. Auf der mühsamen Fahrt über die Piste nach San Martín dachte ich immer noch an die Hexen. Es war schon seltsam, wie Hexen und Heiler sich von der Verantwortung für ihre Handlungen distanzierten, und wie ich selbst manchmal dieselbe Distanz empfand, wenn ich heilte. Die Hochheilige Erde war sowohl das Land der Toten als auch die Quelle des Lebens, und die alten Azteken hatten in Hungersnöten gesungen:

> *Oh, kann es sein, daß die Früchte der Erde, die grünen,*
> *wachsenden Sachen weg sind,*
> *sie haben sich vor uns versteckt!*
> *O Herr, unser Herr, Herr von Talocan, der Ihr alles*
> *gebt*
> *Was wünscht Euer Herz.*

Während ich mit meinem Auto die ausgefahrene Piste entlangkroch und bei Dunkelheit und Regen um die engen Kurven fuhr, erfaßten die Scheinwerfer immer wieder ein Tier, das rasch im Unterholz verschwand, oder eine dunkle Gestalt, die einen schwer mit Feuerholz beladenen Esel führte. Ich sah seltsame Bilder und Halbbilder aus einer Vergangenheit, die nicht wirklich Vergangenheit war, und das alles auf dem Weg nach San Martín. Als ich ins Dorf hineinfuhr, waren nur ein paar Lampen und wenige andere Anzeichen des zwanzigsten Jahrhunderts zu sehen.

Ich fuhr den Berg hinauf zum Haus der Garcías und hielt an. Es waren mindestens fünf Stunden Fahrt nach Mexico City, eher mehr bei diesem Wetter. Ich stieg aus, kämpfte mit meinem Regenschirm und zündete mir eine Zigarette an. Vielleicht hätte ich in Quetzalan übernachten und erst morgen ganz früh losfahren sollen.

»Guten Abend«, rief ich, als ich mich der Tür näherte.

»Guten Abend«, sagte Raul, Lindas Vater, von drinnen. »Wo hast du gesteckt? Wir haben auf dich gewartet.«

»Hat deine Mutter euch nicht gesagt, daß ich das Auto hole?« fragte ich, schüttelte meinen Schirm und zog an der Zigarette, so daß sich viel Rauch entwickelte, der die bösartigen Übernatürlichen fernhielt.

»Sie ist nicht hier.«

»Vor einer Weile war sie bei Rubia, und ich habe ihr gesagt, daß ich das Auto hole. Ist sie immer noch dort?«

»Muß sie wohl«, sagte Raul. »Vielleicht kann Pepe, Josés Sohn, sie holen. Lilia hat uns ein paar *gorditas* und *tlacoyos* für unterwegs gemacht. Ich hole nur noch unsere Sachen, dann sind wir soweit.«

Raul brachte zwei riesige Säcke, die den Platz hinter dem Rücksitz und den vorderen Kofferraum meines Käfers vollständig ausfüllten. Das würde eine anstrengende Fahrt zurück nach Mexico City werden, mit fünf Leuten und Rauls ganzem Gepäck.

María und Linda waren reisefertig. José bot Raul und mir ein kleines Glas *yolixpa* an, während wir auf seine Mutter warteten. Es gefiel ihm nicht, daß seine Mutter nach Mexico

City ging, und das sagte er mir. Er meinte, die alte Dame sei noch nicht einmal bis nach Zacopoaxtla gekommen, und er wies Raul an, sich gut um die alte Frau zu kümmern. Raul sagte, daß er das tun werde und seine Brüder auch. Sie werde sich in Mexico City wie zu Hause fühlen, versicherte er José. Vielleicht sogar besser, dachte ich.

Endlich kam Doña María. Sie ging ins Haus, entledigte sich ihres Sonntagsstaats und packte ein paar Sachen in einen alten Beutel. Dann steckte sie alles in einen Sack, der von einem schweren braunen Riemen, den sie sich um den Hals hängte, zusammengehalten wurde. Sie sah aus, als wollte sie auf den Markt gehen oder einen langen Marsch zu den *cafetales* zurücklegen.

»Das brauchst du nicht, Mutter«, sagte Raul. »Don Timoteo hat sein Auto hier. Das kleine rote da draußen.«

»Ach, damit fahren wir. Ich dachte, der Priester hätte sein Auto hier stehenlassen.« Bruder Guillermo, der Priester des Orts, hatte auch ein rotes Auto, aber ein anderes Modell. Für Doña María war ein rotes Auto ein rotes Auto, sie machte da keinen Unterschied.

Doña María, Linda und ihre Mutter, María, zwängten sich auf die Rückbank, und Raul saß vorne neben mir. Wir verabschiedeten uns von allen und fuhren im Regen los, hinein in den Nebel und die Dunkelheit. Mit dem vollgeladenen Auto dauerte es lange, bis wir Quetzalan erreichten. Innen war alles beschlagen, da die Fenster geschlossen waren. Raul und ich unterhielten uns über seine neue Stelle an der Universität, in der er viel besser verdiente als bei der Kaffee-Ernte. Die Leute, die Kaffee pflückten, bekamen kaum mehr als eine Unterkunft, die oft nur ein Unterstand oder ein Schuppen war, und ein paar Pesos für jeden Hundert-Pfund-Sack Kaffee, den sie ablieferten.

Als wir die kurvige Strecke hinauf nach Zacopoaxtla fuhren, hörte ich, daß Doña María schlecht wurde. Sie mußte sich übergeben. Zum Glück hatte es aufgehört zu regnen, und ich öffnete die Fenster ein kleines bißchen, aber das genügte nicht, um den Geruch zu vertreiben. Jetzt mußte ich selbst würgen. Endlich kamen wir an eine Stelle, wo ich anhalten konnte, und wir stiegen aus, um frische Luft zu schnappen. Raul und ich säuberten die Rückbank, so gut es ging, und legten dann einen Poncho drüber. Raul setzte sich jetzt nach hinten und überließ seiner Mutter den Beifahrersitz.

Das war noch schlimmer für sie. Im Licht des Gegenverkehrs sah ich, daß sie die Augen vor Entsetzen weit aufgerissen hatte und sich so fest an das Armaturenbrett klammerte, daß ihre Knöchel weiß hervortraten. Das war zweifellos Doña Marías erste Autofahrt. Ich redete mit ihr, versuchte, sie zu beruhigen, aber sie schwieg während der ganzen Fahrt die Hochebene Mexikos hinauf und hielt sich fest.

In Oriental, das auf dem Weg nach Puebla liegt, hielten wir an und tankten. Offensichtlich hatte Doña María auch noch nie eine Tankstelle gesehen. Sie stieg aus dem Auto, ging ein paar Meter davon entfernt in die Hocke und ließ Wasser; ihr weiter Faltenrock sorgte für genügend Privatsphäre.

Ich sagte nichts, aber der Tankwart kommentierte es mit Abscheu: »Indios! Diese Indios!«

In einem kleinen Restaurant, das die ganze Nacht geöffnet hatte, kaufte ich etwas *atole*, einen Maisbrei, der sehr beruhigend auf den Magen wirkt, und ein heißes Getränk und brachte es Doña María in der Hoffnung, daß sich ihr aufgewühltes Inneres beruhigen würde. Als sie die heiße

Flüssigkeit blies, konnte sie endlich wieder lächeln. Sie sagte, sie habe ein paar *gorditas* dabei, und ich holte sie aus dem Kofferraum. Wir aßen sie unter dem kalten, weißen Licht des Tankstellenschilds in der klaren Kälte des Hochlands. Sie vertraute mir an, daß sie noch nie so weit vom Dorf weg gewesen sei, und fragte, ob wir noch einen weiten Weg vor uns hätten. Ich bejahte, und wir stiegen wieder ins Auto. Die anderen schliefen kurz darauf ein, als wir durch das hellerleuchtete Industriegebiet am Anfang des langen, flachen Tals von Oriental fuhren.

Aber Doña Maria konnte nicht schlafen. Sie plapperte nervös weiter und fragte nach dem einen oder anderen Verwandten in Mexico City. Als wir schließlich an der Mautstraße nach Puebla ankamen, dachte ich, dies sei ein günstiger Moment, um sie zu fragen, ob einer dieser Verwandten mit den Hexen verwandt sei. Ich konnte sie nicht direkt über die Hexerei befragen, sondern mußte es über Umwege versuchen.

Nach mehreren Versuchen erhielt ich die Standardantwort, an die ich schon gewöhnt war: »Früher gab es viele von den ›Dingern‹, aber jetzt sind sie alle weg.«

»Was ist aus ihnen geworden?« fragte ich.

Sie blickte hinter sich, wahrscheinlich um sicherzugehen, daß die anderen schliefen. »Sie haben sich alle gegenseitig umgebracht oder das Dorf verlassen.«

»Warum?« Ich hatte wenig Hoffnung, daß sie sich noch weiter dazu äußern würde.

»Weil sie irgendwann einen von ihnen gekreuzigt haben. Meinen Onkel Martín Santos. Das hat alle Hexen vertrieben.«

»War er ein Hexer?« fragte ich, erschrocken über ihre plötzliche Direktheit.

»Klar war er einer«, antwortete sie, »und die Sandovals haben ihn erwischt. Martín Sandoval, der früher Tanzmeister der Santiagos war, hat ihn fertiggemacht.«

Die Santiagos waren eine lokale Tanzgruppe, die bei den Festen das mittelalterliche Tanzdrama des Heiligen Jakobus aufführten. Die Sandovals waren über Generationen die Organisatoren und Meister des Tanzes gewesen, weil sie die älteste Vorlage des Stücks im Dorf besaßen. Irgendwann in den zwanziger Jahren hatten die Sandovals nicht mehr genug Geld, um das Fest zu finanzieren, und Manuel Sanchez kaufte eine Ausgabe des Textes von einem Mann aus einem anderen Dorf und gründete eine eigene Tanzgruppe. Die Sandovals waren darüber mehr als erbost.

»Wie ist das passiert?« fragte ich. »Wie haben sie ihn gekriegt?«

»Also, zuerst erwischte es einen der Sandoval-Söhne. Es hieß, jemand habe ihm den ›Tigerbiß‹ verpaßt, direkt in den Hals, nachts vor seinem Haus. Sie haben ihm den Hals aufgerissen und ihn liegenlassen. Der Junge hatte kein Blut mehr in sich. Er war trocken. Es hieß, es sei das Werk einer Hexe. Raul und Inocente waren weg. Sie hatten das Dorf verlassen. Die beiden machten solche Sachen, das wußte jeder, aber sie waren nicht im Ort. Don Martín Sandoval war außer sich. Er redete zuerst mit den Sandovals und dann mit den Cruzes. Die wollten eine Hexe damit beauftragen, Raul und Inocente fertigzumachen, aber Martín wollte alle Hexen erwischen.

Er sagte, sie müßten diesmal alle Hexen kriegen. Er ging zu den *pistoleros*, die für Inocente arbeiteten, und sagte, sie müßten ihm helfen, die Hexen zu kriegen. Er ging zu den Martinez' und sagte, sie müßten ihm dabei helfen. Er ging zu einigen der Sanchez' und sagte, auch sie müßten helfen, sonst würde als nächstes einer von ihnen getötet. Don Martín ließ alle in die Kirche kommen, und sie brachten auch die Leiche des Jungen dorthin. Alle, die bei der *velada*, der Nachtwache, gewesen waren, kamen, und es kamen auch viele andere. Die Leiche des Jungen legten sie direkt vor der Kirche nieder, und alle brachten Blumen. Es wurden Berge von Blumen und Kerzen und Duftharz für den Jungen gebracht.

Jeder sah den Jungen. Man hatte ihn nicht einmal in ein Leichentuch gewickelt. Sie hatten ihn in seinen Kleider gelassen, über und über blutverschmiert, und ihn so zur Kirche gebracht. Martín Sandoval war wütend. Er sagte allen, daß die Hexen das jedem antun würden, wenn man sie nicht aufhielte. Don Martín zählte auf, wie viele Mitglieder seiner Familie verhext worden waren, und dann fingen alle anderen an und zählten auf, wie viele sie kannten, die man verhext hatte. Jeder kannte jemanden, den die Hexen in die Erde geschickt hatten. Die Hexen hatten mehr Menschen unter die Erde gebracht als die *pistoleros*, und sogar die hatten Angst vor ihnen. Don Martín saß den ganzen Tag im Regen bei der Leiche des Jungen, weinte mit der Mutter und allen Verwandten und sagte, wie schrecklich die Hexen doch seien.

In dieser Nacht kamen viele Männer zusammen, und es wurde viel *aguardiente* getrunken. Alle tranken und waren wütend auf die Hexen. Es gab damals viele Hexen, aber die wirklich schlimmen waren nicht im Dorf. Die wußten, wann es Zeit war zu verschwinden. Die Männer auf dem Kirchhof zählten auf, wer im Dorf ein Hexer war, und dann gingen sie zu ihnen nach Hause. Aber die meisten waren geflohen. Die waren abgehauen, so schnell sie konnten – Don Pedros Vater, Don Manuel Martinez, Eduardo Sanchez und

Miguel Santos. Die Männer gingen von Haus zu Haus und suchten nach den Hexern, aber sie waren alle weg. Zumindest die wirklich schlimmen und gefährlichen waren weg.«

Ich war verblüfft, daß Doña María so frei heraus erzählte. Hatte sie mit Pedro geredet und wußte daher von meinem Interesse? Gab es vielleicht einen anderen Grund? Hatte es früher eine Verbindung zwischen ihr und Pedro gegeben? Hatte Pedro sie zum Reden ermutigt? Oder war es Rubia gewesen? Ich ging davon aus, daß Doña Marías Geschichte stimmte, zumindest aus ihrer Sicht. Den Versuch, die verschiedenen Seiten dieser Angelegenheiten auseinander zu sortieren, gab ich bald auf. Irgendwie war es eine Erleichterung, einfach nur zu fahren und zuzuhören.

Sie gingen zum Haus meines Onkels, der nicht weit von uns den Berg hinab wohnte, und wir hörten sie rufen: ›Wo ist der Hexer? Wo ist der mörderische alte Hexer?‹ Dann rannten sie die Tür ein. Mein Onkel hatte sich zu Hause versteckt, er war nicht weggegangen. Sie fanden ihn.

Sie haben ihn in seinem Haus geschnappt, ihn gefesselt und auf die Plaza vor der Kirche gebracht, wo der Junge lag. Dann haben sie ihm viele schreckliche Sachen angetan. Sie schlugen ihn und fügten ihm Brandwunden an den Füßen und den Armen zu. Er schrie, er würde sie alle töten, aber sie machten weiter, die ganze Nacht. Wir konnten die Männer und Onkel Martín die ganze Nacht hindurch hören. Sie haben ihn fürchterlich gequält, aber sie haben ihn nicht getötet. Sie hielten ihn neben dem Jungen fest und bearbeiteten ihn mit Schlägen und Feuer. Aber sie wollten ihn nicht töten, denn sonst hätte ja ein anderer Hexer einen von ihnen erwischen können.

Am Morgen holten sie das Kreuz, das immer am Karfreitag durch den Ort getragen wird, aus der Kirche und gruben auf dem Kirchhof ein Loch dafür. Zuerst haben sie meinen Onkel ans Kreuz gebunden, und dann gingen sie den Jungen auf dem Friedhof begraben. Währenddessen ließen sie meinen Onkel gefesselt, blutend und mit Verbrennungen zurück. Den ganzen Tag, während sie den Jungen beerdigten. Keiner traute sich aus dem Haus, aber man hörte meinen Onkel schreien, daß es sie alle erwischen würde. Die Erde würde sie alle verschlingen, schrie er. Alle würden sterben. Don Raul und Don Pedro würden sie alle erwischen. Aber als nichts geschah, schrie er, daß Raul und Pedro und Inocente auch verschlungen würden. Er sagte, sie würden alle in der Erde sterben.

Als sie den Jungen begraben hatten, kamen die Männer zurück und quälten meinen Onkel weiter. Sie bewarfen ihn mit Steinen und fügten ihm Schnittwunden zu und sagten, sie würden Don Raul, Don Pedro und Don Inocente das gleiche antun, wenn sie sie fänden. Ein Hexer hätte es nicht anders verdient, sagten sie. Sie würden am Ende alle Hexen kriegen, sagten sie, und sie gingen zu den Cruzes, die weiter unten wohnten. Es wurde viel *aguardiente* getrunken. Zwischendurch kam immer wieder einer den Berg hinauf und schlug meinen Onkel oder warf einen Stein nach ihm. Irgendwann warf einer einen großen Stein und zertrümmerte ihm damit den Schädel.

Meine Tante und ihr Sohn gingen in der Dunkelheit hin, schnitten Onkel Martín vom Kreuz und deckten ihn zu. Sie legten ihn über ein Pferd und brachten ihn nach Quetzalan, wo sie ihn beerdigten. In San Martín konnten sie ihn nicht beerdigen, denn die Leute hätten ihn ausgegraben und den Tieren hingeworfen, oder sie hätten ihn in die Höhle geworfen. Sie sagten, sie wollten keine Hexen mehr in San Martín.

In Quetzalan gingen sie zu *Padre* Hector, dem Friedhofs-Priester. Er wohnte dort. Sie fragten, ob sie meinen Onkel in Quetzalan begraben könnten und erklärten, daß die Leute in San Martín ihn für einen Hexer hielten und ihn dort nicht beerdigen wollten. *Padre* Hector wollte wissen, ob er ein Hexer sei, was sie verneinten. Aber er war ein Hexer, genau wie die anderen. *Padre* Hector segnete die Leiche, und als er sah, was passiert war, rief er die Polizei und den Militär-kommandanten. Die nahmen meine Tante und ihren Sohn fest. Sie haben die beiden tagelang in Quetzalan im Ge-fängnis festgehalten, bis sie ihnen sagten, was wirklich mit Onkel Martín passiert war. Dann holten sie Don Pedro, Pe-dros Vater und all die anderen.

Die Armee ging nach San Martín und holte alle, die noch da waren. Die Cruzes und die Sandovals waren weg und die meisten anderen aus dem Ort auch. Mein Vater ging mit uns auf die Kaffeepflanzung. Ich habe das alles von meiner Tante erfahren. Sie war mehrere Tage mit Don Pedro und den anderen im Gefängnis, dann haben sie meine Tante ge-hen lassen. Nur Pedro und ein paar von den anderen wur-den nach Puebla gebracht. Dann hat alles aufgehört. Don Raul ging mit Don Pedros Mutter nach Puebla, und Don Inocente kam lange Zeit nicht zurück. José Sandoval ging weg und Manuel Cruz auch. Die Cruzes waren von Hexen aus Yohualichan unterstützt worden. Auch von denen wa-ren nicht mehr viele übrig, als das Töten aufhörte. Plötzlich wollte keiner mehr als Hexer bekannt sein. Jeder hatte Angst, daß man ihm dasselbe antun würde wie meinem On-kel. Auch als Inocente zurückkam und dann Don Pedros Sohn, gab es keine Hexen mehr, nicht mehr so wie früher.«

»Aber es gibt noch Hexen, es gibt immer noch Hexen, die hinter der Seele eines anderen her sind. Was ist mit denen?«

fragte ich. Es überraschte mich, daß die alte Dame sich so lebhaft an alles erinnerte. Sie mußte ihre Beschwerden vergessen haben, während sie diese grausige Geschichte erzählte. Ich hatte meine auch vergessen. Ich war verblüfft.

»Das ist nicht mehr dasselbe«, sagte Doña María. »Das sind keine Mörder. Manche können mit dem bösen Blick eine Seele stehlen oder einen bösen Wind schicken, und manche kennen viele böse Tricks, aber sie setzen sie nicht ein, zumindest nicht mehr so oft wie früher.« Sie schwieg eine Weile. Dann sagte: »Es gibt alle möglichen Arten von Hexen. Du könntest auch ein Hexer sein.«

Ich war überrascht. »Nein, ich würde so etwas nicht tun.«

»Aber du könntest es. Ich wette, du könntest ein paar ziemlich üble Sachen machen, wenn du wütend genug wärst. Du hast es von Rubia gelernt und von Inocente, dem Hexer, da bin ich sicher.«

Gerade als sie das sagte, überquerten wir den Paß hinter Rio Frio. Jetzt ging es hinab nach Mexico City. Doña María schnappte nach Luft. So etwas wie die Lichter von Mexico City, die vor ihr aufleuchteten, hatte sie noch nie gesehen. Ich fragte mich, was sie jetzt wohl dachte. Ein alter Zapoteke, den ich einmal auf diesem Weg in die Stadt mitgenommen hatte, hielt jedes Licht für einen einzelnen Ort und glaubte, daß Millionen von Dörfern vor ihm im Tal lagen. Die meisten Dörfer, die er kannte, hatten nur ein elektrisches Licht, das vom Elektrizitätswerk installiert worden war.

Wir unterhielten uns noch eine Weile über Hexen, aber Doña María war gefangen von dem Blick auf die Stadt. Als wir in Mexico City ankamen, ließ ich die Garcías so nahe wie möglich bei ihrem Zuhause aussteigen. Alle, auch

Linda, hängten sich ihre Beutel um und machten sich auf den Weg zu ihrer Baracke, die verloren zwischen Millionen von anderen Hütten in Mexikos verlorener Stadt stand.

Als ich zu Hause ankam, war es weit nach Mitternacht. Ich lud meine Sachen aus dem Auto und als ich nach oben sah, bemerkte ich, daß meine Votivkerze ausgegangen war. Ich ging hinauf in mein Arbeitszimmer und zündete eine neue an, bevor ich ins Bett ging.

In dieser Nacht träumte ich zum letzten Mal von Arcadio. Es war ein recht seltsamer Traum.

Ich stand vor einer riesigen weißen Fläche, die wie ein Gemälde aussah, auf dem in Augenhöhe mit schwarzer Kreide ein rauhes Dreieck in einen Kreis gezeichnet war. Eine einzelne blaue Linie verlief horizontal und berührte den Kreis. Das Dreieck war in der Farbe der staubigen Straßen ausgemalt, auf denen ich so oft ging. In der Mitte des Dreiecks war ein Loch, aus dem mich ein Auge anstarrte.

Langsam begann ein riesiges Pendel direkt über dem höchsten Punkt des Dreiecks hin- und herzuschwingen. Das Auge blinzelte jedesmal, wenn das Pendel vorbeischwang. Ich hatte noch nie zuvor etwas so Abstraktes im Traum gesehen. Ich beobachtete das Auge und das Pendel. Dann bemerkte ich, daß jemand neben mir stand. Ich drehte mich um. Es war Arcadio Cruz, und er umarmte mich so fest, daß ich kaum noch Luft bekam. Ich freute mich sehr, ihn wiederzusehen. Ich fühlte mich gut und spürte, daß ich lächelte. Arcadio hatte sich überhaupt nicht verändert. Er war der Mann von dem Foto.

»Jetzt weißt du es«, sagte er. Er nahm mich an der Hand und führte mich durch das Loch, hinter dem das Auge war, in das Bild hinein. Wir folgten einem gepflasterten Weg durch einen grünen Dschungel aus Farnen und riesigen Begonien, leuchtenden Impatiens und Purpurwinden. Ich folgte ihm wieder in den Bau des Opossums, und wir trafen das ältere Beuteltierweibchen, das uns in früheren Träumen vor der Hexe Unterschlupf gewährt hatte.

Es ließ uns herein, aber dieses Mal kam keine Hexe. Dann ging ich mit Arcadio am Ufer eines langen Flusses entlang bis zu einem tosenden Wasserfall. Er war so laut, daß wir uns nicht unterhalten konnten. Wir standen da, und Doña María kam aus dem Nebel und ging um den Teich, als würde sie uns nicht sehen. Arcadio kletterte den Wasserfall hinauf. Ich folgte ihm, doch dann stürzte ich.

Ich glaube, er rief mir zu: »Jetzt weißt du es«, bevor ich aufwachte. Ja, ich wußte es wirklich. Ich wußte, wer ihn verhext hatte, und wer dasselbe mit Rubia getan hatte. Es wurde schon fast hell, und obwohl ich von der Fahrt todmüde war, würde ich nicht mehr schlafen können. Ich ging nach oben in mein Arbeitszimmer und schrieb alles auf, was ich in San Martín erfahren und erlebt hatte.

Ich wußte, daß ich noch einmal mit Inocente reden mußte. Ich mußte wissen, warum. Es würde Wochen dauern, bis ich wieder die Gelegenheit hatte, in die Sierra zu fahren. Ich versuchte ständig, einen Sinn in alles, was ich gehört und gesehen hatte, zu bringen. So viele Geschichten über Hexerei, und jeder bestritt, etwas damit zu tun zu haben oder dafür verantwortlich zu sein. Ich wußte, wer die Hexen waren, und ich kannte ihre Mordmethoden. Die meisten jedenfalls. Und doch war keiner für all die Morde verantwortlich.

Lange Zeit erzählte ich niemandem etwas davon. Meinen Kollegen von der Universität konnte ich auf keinen Fall davon berichten. Ich kannte keinen, der alles hätte verstehen können. Ich konnte mir selbst keinen Reim darauf machen. Und auch heute, nach vielen Jahren, verstehe ich das Ganze immer noch nicht. Aber eines wußte ich, ich mußte noch einmal mit dem alten Inocente reden.

Als ich Wochen später endlich den koboldhaften, weißhaarigen alten Mann wiedersah, wußte ich nicht, wie ich das Thema Hexerei ansprechen sollte. Ich besuchte ihn unter dem Vorwand, ihn wegen seiner Geschichten sprechen zu wollen, aber ich wußte nach ein paar Minuten, daß ich mehr von ihm wollte. Meine Fragen waren vage, und ich redete um den heißen Brei herum. Als ich ihn fragte, wer beim Hexen die Verantwortung trage, schien er mich nicht verstehen zu wollen.

Schließlich fragte er mich rundheraus: »Also, weswegen bist du gekommen?«

»Ich wollte dich wegen Rubia fragen?« platzte es aus mir heraus. »Warum hast du ihr das angetan?«

»Was angetan?« fragte er in aller Unschuld.

»Du hast sie verhext. Du hast den ›Schatten des Todes‹ über sie gebracht, dabei ist sie deine *comadre!* Vielleicht war sie sogar deine Freundin! Sie war wie eine Mutter zu Lucas, deinem Sohn, und sie ist deine Schwester auf dem ›Weg‹. Sie ist deine engste Freundin hier im Dorf!« Ich war wutentbrannt.

»Sie hatte sie alle, all die Leute, die ihre Hilfe brauchten, ihre Träume«, sagte er sachlich und nahm meinen Ärger nicht zur Kenntnis. »Sie kamen nicht zu mir. Ich habe um Gerechtigkeit gebeten. Ich habe getan, was für ›sie‹ nötig war, mehr nicht. ›Sie‹ haben sie nicht zu sich geholt«, erinnerte er mich mit zufriedenem Blick.

»Aber sie wäre fast gestorben.«

»Das wäre gerecht gewesen.«

»Gerecht? Gerecht? ... So wie bei Don Arcadio Cruz?«
Ich geriet immer mehr in Fahrt.

Inocente war nun erschrocken über meinen Ärger, aber auch über die Erwähnung von Arcadio Cruz. Oder erschreckte ihn mein Leichtsinn?

»Ich will Gerechtigkeit. Dafür sind wir hier auf der Erde. Arcadio Cruz war ein Hexer.«

»Und du bist auch einer.«

»Und du wirst vielleicht eines Tages auch einer, wenn du es nicht schon bist. Wir müssen alle nach Gerechtigkeit streben hier auf der Erde. Unsere Mutter, unser Vater, die Erde, gewährt uns Gerechtigkeit. Wir tun nichts ohne ihre Erlaubnis. Wir sind nichts als Früchte dieser Erde. Wir kehren alle zurück zu unserer Mutter, unserem Vater, der Erde. Ein Hexer ist nur für den ein Hexer, der nichts von der Hochheiligen Erde versteht.«

»Aber du hast Arcadio getötet und beinahe auch deine *comadre!*«

»Ich habe nur den Herren der Erde gedient«, sagte Inocente mit solcher Bestimmtheit, daß mir nichts anderes übrigblieb, als aufzustehen und zu gehen.

Das war das letzte Mal, daß ich den Alten sah.

Danksagung

Peter Shotwell, ein alter Freund, der als Schriftsteller und Redakteur in China und Japan arbeitet, hat mich im Yak-Hotel im tibetischen Lhasa dazu bewegt, diese Geschichte zu erzählen. Wir waren zusammen von Chengdu, der Hauptstadt der Provinz Szechuan, per Pferd, Laster, Jeep und Bus über die Hochebene von Qinghai gereist und hatten schließlich Lhasa erreicht. Ich wollte eigentlich ein ganz anderes, viel wissenschaftlicheres Buch schreiben, aber die chinesischen Behören konfiszierten die wissenschaftlichen Unterlagen, die ich mit nach China gebracht hatte. Schriftstücke in seltsamen Sprachen wie Spanisch und Aztekisch mußten natürlich aufwieglerisches Material sein. Shotwell und mit ihm Edwina Williams, Larry Sullivan und eine immer größer werdende Zuhörerschaft aus Trekkern, Reisenden, Touristen und Pilgern hörten sich an zwei Abenden in Lhasa die erste Version dieser Geschichte an. Edwina nahm als gute Anthropologin alles auf. Während wir entlegene Bon-po-Klöster im tibetischen Hochland aufsuchten, umrissen Shotwell und ich die Geschichte. Als wir Tibet verließen und in die Provinz Yunnan reisten, war es beschlossene Sache, daß wir dieses Buch schreiben würden. Von China aus reiste ich nach Japan, wo Shotwell und ich die ersten Kapitel im Büro der Ishi Press abfaßten. Dort konnte ich ihn auch überreden, mit zu mir nach Hause auf die amerikanischen Jungferninseln nach Water Island zu kommen, wo wir eine erste Rohfassung fertigstellten. Später in New York arbeiteten wir im Team und schrieben und redigierten die Geschichte gemeinsam. Viele waren an der Fertigstellung dieses Buches beteiligt, aber die endgültige Fassung ist in erster Linie Peter Shotwell zu verdanken.

Auch vielen anderen gebührt mein Dank für ihre Hilfe während der fast zwanzigjährigen Forschungsarbeit in Mexiko, auf der dieses Buch basiert. Zunächst möchte ich meinen Freunden, Kollegen und den Studenten des Instituto de Investigaciones Antropológicas an der National University of Mexico (UNAM), dem INAH, dem National Indian Institute (INI), dem ENAH, der National School of Anthropology sowie Hunderten von Freunden in den abgelegenen Gegenden Mexikos meinen tiefen Dank ausdrücken. Die Menschen aus den entlegenen Dörfern waren meine besten Lehrer. Zu meinen Kollegen in Mexiko, die dieses Werk besonders beeinflußt haben, gehören Doris Heyden, die ihre schützende Hand über Generationen von Anthropologen gehalten hat, und meine Lehrer Dr. Karl Heidt, Fernando Horcasitas, Don Ignacio Bernal, Thelma D. Sullivan und Dr. Paul Kirchoff. Den zahlreichen Anthropologen, Geschichtswissenschaftlern, Wirtschaftswissenschaftlern und Soziologen, die sich für mexikanische Religionen interessieren, Yolotl Gonzales Torres, Elio Masferrer Kan, Johanna Broda, B. Dhalgren, Alfredo Lopez Austin, Mercedes Olivera, Neomi Quezada, MaEugenia Sanchez, Eduardo Alemeda und vielen, vielen anderen bin ich zu großem Dank verpflichtet. Jaimie Litvak King, der verstorbene Guillermo Bonfils, Don Antonio Pompa y Pompa, Enrique Meyer, Luis Vargas, Maricarmen Sera Puche, Miguel Leon-Portilla und viele andere unterstützten und ermutigten mich. Folgende

Institutionen haben dieses Werk im Laufe der Jahre durch Stipendien unterstützt: National Endowment for the Humanities, the American Philosophical Society, the National University of Mexico und die Universidad de las Americas.

Von meinen Freunden und Kollegen hier in den USA haben Dennis und Barbara Tedlock, Peter und Jill Furst, B. J. Price, B. J. Isbell, Gary Gossen, Davíd Carrasco, Toni Avini, Willard Gingerich, Elizabeth Boone, Evelyn Rattray, Duncan Earle, John Pohl, Richard Haily, Ken Hirth, Dave Grove und Bill Sanders und viele andere dieses Buch beeinflußt. Pedro Lujan, Edwina Williams, Peter Wolfe, Michael Knab, Mrs. E. Olson, Dexter Kelly, Janine Pommy Vega und andere haben das Manuskript kommentiert. Susan Long hat als Schlußredakteurin hervorragende Arbeit geleistet. Marial Thomson und Claire Ritter stellten mir eine Unterkunft zur Verfügung, während ich das Buch beendete, und die Hilfe der Mitarbeiter von Chantik war unschätzbar. Ein Engel muß noch erwähnt werden: Merle Ogle, Doris Heydens Schwester, ohne deren Hilfe ich das Buch wahrscheinlich nicht fertiggestellt hätte. Rick Balkin, mein ausgezeichneter Agent, lieferte den Titel und machte ausführliche redaktionelle Anmerkungen. Die Köche Alain Sailhac, Jacques Pepin, Martin Schaub und Robert Shapiro vom French Culinary Institute halfen mir, Zeit zur Beendigung des Buchs zu finden. Auf den amerikanischen Jungferninseln werde ich den Leuten von Mafolie Foods und dem Café Normandie, besonders George Johnson, immer dankbar sein.

Und schließlich muß ich den Menschen aus dem Dorf danken, das ich San Martín genannt habe. Besonders meinen Lehrern, denen ich die Namen Rubia und Inocente gab, danke ich für die Herzlichkeit, ihr Vertrauen, ihre Gastfreundschaft und ihre Güte. Die endgültige Fassung dieses Buchs mag nicht alle zufriedenstellen, die das Material kennen, und ich übernehme die volle Verantwortung für die Kunstgriffe, die ich angewandt habe, um aus dem Material eine Geschichte entstehen zu lassen. Mein Hauptanliegen war, Anthropologie anschaulich werden zu lassen und eine fundierte und fesselnde Geschichte zu schreiben, die meine jahrelangen Erfahrungen enthält und doch lesbar bleibt. Ich kann nur hoffen, daß dieses Buch die Quintessenz der Entdeckungen, Abenteuer und Erfahrungen von zwanzig Jahren Feldstudien vermittelt.

Timothy J. Knab
New York City